Hanno Beck, Urban Bacher, Marco Herrmann

INFLATION

Hanno Beck, Urban Bacher, Marco Herrmann

INFLATION

Die ersten zweitausend Jahre

3., erweiterte und aktualisierte Auflage

Frankfurter Allgemeine Buch

Bibliografische Information der Deutschen Nationalbibliothek
Die Deutsche Nationalbibliothek verzeichnet diese Publikation in der Deutschen Nationalbibliografie; detaillierte bibliografische Daten sind im Internet über http://dnb.d-nb.de abrufbar.

Frankfurter Allgemeine Buch

Frankfurter Allgemeine Buch
Frankenallee 71–81
60327 Frankfurt am Main

Umschlag: Nina Hegemann
Satz: Zarka Ghaffar
Druck: CPI books GmbH, Leck
Printed in Germany

3., erweiterte und aktualisierte Auflage
Frankfurt am Main 2022
ISBN 978-3-96251-141-8

Frankfurter Allgemeine Buch hat sich zu einer nachhaltigen Buchproduktion verpflichtet und erwirbt gemeinsam mit den Lieferanten Emissionsminderungszertifikate zur Kompensation des CO_2-Ausstoßes.

Inhalt

Vorwort

Gottfried Heller

„Inflation ist die Hölle der Gläubiger und das Paradies der Schuldner." Mit dieser knappen, bildhaften Formel hat mein langjähriger Freund und Partner André Kostolany das Wohl und Wehe der Geldentwertung – der Inflation – beschrieben. Noch mein Vater erlebte diese Hölle am eigenen Leib: Als er 1923 sein Erbe ausbezahlt bekam, waren Geld und Pfandbriefe wertlos, vernichtet von der deutschen Hyperinflation der 1920er-Jahre, als die Inflation 1923 in der Spitze bei rund 30.000 Prozent lag – pro Monat. Einzig die Aktien, die mein Großvater meinem Vater hinterließ, hatten noch einen Wert. Hut ab vor meinem Großvater, der schon Anfang 1900 Aktien besaß. Er war damit fortschrittlicher als die meisten heutigen Deutschen, denn nur 15 Prozent besitzen Aktien oder Fonds, die als Sachwerte Schutz vor Inflation bieten.

Geld ist neben dem Rad und dem Feuer die genialste Erfindung der Menschheit. Vor seiner Erfindung tauschte man jahrhundertelang Naturalien wie Kühe, Ochsen, Muscheln, Steine oder Salz, Gewürze oder andere Nahrungsmittel aus. Doch der Tauschhandel war unpraktisch und umständlich. Als die Menschen lernten, Metall zu bearbeiten, fingen sie auch an, Münzen zu prägen. Das war die Geburtsstunde des Geldes.

Aber die Geschichte des Geldes ist zugleich auch die Geschichte der Inflation. Davon handelt dieses Buch. Es schildert die Historie des Aufstiegs und Niedergangs von Weltreichen, von Blütezeiten, Kriegen und Katastrophen über Jahrtausende hinweg. Es beginnt mit den ersten Münzen, die in Lydien, einem

Gebiet in der heutigen Türkei, um 600 vor Christus etwa zur Zeit des legendären Königs Krösus auftauchen. Schon die ersten Münzen werden vom Staat manipuliert, sie büßen an Wert ein. Doch es kommt noch schlimmer. Mit dem Sprung vom Münzgeld zum Papiergeld, der wohl zuerst in China erfolgt, wird es für Herrscher zunehmend leichter, den Wert der Währung zu manipulieren. Von Marco Polo wissen wir, dass die Chinesen schon im 9. Jahrhundert eine Institution hatten, die sie als „Amt für bequemes Geld" bezeichneten. Das war der Türöffner für die Inflation. Denn zu viel Geld heißt früher oder später Inflation.

Schon kurz nach der Erfindung des Papiergeldes beginnt der Missbrauch dieses genialen Mediums durch die Politik, und so ist es geblieben bis zum heutigen Tag. Es ist deshalb naiv zu glauben, dass die Inflation tot sei. Ob Diktatur oder Demokratie, der Staat wird immer mehr Geld brauchen, als er über Steuern und Abgaben einnimmt, und die Notenbanken werden immer mehr Geld drucken, als man braucht. Die Inflation gehört zu unserem Leben wie schlechtes Wetter.

Das Buch bietet mehr als eine faszinierende, schillernde Geschichte der Geldentwertung, es vermittelt Ihnen praktische Ratschläge, wie Sie im heutigen Zeitalter der Finanzkrisen Ihr Geld vor der Inflation schützen können und wie Sie trotz Niedrigzinsen Ihre Ersparnisse rentabel anlegen und Ihre Altersvorsorge bei überschaubarem Risiko klug gestalten können.

Mein erster Schritt zur rentablen Altersvorsorge ist die Frage nach der Rendite, und die können wir eindeutig beantworten: Aktien sind klarer Sieger im Renditevergleich – mit großem Abstand. Schaut man sich die Wertentwicklung von verschiedenen Anlageklassen für den Zeitraum von 1926 bis 2021 an, so haben amerikanische Standardaktien in diesen 90 Jahren inklusive Dividenden eine durchschnittliche jährliche Rendite von 10 Prozent erbracht. Amerikanische Staatsanleihen hingegen erbrachten jährlich etwa 5 Prozent, Festgeld 3 Prozent, Gold 5 Prozent und amerikanische Wohnimmobilien 4 Prozent. Nach Abzug der Inflationsrate zeigt sich, wie wenig Rendite bei Zinsanlagen übrigbleibt: Bei Aktien bleiben real jährlich 7 Prozent, bei Staatsanleihen dagegen nur noch 2 Prozent, bei den anderen Anlageformen noch weniger. Dieser Befund gilt für die meisten Weltbörsen: Alle größeren Aktienbörsen weisen, inklusive Dividende in Euro gerechnet, ähnliche Ergebnisse aus. Gemäß der MSCI-Indices von 1970 bis 2016 verdienten Aktien in Deutschland und Frankreich je rund 10 Prozent, in Japan, in der Schweiz und in Großbritannien noch mehr. Trotz dieser überzeugenden Ergebnisse haben die Deutschen eine Aktienphobie. Die Risiken von Aktien werden über-, ihre Renditen unterschätzt. Die meisten Berechnungen zeigen, dass ein höherer Aktienanteil die Rendite von Altersvorsorgeprodukten deutlich erhöht.

Mein zweiter Schritt zur sicheren Altersvorsorge ist die Zusammenstellung der Investments – wie und in welchem Verhältnis mischt man die verschiedenen Anlageklassen? Dabei gibt dieses Buch einen einfachen Ratschlag: Planen Sie Ihr Portfolio wie ein Fußballtrainer seine Mannschaftsaufstellung. Es gibt einen Torwart, eine Verteidigung mit einer Viererkette und zwei defensive Mittelfeldspieler. Zusammen sind also sieben Spieler aus elf mit der Verteidigung beschäftigt, also zwei Drittel der Mannschaft, und nur vier – also ein Drittel – stehen im Sturm, um Tore zu schießen. Die Spieler haben ganz unterschiedliche Fähigkeiten. Hinten stehen die robusten Recken, im Mittelfeld die vielseitigen Spielertypen, die nach hinten die Abwehr stabilisieren und nach vorne die Bälle den schnellen Flitzern, den Stürmern, liefern. Anders gesagt, die Spieler haben unterschiedliche, sich ergänzende Eigenschaften: Sie müssen ihre Stärken ausspielen oder Schwächen anderer abdecken.

Wie genau Sie Ihre Mannschaft aufstellen und welche Strategie für Sie passend ist, zeigt Ihnen dieses Buch. Warum diese Mannschaft in den kommenden Jahren vor schwere Herausforderungen gestellt wird – der Blick in die Vergangenheit der Inflation wird Ihre Sinne für die Herausforderungen der Zukunft schärfen. Und die sind gewaltig: Nachdem Zinsen und Inflationsraten 35 Jahre gefallen sind, befinden wir uns heute am Ende dieses Trends und an einem Wendepunkt, an dem beide Trends nach oben weisen. Um das weltweite Währungssystem vor dem Kollaps zu bewahren, haben Notenbanken weltweit so viel Geld gedruckt wie noch nie in der Finanzgeschichte. Ein Teil dieser Geldflut hat Aktien- und Anleihekurse, Immobilienpreise und die Preise anderer Vermögenswerte aufgebläht. Es ist schwer vorstellbar, dass der Entzug der Drogen, die zur Rettung des Systems und des Euro verabreicht wurden, reibungslos ablaufen wird.

Wie sind solche Prozesse in der Vergangenheit verlaufen? Was sagen uns wissenschaftliche Theorien über die Risiken der Inflation und wie schützen Sie Ihr Vermögen gegen diese Risiken? Dieses Buch bietet Ihnen Antworten auf diese Fragen. Liebe Leserinnen und Leser, wenn Sie dieses Buch aufschlagen, finden Sie eine leicht lesbare, spannende Lektüre über die wechselvolle, oft schmerzhafte Geschichte des Geldes und der Inflation und gleichzeitig eine nützliche, praktisch umsetzbare Anleitung, wie Sie Ihr Vermögen besser vor der kommenden Inflation schützen und mehr Rendite erzielen können. Lesen Sie es, lassen Sie sich von den spannenden Geschichten über unser Geld inspirieren, machen Sie sich Gedanken um Ihr Geld und handeln Sie, solange noch Zeit dazu ist.

1. Die ersten zweitausend Jahre

Im Säurebecken

Der erste taucht am 21. Juni 2006 in Berlin auf, bei der dortigen Landesbank. Völlig zerstört. Ein seltsamer Fall. Am 14. Juli tauchen zwei weitere bei der Dresdner Bank in Potsdam auf. Komplett ramponiert. Die Polizei geht zunächst von Einzelfällen aus, doch die beginnen sich zu häufen: Im August tauchen vor allem in der Umgebung von Berlin und Potsdam immer mehr von ihnen auf. Bald ist ganz Deutschland erfasst: Karlsruhe, Würzburg, Frankfurt/Oder, Magdeburg, Kiel, Bad Mergentheim, Düsseldorf, Gießen, München, Cottbus, Rostock, Leipzig, Erfurt, Koblenz und Freiburg.

Die Polizei ist ratlos: In allen deutschen Städten tauchen Zombie-Euro-Scheine auf – Scheine von fünf bis 100 Euro lösen sich in der Hand ihrer Besitzer auf. „Es kann ja wohl nicht sein, dass sich unser Geld einfach auflöst", sagt ein Polizeisprecher. Tut es aber.

Rasch machen die abenteuerlichsten Theorien die Runde: Ein Unfall beim Transport der Banknoten von der Bundesdruckerei zu den Banken? Gangster, die uns damit erpressen wollen, dass sie unser Geld zerstören? Chemiker vermuten, dass die Scheine mit einem Sulfat-Salz gepudert sind, das sich in Verbindung mit Handschweiß zu Schwefelsäure entwickelt, welche die Scheine auflöst. Einen Herstellungsfehler wollen die Verantwortlichen ausschließen. Vielleicht Bankräuber? Banknoten werden für einen Transport oft mit roter Farbe imprägniert, um sie vor Diebstahl zu schützen. Vielleicht haben Geldräuber versucht, die Imprägnierung mit Chemikalien zu entfernen, welche die Scheine zerfallen lassen? Die Party-Droge Crystal Speed zumindest wollen Ermittler als Ursache ausschließen.[1]

Kann sich unser Geld auflösen? Physikalisch sicher, dazu benötigt man keine Säure: Schon bei Waschgängen ab 60 Grad Celsius und höheren Temperaturen unter der Verwendung von Waschmitteln mit Weißmachern können Euro-Scheine ihre Sicherheitsmerkmale verlieren.[2] Von anderen, handfesteren Methoden, Geld zu zerstören, ganz zu schweigen. Keine Frage, Geld kann man zerstören, das passiert jeden Tag – will man es aber gründlich zerstören, braucht man mehr als einen Eimer Säure oder eine Waschmaschine, und die wirksamste Methode, Geld zu zerstören, war und ist seit Jahrhunderten Inflation.

Geldscheine kann man nachdrucken, das Vertrauen in eine Währung, das sie erst zu dem macht, was sie ist, kann man nicht nachdrucken. Wer einmal eine Währung zerstört, tut sich schwer, die Uhr auf null zu drehen und neu anzufangen. Doch genau das ist es, was Fürsten, Kaiser, Könige, Herrscher, Politiker und Diktatoren tun, seit Geld ein abstraktes Zahlungsversprechen ist: Sie zerstören um des kurzfristigen Vorteils willen ganze Währungen und mit ihnen die Volkswirtschaften, die an diesen Währungen hängen.

Geld ist neben dem Rad und dem Feuer die genialste Erfindung der Menschheit. Ohne Geld könnte man nur Güter gegen Güter tauschen, nicht sparen, nicht investieren, nicht fürs Alter vorsorgen, ohne Geld gäbe es keine Arbeitsteilung, keinen Wohlstand – eine moderne Welt ohne Geld ist nicht vorstellbar. Umso beunruhigender ist es, wie die Mächtigen ihre Herrschaft über das Geld missbrauchen: Über Jahrtausende hinweg versündigen sie sich immer wieder daran, entwerten dieses Geld, um ihren persönlichen Vorteil daraus zu schlagen, um Kriege zu führen, Bürger zu enteignen, Schulden zu tilgen oder andere mehr oder weniger sinnlose Projekte oder politische Kuhhändel damit zu finanzieren. Macht ist ein Instrument zur Zerstörung von Geld – besser als Salzsäure.

Die ersten zwei Jahrtausende

Besichtigt man die Geschichte des Geldes, sieht man, dass sie auch die Geschichte der Inflation ist und immer sein wird. Glaubten wir 2016 noch, dass die Inflation tot ist, sprechen wir heute, 2022, von zweistelligen Inflationsraten. Corona-Pandemie, Ukraine-Krise, militärische Spannungen überall auf der Welt – überall sind Kräfte am Werk, welche wieder einmal eine Währung, unsere Währung, zerstören könnten, wenngleich das Drehbuch dieses Mal oberflächlich betrachtet etwas anders aussehen mag.

Dieses Drehbuch ist eines der zentralen Motive dieses Buches: Die folgenden Kapitel sind ein Ritt durch die Geschichte des Geldes, und sie zeigen, dass die Zerstörung einer Währung zumeist einem ähnlichen Muster folgt. Beschäftigt man sich mit der Geschichte der Inflation über die Jahrtausende hinweg, so kommt man zu zehn einfachen Thesen:

1. Geld ist gelebtes Vertrauen; zerstört man dieses Vertrauen, so zerstört man die Währung. Aus diesem Grund darf die Politik das Vertrauen in unser Geld nicht missbrauchen.
2. Am Anfang der Zerstörung einer Währung steht ein überschuldeter Staat oder Herrscher, der versucht, sich mittels Inflation seiner Verpflichtungen zu entledigen. Dieser Anreiz besteht immer, weswegen man vermuten muss, dass es Inflation so lange geben wird, wie es Geld und Herrscher gibt.

3. Inflation ist ein Ritt auf dem Rasiermesser: Sie beflügelt zumeist nur kurzfristig die Wirtschaft und droht oft, in eine sogenannte Hyperinflation umzuschlagen, welche die heimische Wirtschaft zerstört. Auf der anderen Seite droht bei zu geringer Inflation Deflation, die ebenfalls gefährlich sein kann. Ein Grund mehr, mit unserem Währungssystem keine Experimente zu machen.
4. Fast alle großen Inflationen, zumal Hyperinflationen, finden ab dem 20. Jahrhundert statt. Die meisten Hyperinflationen entstehen in Zeiten des politischen Umbruchs, sind also vor allem politische Inflationen.
5. Die zwei großen Schulen der Wirtschaftswissenschaften haben eine recht gegensätzliche Sicht auf Inflation: Keynesianer glauben, dass sie produktive Kräfte freisetzen kann, Klassiker vermuten, dass Geld wenig bis gar keinen Einfluss auf die reale Wirtschaftstätigkeit hat. Vermutlich haben beide recht.
6. Es existiert ein Zusammenhang zwischen Geldmenge und Inflationsraten, auch wenn dieser bisweilen erst langfristig und nicht nur in den Güterpreisen zu sehen ist.
7. Ab dem Jahr 2000 sehen wir einen Zyklus aus Krise und einer Geldschwemme zur Bekämpfung dieser Krise, welche die nächste Krise vorbereitet.
8. Inflation muss sich nicht immer in den Güterpreisen zeigen, bisweilen erleben wir sie als Vermögenspreisinflation, bei der die Preise für Vermögensgegenstände und Wertpapiere steigen.
9. Verlierer aller inflationären Prozesse sind vor allem die ärmeren Bevölkerungsschichten; Inflation hat die gleichen Wirkungen wie eine Steuer auf die Haltung von Bargeld.
10. Der Staat hat immer Anreize, seine Schulden durch Inflation verschwinden zu lassen.

Diese zehn Thesen wollen wir im Folgenden vertiefen, dabei hat das Buch einen einfachen Aufbau: Kapitel zwei bis sieben enthalten eine kleine Geschichte der Inflation vom fliegenden Geld der Chinesen bis hin zur Euro-Krise des Jahres 2009. Mit Hilfe historischer Beispiele wird auch das Wesen und die Mechanik unseres Geldes und der Inflation deutlich. Kapitel acht widmet sich den Verlierern und Gewinnern der Inflation; Kapitel neun zeigt Ihnen, warum wir derzeit in einer Niedrigzinswelt leben und welche Konsequenzen das haben kann. Das in dieser Auflage neu ergänzte Kapitel zehn besichtigt die Zwanziger Jahre dieses Jahrtausends, die sich bisher als wenig golden erwiesen haben – hier wollen wir uns anschauen, welche Folgen die Corona-Pandemie und der Ukraine-Konflikt für unser Geld haben könnten. Kapitel elf und zwölf vermitteln Ihnen ein paar Ideen, wie man in solchen Zeiten sein Einkommen, sein Vermögen, seine Altersvorsorge schützen kann. Kapitel dreizehn bildet mit einigen Überlegungen zur Zukunft des Geldes den Abschluss des Buches.

„Es kann ja wohl nicht sein, dass sich unser Geld einfach auflöst", sagt ein Polizeisprecher zum Rätsel der sich auflösenden Euro-Scheine – das bis heute nicht gelöst ist. Er hat unrecht: Geld kann sich auflösen, es kann verschwinden und ganze Nationen in den Abgrund reißen. Umso wichtiger ist es, dass wir verstehen, wie das passieren kann, warum es so kommen kann und was man dagegen tun kann. Die folgenden Kapitel sollen dabei helfen. Beginnen wir mit Geld, das verbrannt wird.

2. So alt wie die Menschheit: Die Geburt des Geldes

Die Kernthesen dieses Kapitels

1. Menschen unterschätzen die Wucht inflationärer Prozesse – schon wenige Prozent Inflation haben langfristig dramatische Folgen.
2. Anfangs wurde alles, was wertvoll ist, als Geld genutzt. Der Wert dieses Geldes definierte sich darüber, dass es aus Materialien gefertigt war, die knapp waren und schwierig zu beschaffen.
3. Die Geschichte der Inflation beginnt, als Geld sich nicht mehr durch Werte definiert, sondern nur noch Werte repräsentiert.
4. Der Wert einer ungedeckten Währung wie Papiergeld wird bestimmt durch das Sozialprodukt, also den Güterberg, den man mit dieser Währung kaufen kann.
5. Moderne Währungssysteme leben davon, dass die Menschen Vertrauen in diese Währung haben. Vermuten sie, dass diese an Wert verliert, sie also immer weniger Sozialprodukt dafür bekommen, werden sie diese Währung meiden.

Ab auf die Mülldeponie

Rund 10 Milliarden Dollar – das sind etwa 715 Millionen Banknoten, 7000 Tonnen Papier, genug, um 1750 Müllwagen zu füllen. 3 Prozent des jährlichen Währungsumlaufes der Vereinigten Staaten. Und das alles muss weg. 10 Milliarden Dollar. 715 Millionen Banknoten. 7000 Tonnen Papier. Wohin damit?

Diese 7000 Tonnen Papiergeld werden jedes Jahr von der amerikanischen Notenbank Federal Reserve vernichtet; es sind alte, abgegriffene, verbrauchte und wertlose Banknoten, die dem Geldkreislauf entzogen werden, indem man aus ihnen Heizpellets, Isolationsmaterial, Matratzenfüllung, Schreibwaren, Papierprodukte aller Art, Füllmaterial für Schmusetiere oder sogar Kompost macht.[3] Ein vergleichsweise geringes Problem, verglichen mit den Tonnen von Papier, die zu anderen Zeiten in anderen Ländern wertlos wurden: Im Deutschland der zwanziger Jahre wird Geld als Heizmittel oder Kinderspielzeug genutzt, für etwas anderes ist es nicht brauchbar. In Simbabwe kommt eine Werbeagentur 2009 auf die Idee, die Banknoten der Landeswährung einzusammeln und daraus Werbeflyer zu drucken. „Es ist billiger, auf Geld zu drucken als auf Papier", lautet der Werbeslogan – die Flyer sind auf Banknoten im Nennwert von 100 Billionen Zimbabwe-Dollars gedruckt.[4] Schon ein Bus-Ticket in die Hauptstadt kostet zu dieser Zeit mehr als 100 Billionen.

Asche zu Asche
Die Deutsche Bundesbank schreddert unbrauchbare Euro-Noten und verbrennt sie in Müllverbrennungsanlagen zur Energiegewinnung. Wer einen Euro-Schein ramponiert, muss nicht gleich aufgeben, die Bundesbank leistet für beschädigte Euro- und DM-Banknoten Ersatz, wenn man mehr als die Hälfte des Geldscheins vorlegen oder nachweisen kann, dass fehlende Teile des betreffenden Geldscheins vernichtet wurden. Dazu verpackt man alle Reste der Banknote – beispielsweise Asche – und reicht diese bei einer Filiale der Bundesbank ein. Wer ein wenig geschreddertes Geld kaufen will – für knapp 12 Euro verkauft das Geldmuseum der Bundesbank im Museumsshop ein Brikett im Wert von einer halben Million Euro.

Man kann Geld schreddern, verbrennen, in Dachziegel oder Kompost verwandeln, doch die Beispiele Weimar oder Simbabwe zeigen, dass nichts eine Währung so sehr zerstört wie ihre permanente Entwertung. Der Name der Zerstörungsmethode: Inflation.

Inflation kommt vom lateinischen „inflare", was so viel bedeutet wie „aufblasen" – die umlaufende Menge einer Währung wird künstlich aufgeblasen, mit der Folge, dass die Preise von Waren und Dienstleistungen, gemessen in dieser Währung, steigen.

Umgangssprachlich hat sich längst etabliert, von Inflation zu sprechen, wenn alles teurer wird, wobei mit „alles“ zumeist nur die Preise von Waren und Dienstleistungen gemeint sind, auch wenn das bei Weitem nicht alles ist, was teurer werden kann.

Wie misst man Inflation?
In modernen Volkswirtschaften wie der Bundesrepublik Deutschland misst man Inflation mit Hilfe eines Warenkorbes: Zuerst bestimmt man, was und in welchen Mengen der Durchschnittsbürger konsumiert und stellt daraus einen repräsentativen Warenkorb für den typischen Deutschen zusammen. Dann sammelt man jeden Monat die Preise der Güter in diesem Korb. Die Inflationsrate misst den Anstieg aller Preise dieses Güterkorbes, gewichtet mit deren Anteil im repräsentativen Warenkorb. Die Mietausgaben haben beispielsweise ein deutlich höheres Gewicht im Warenkorb als Brokkoli; steigen also die Mieten, so hat das einen deutlich stärkeren Einfluss auf die Inflationsrate als ein Preisanstieg bei Brokkoli. Das bedeutet aber auch, dass die so gemessene Inflationsrate nicht unbedingt steigt, wenn die Preise einzelner Güter steigen – nur wenn der gewichtete Durchschnitt der Preise im Güterkorb zulegt, haben wir Inflation. Und da nicht jeder Warenkorb für jeden Bürger interessant ist, gibt es verschiedene Warenkörbe und damit verschiedene Inflationsraten (man sagt auch Preisindizes), beispielsweise für Großhandelspreise, Baupreise oder Einfuhrpreise. Die sogenannte Kerninflationsrate ist ebenfalls ein spezieller Preisindex, der die Preisänderungen für Lebensmittel und Energie ignoriert, weil diese Preise oftmals sehr stark schwanken. Natürlich passt der Warenkorb nicht auf jeden Bürger, er ist ja nur der Warenkorb des durchschnittlichen Deutschen, weswegen die Inflationsrate manchen Bürger weniger oder mehr betrifft als den Durchschnitt. Sind Sie beispielsweise Nichtraucher, und die steigenden Tabakpreise treiben die Inflationsrate nach oben, betrifft Sie das nicht. Sie können auf die Homepage des Statistischen Bundesamtes gehen und sich dort Ihre persönliche Inflationsrate ausrechnen lassen, indem Sie dort Ihren persönlichen Warenkorb eingeben.[5]

Dieses Aufblasen der Währung zerstört nicht nur eine Währung, sondern eine ganze Volkswirtschaft, einen ganzen Staat.

Die Inflation der zwanziger Jahre, vermuten viele Historiker, war einer der Sargnägel zur Beerdigung der Weimarer Republik, ein Wegbereiter des Wahnsinns, der sich in den dreißiger und vierziger Jahren über Deutschland und dem Rest der Welt entlädt. Ganze Weltreiche wurden mit dem Abriss ihrer monetären Statik hinweggefegt, und mit ihnen unzählige private Schicksale in den wirtschaftlichen Abgrund geschleudert. Der Name der Abrissbirne: Inflation.

Man muss sich Inflation vorstellen wie eine Motte, die sich in der Brieftasche eingenistet hat: Sie nagt an deren Inhalt und macht ihn immer kleiner. Der Inhalt der Brieftasche bleibt zwar nominell der gleiche, weder die Zahl der Geldscheine noch deren Aufdruck ändert sich, aber was sich ändert, sind die Preise der Güter, die man kaufen will – die werden immer teurer, weswegen der Inhalt der Brieftasche in Gütern gemessen immer weniger wird. Doch im Gegensatz zur Motte, die man rasch entdeckt, kann es sein, dass man erst spät bemerkt, wie die Inflation den eigenen Geldbeutel zersetzt. Was nicht zuletzt daran liegt, dass Menschen die Macht der Zahlen unterschätzen, genauer gesagt die Macht exponentieller Prozesse. Was das ist? Mögen Sie Seerosen?

Die Macht der Zahlen

Sie stehen an einem See, auf dem Seerosen wachsen. Die Fläche, welche die Seerosen bedecken, verdoppelt sich jeden Tag. Nach 17 Tagen ist der See komplett zugewachsen. Und jetzt die Frage: Nach wieviel Tagen ist der See zur Hälfte bedeckt? Bevor Sie anfangen, zu rechnen, denken Sie daran, dass die Fläche, welche die Rosen bedecken, sich täglich verdoppelt – dann muss der See nach 16 Tagen zur Hälfte bedeckt sein, am nächsten Tag ist er zugewachsen.

Dieses Rätsel ist alt, findet aber immer wieder Opfer, die beginnen, zu rechnen statt zu denken. Menschen sind es nicht gewöhnt, in den Dimensionen zu denken, die solche Prozesse – man spricht von exponentiellen Prozessen – mit sich bringen. Vielleicht ist das ein Überbleibsel der menschlichen Entwicklungsgeschichte: Wer lange Strecken zurücklegen muss, um seine Höhle oder Beute zu finden, muss linear rechnen, also im schlimmsten Fall einen einfachen Dreisatz nutzen, aber nicht in exponentiellen Gleichungen denken, die man braucht, um Inflation zu verstehen. Exponentielle Prozesse sind nicht im Bauplan der Evolution vorgesehen, weil man sie nicht benötigt, um Mammuts zu jagen oder Säbelzahntigern aus dem Weg zu gehen. Und weil man diese Prozesse intuitiv nicht nachvollziehen kann, unterschätzt man schon die Folgen moderater Inflation.

➢ **Geldfrage:** *Wenn Sie berechnen wollen, welchen Schaden welche Inflationsrate Ihrem Vermögen in welchem Zeitraum zufügen kann, verwenden Sie einen der zahlreichen Inflationsrechner, die Sie im Internet finden.*

Ein einfaches Beispiel zeigt die Macht der Inflation: Ein Gut, das heute 1.000 Euro kostet, kostet bei einer Inflationsrate von einem Prozent nach einem Jahr 1.010 Euro; nach zehn Jahren 1.104 Euro und nach 20 Jahren 1.220 Euro. Wie sieht es aber aus, wenn die Inflationsrate nicht ein, sondern 2 Prozent beträgt? Jetzt kostet das 1.000-Euro-Produkt nach zehn Jahren 1.218 Euro, nach 20 Jahren schon 1.485 Euro, das ist ordentlich. Bedenkt man, dass der Internationale Währungsfonds (IWF) vorgeschlagen hat, die Inflationsrate in der Euro-Zone um 4 Prozent zu erhöhen, müssen Sie nach zehn Jahren schon 1.480 Euro auf den Tisch blättern, nach 20 Jahren 2.191 Euro. Um das konkret zu machen: Die Maß auf dem Oktoberfest, die 2022 – seien wir großzügig – 13 Euro kostet, wird, wenn es nach dem Willen des IWF geht, in zehn Jahren mehr als 19 Euro kosten. Bei einer Inflationsrate von 6 Prozent wären es mehr als 23 Euro.

Inflation und Kaufkraftverlust
Mit Hilfe der Inflationsrate kann man ausrechnen, was das Geld, das man heute in der Brieftasche hat, morgen wert ist. Bei einer Inflationsrate von einem (zwei) Prozent beispielsweise können Sie von den 1.000 Euro, die Sie heute Ihr eigen nennen, in einem Jahr nur noch Waren im Wert von 990 (980) Euro kaufen. Nach zehn Jahren sind diese 1.000 Euro nur noch 905 (820) Euro wert. Bei einer Inflationsrate von 4 Prozent beträgt der Kaufkraftverlust über zehn (20) Jahre 32 (54) Prozent; will heißen: Ihr Geld ist bei einer Inflationsrate von etwas mehr als 4 Prozent nach 20 Jahren nur noch rund die Hälfte wert.

Sie finden, dass das moderat ist? Dass man ja nicht in so langen Zeiträumen denkt? Letzteres stimmt vielleicht, ist aber nicht ratsam: Nehmen wir einmal an, Sie fangen mit 25 Jahren an zu arbeiten, dann sind es 40 oder mehr Jahre bis zur Rente. Bei einer Laufzeit von 40 Jahren halbiert schon eine Inflationsrate von 2 Prozent die Kaufkraft ihres Geldes, bei 4 Prozent Inflation gehen fast 80 Prozent der Kaufkraft Ihres Vermögens den Bach herunter. Stellen Sie sich so Ihre Altersvorsorge vor?

➤ **Geldfrage:** *Wenn Sie einen Zins von 5 Prozent bekommen, nützt Ihnen das wenig, wenn die Preise ebenfalls um 5 Prozent steigen. Relevant ist nur der Zins unter Berücksichtigung der Inflationsrate. Eine einfache Faustformel, um den Einfluss der Inflation herauszurechnen, besteht darin, einfach die Inflationsrate vom Zins abzuziehen; im Beispiel bedeutet das, dass der auf diesem Weg ermittelte Realzins Null ist (5 Prozent Zins minus 5 Prozent Inflation).*

Und es kommt noch schlimmer: Inflationsraten von 2, 3, 4 Prozent sind das, was man als schleichende Inflation bezeichnen könnte – moderate Inflation, die man bisweilen kaum bemerkt. Aber es geht noch schlimmer. Inflation gab es zu allen Zeiten, doch erst im 20. Jahrhundert wird es erst so richtig turbulent. Und der Grund dafür ist Papier.

Als Geld zu Papier wird

Wann und wo, das ist nicht ganz klar, aber alle Spuren deuten auf das China des 6. Jahrhunderts. Bis dahin verwenden Menschen jahrhundertelang alle möglichen Arten von Zahlungsmitteln: Kühe, Muscheln, riesige Steine wie auf der Pazifikinsel Yap oder Salz, Gewürze oder andere Nahrungsmittel. Später, als der Mensch lernt, Metalle zu bearbeiten, kommen die ersten Münzen dazu. Spuren deuten darauf hin, dass die ersten Münzen in Lydien, einem Gebiet in der heutigen Türkei, um 600 vor Christus auftauchen; das fällt in etwa in die Zeit des legendären Königs Krösus.[6] Die Chinesen gehören wohl zu den ersten, die Münzen als Zahlungsmittel einsetzen: Zuerst wechseln Werkzeuge bei einem Tausch den Besitzer, doch das ist unpraktisch, also tauscht man Waren gegen Nachbildungen von Werkzeugen, weil das einfacher ist, bis diese Nachbildungen immer mehr die Form einer Münze annehmen.

Doch Münzen sind knapp zu dieser Zeit – was also tun? Die ersten, die diese Knappheit ausbaden müssen, spüren davon vermutlich wenig: Es sind die Toten, denen man statt der knappen Münzen Papiergeld als Begräbnisgeld mit auf den Weg ins Totenreich gibt.[7] Damit ist der Geist aus der Flasche: Warum nicht Papier als Geld nutzen? Sehr viel später, im 20. Jahrhundert, wird die Idee, Papier zu Geld zu machen, unglaublich zerstörerische Kräfte freisetzen.

Anfangs ist die Idee harmlos, was an den Geschäftsgepflogenheiten liegt, die zur Verbreitung von Papiergeld führen: Aus Mangel an Metall und aus Bequemlichkeit fangen chinesische Händler im 10. Jahrhundert an, die Waren bei Unternehmen zu hinterlegen und statt der Waren Papiere zu handeln, die den Wert dieser Waren repräsentieren. Diese Papiere entwickeln sich zu einer eigenen Währung, aber einer speziellen Währung:

Sie ist komplett durch reale Werte besichert, weswegen ein Kaufkraftverlust dieser Scheine quasi per Definition nicht möglich ist. Diese Idee soll Jahrhunderte später wieder salonfähig werden, Warengeld oder goldgedeckte Währungen werden als ein Ausweg aus der Inflationsfalle gesehen. Solche Währungssysteme begrenzen die Macht des Staates, seine eigene Währung zu entwerten.

Denn das passiert rasch im Falle des chinesischen Papiergeldes: Die Behörden erkennen die Macht der Idee und reißen das Ausgabemonopol für Banknoten an sich, im 13. Jahrhundert wird Papiergeld zur einzig legalen Währung. Doch rasch passiert das, was zur Blaupause in der Geschichte des Geldes werden soll: Die Behörden geben fortlaufend neue Noten aus, ohne die alten zu schreddern, so, wie es die amerikanische Notenbank Fed tut. Die Folge: Hatte eine Banknote 1380 noch den Wert von 1.000 Kupfermünzen, so waren es 1535 nur noch 0,28 Kupfermünzen.[8] Die wohl erste Papiergeldinflation der Geschichte – ausgelöst vom Staat.

In den kommenden Jahrhunderten wird sich diese Geschichte wiederholen, und die schlimmsten Inflationen werden diejenigen sein, die durch Papiergeld ausgelöst werden. Das liegt am Charakter einer Papiergeldwährung: Man kann sie im Gegensatz zu einer Währung, die auf Metall, Waren oder anderen realen Gegenständen basiert, fast ohne Kosten beliebig vermehren.

Wann ist Geld Geld?

Zur ersten Inflation kommt es vermutlich kurz nach der Einführung von Geld als Zahlungsmittel – allerdings erst, als dieses Geld nur noch Werte repräsentiert und nicht mehr selbst einen Wert hat. Kühe, Gewürze, Edelmetalle, das alles wird in der Menschheitsgeschichte als Zahlungsmittel genutzt, weil es einen Wert an sich darstellt – insofern kann diese Art von Geld keinen Wert verlieren. Doch auf Dauer ist es unpraktisch, mit Ochsen, Nelken oder Goldbarren zu bezahlen: zu schwer oder zu groß für die Brieftasche, zu umständlich zum Bezahlen, und bisweilen wenig haltbar – so ein Ochse kann nicht ewig als Zahlungsmittel dienen.

Nicht alles eignet sich als Geld, Geld muss handlich sein, aber auch unverderblich – wie will man sonst über längere Zeit etwas ansparen? Doch nicht nur das: Geld muss in kleine Einheiten zerteilbar sein – versuchen Sie einmal, einen Kaugummi mit einem Ochsen zu bezahlen und fragen Sie nach dem Wechselgeld. Denkt man ein wenig weiter, erkennt man, dass Geld auch einen möglichst einheitlichen Wert haben sollte, jedes Geldstück sollte also den gleichen Wert repräsentieren, ohne standardisiertes Geld werden Zahlungsvorgänge rasch zum Rechen- und Verhandlungsspiel. So haben unsere Vorfahren beispielsweise versucht, die Götter um ihren Lohn zu betrügen, indem sie minderwertige, kranke oder alte Ochsen opferten. So ein Gott mag das bisweilen tolerieren, doch ein Geschäftspartner wird rasch verärgert, wenn man ihm statt der gesunden Ochsen Magerhammel andreht.

Diese Probleme machen klar, wie praktisch Geld in Form von Münzen ist: Sie sind in Wert, Größe und Aussehen standardisiert, sodass keine Zweifel darüber aufkommen, was sie wert sind, man kann sie in beliebigen Stückelungen herstellen und damit einen Kaugummi ebenso wie eine Luxuslimousine bezahlen. Und standardisierte Münzen dienen als Recheneinheit: Wenn ein Ochse zwanzig Kupfermünzen kostet und ein Esel zehn, so weiß man nun sofort, wie viele Esel ein Ochse wert ist. Man kann also mit Hilfe von Geld den Wert jedes Gegenstandes sofort erfassen und in Relation zu anderen Gegenständen setzen. Noch schicker ist Papiergeld: Man kann theoretisch ein ganzes Vermögen in die Tasche stecken und per Boten vorbei an Räuberbanden und Zollfahndern zum Geschäftspartner transferieren. Ein Stück Papier fällt nicht so sehr auf wie ein Sack Goldmünzen.

Doch eine entscheidende Eigenschaft fehlt: Gemessen an den bisherigen Anforderungen an Geld – handlich, unverderblich, in kleinere Einheiten zerteilbar – könnten auch Dinge wie Sand oder Kieselsteine als Geld dienen. Doch Sand oder Kieselsteinen fehlt die wohl wichtigste Zutat, die eine Währung ausmacht: Knappheit. Gewürze oder Ochsen beziehen ihren Wert aus dem ihnen innewohnenden Nutzwert; Muscheln, Elefantenzähne oder Münzen beziehen ihren Wert aus ihrer Knappheit. Wer Muscheln will, muss tauchen, wer Stoßzähne will, muss jagen – das alles ist mit Aufwand verbunden, und dieser Aufwand macht aus diesen Zahlungsmitteln ein knappes und damit wertvolles Gut.

Die ersten Münzen kommen vor rund 2700 Jahren auf und sind ebenfalls knappe Güter, insofern sie aus Metall sind. In Lydien bestehen die ersten Münzen aus Elektrum, einer Mischung von Gold und Silber. Und solange Gold und Silber knapp sind, dienen diese Münzen als Zahlungsmittel.Der Wert der ersten Geldscheine, die wie oben gesehen eigentlich eine Art Pfandschein sind für Waren, die irgendwo in einem Lager schlummern, bestimmt sich durch eben diese Waren, die man im Gegenzug dafür erlösen kann; sie repräsentieren einen bestimmten Wert.

Die modernste Währung der Welt …

… ist nicht Papiergeld, sondern die Cyberwährung Bitcoin, eine rein elektronische Währung. Nicht einmal mehr Papier, nur noch Bits stehen hinter der Währung, die auf dem sogenannten Blockchain-Verfahren basiert. Bitcoins werden dezentral von privaten Computerbesitzern kreiert, deswegen sind Bitcoins formal kein Geld. Die Computer der Besitzer müssen komplizierte Rechenaufgaben lösen, und zur Belohnung bekommt der Computerbesitzer Bitcoins zugewiesen. Mit jedem kreierten Bitcoin werden die neu zu lösenden Aufgaben kniffliger. Dadurch, so die Idee, lässt sich die Menge an Bitcoins nicht ohne Weiteres beliebig erhöhen, denn das Bitcoin-System frisst viel Strom, sehr viel Strom. Schätzungen zufolge verbraucht das Bitcoin-System jährlich mehr Strom als Slowenien. Zudem ist in diesem System vorgesehen, dass die Gesamtzahl der möglichen zu schöpfenden Bitcoins auf 21 Millionen begrenzt ist. Das würde eine Entwertung dieser Währung dramatisch erschweren, wenn dieses Versprechen eingehalten wird. Wenn. Der Handel von Bitcoins läuft über Internet-Plattformen. Die Währung lässt anonyme Zahlungen zu und funktioniert unabhängig von Regierungen und Banken. Bitcoins kommen im Internethandel zum Tragen, ebenso in Staaten mit einer wackeligen Währung. Thailand und Frankreich haben bereits die Reißleine gezogen und das Ersatzgeldsystem verboten; El Salvador hingegen hat Bitcoin als gesetzliches Zahlungsmittel eingeführt. Die Digitalwährung Ethereum, sozusagen die Nummer zwei hinter Bitcoin, könnte durch eine andere Technologie, den sogenannten Proof of Stake, eine Stromersparnis von 99 Prozent bringen.

➢ Geldfrage: *Als Investment sind Bitcoins eine echte Achterbahnfahrt – da kann es schon vorkommen, dass die digitale Währung in einem halben Jahr 90 Prozent ihres Wertes verliert. Innerhalb eines Quartals gab es schon mehrmals Kurssprünge von 100 Prozent nach oben. Auf der anderen Seite ist der Kurs der Währung mehrfach regelrecht eingebrochen. Auch technisch ist das System problematisch: Es ist nicht reguliert, das System ist schwierig zu durchschauen. Und ob digitale Währungen mit Blick auf Kriminalität sicherer sind als herkömmliche Währungen, ist nicht ausgemacht – erste Fälle, in denen digitales Geld spurlos verschwindet, gibt es bereits. Für einen langfristigen Vermögensaufbau empfehlen sich Bitcoins daher nicht.*

Die Geschichte der Inflation beginnt in dem Moment, in dem sich der eigentliche Materialwert des Geldes von dem Wert löst, den dieses Geld repräsentieren soll – erst jetzt wird es möglich, den Wert dieses Geldes zu manipulieren oder zu zerstören. Sehr deutlich wird das beim Papiergeld: Solange hinter dem Papier, das als Zahlungsmittel kursiert, ein Wert steht, den man einlösen kann, brennt nichts an. Solange man mit dem Zettel in der Hand zu einem Lagerhaus gehen kann und dort die Warenmenge erhält, die dieser Zettel verspricht, gibt es keine Inflation. Doch sobald aus den konkreten Versprechen, den Zettel gegen Werte einzutauschen, ein abstraktes Versprechen wird, das man nirgends einlösen kann, finden sich Menschen, die dieses Versprechen brechen. Und diese Menschen nennt man Politiker.

Geld ist Vertrauen

Die Geschichte der Geldentwertung ist – wie wir in den nächsten Kapiteln sehen werden – eine Geschichte des Politikversagens. Könige, Kaiser, Fürsten, Präsidenten, Kanzler und sonstige Spitzenkräfte – wo immer Politiker Hand an eine Währung legen, lässt das nichts Gutes für diejenigen erwarten, die diese Währung nutzen. Überlegt man sich das Wesen des Papiergeldes, dann wird der Anreiz für die Herrscher, Könige, Kaiser, Diktatoren, aber auch für gewählte Politiker klar: Was, wenn man mit Zetteln bezahlt, die einen bestimmten Warenwert versprechen, man dieses Versprechen aber nie einlösen muss? Man gibt dem Bürger einen Schein, der einen Warenwert verspricht, bekommt dafür vom Bürger die entsprechenden Waren, muss aber den Schein später nicht einlösen.

Macht unter dem Strich einen sauberen Gewinn für denjenigen, der die Zettel druckt: Er erhält den entsprechenden Warenwert, hat dafür aber nur die Kosten der Herstellung der Zettel, die

Differenz steckt er sich in die Tasche. Das Ganze nennt sich dann Geldschöpfungsgewinn. Kein Wunder, dass Herrscher zu allen Zeiten sich daran versuchen, ihre Währung zu manipulieren, um sich auf diesem Weg einen größeren Betrag in die Taschen zu stecken.

Der Notenbankgewinn
... wird bisweilen auch als Seigniorage bezeichnet. Dieser Ausdruck kommt von dem Gewinn, den der Münzherr („Seigneur") erwirtschaftete, wenn er Münzen prägte, deren Wert ihre Herstellungskosten überstieg. Der Begriff ist heute unklarer definiert, bisweilen steht er für den Gewinn der Zentralbank, bisweilen für den Gewinn aus der Geldschöpfung einer Zentralbank: Sie tauscht Wertpapiere, die Zinsen abwerfen, gegen zinsloses Zentralbankgeld – die Differenz ist ein Gewinn für die Notenbank, das ist die sogenannte monetäre Seignorage. So oder so, die Europäische Zentralbank beispielsweise ist ein lukratives Unternehmen, 2020 machte sie 1,6 Milliarden Euro Gewinn, der allerdings 2021 auf knapp 0,2 Milliarden Euro abrutschte.

Gut, aber so dumm sind Menschen dann auch nicht, sie wissen, dass Geld, dem keine realen Werte gegenüberstehen, für politische Eskapaden empfänglich ist. Deswegen ist die wichtigste Eigenschaft einer solchen Währung Vertrauen.

Das ist der entscheidende Punkt bei einer Währung: Sie funktioniert, solange jeder glaubt, dass sie funktioniert. Ein einfaches Beispiel macht das klar: Nehmen Sie an, Ihr Nachbar verkauft Ihnen seinen alten Wagen für 500 Euro, Sie sind aber gerade nicht flüssig. Also stellen Sie ihm fünf Schuldscheine je 100 Euro aus. Wenn jeder in der Nachbarschaft Sie kennt und als kreditwürdig erachtet, kann Ihr Nachbar diese Schuldscheine nutzen, um bei seinem Nachbarn einen Rasenmäher oder einen Fernseher zu kaufen. Wenn der Verkäufer des Rasenmähers oder Fernsehers Sie kennt und glaubt, dass Sie die Schuldscheine auch einlösen werden, wird er diese Schuldscheine als Bezahlung akzeptieren. Die Schuldscheine sind damit ein Zahlungsmittel, in diesem Fall Papiergeld.

Doch der Schuldschein ist nur so viel wert wie das Vertrauen in die Fähigkeit des Ausstellers, diesen zurückzuzahlen. Wenn Ihre Nachbarn anfangen zu tuscheln, dass man nicht mehr wisse, ob Sie Ihre Schulden zurückzahlen können, wird der Schuldschein wertlos. Niemand wird mehr bereit sein, ihn als Zahlungsmittel zu akzeptieren – er wird unbrauchbar.

Modernes Papiergeld ist nichts anderes als dieser Schuldschein, nur wird er nicht von Ihrem Nachbarn ausgestellt, sondern von der Notenbank respektive dem Staat. Und gedeckt ist es nicht durch ein konkretes Rückzahlungsversprechen, sondern durch das Sozialprodukt, das man damit erwerben kann, also durch all die Güter, die im Währungsgebiet hergestellt werden.

Solange Sie glauben, dass Sie für die Geldscheine in Ihrer Tasche ein entsprechend großes Stück von dem Kuchen, den wir Inlandsprodukt nennen, bekommen, werden Sie diese Geldscheine akzeptieren, ebenso wie diejenigen, die Sie damit bezahlen. Doch sobald der Gedanke aufkommt, dass man für dieses Geld kein Inlandsprodukt oder immer weniger davon bekommt, hört der Spaß auf. Sie werden versuchen, dieses Geld loszuwerden, zu tauschen, auf andere Zahlungsmittel auszuweichen – all das, was man tut, wenn man den schwarzen Peter loswerden will. All das, was man tut, wenn Inflation herrscht, denn um nichts anderes handelt es sich dabei.

Das ist der entscheidende Punkt bei modernen, ungedeckten Papierwährungen: Sie funktionieren nur, solange die Bevölkerung daran glaubt, dass ihre Währung funktioniert. Geld ist

Vertrauen. Und wenn das Vertrauen den Bach heruntergeht, folgt die Währung.

➢ **Geldfrage:** *Kann man einer Währung vertrauen? Das ist eine entscheidende Frage, wenn Sie in ausländische Währungen oder Wertpapiere investieren. Dabei gilt die Faustregel: Rein kommt man immer, raus nicht immer oder nur mit Schmerzen. Wenn die internationalen Investoren ihr Vertrauen in eine Währung verlieren, ziehen sie ihr Geld ab, was das betreffende Land in eine Währungskrise stürzen kann; die inländische Währung wertet ab. Das wissen die verantwortlichen Politiker, weswegen sie oft Kapitalverkehrsbeschränkungen erlassen, also ausländischen Investoren verbieten, ihr Geld abzuziehen. Dann müssen Sie als Anleger zuschauen, wie Ihr Investment in Ihrer eigenen Währung gerechnet immer weniger wert wird. Eine solche Währung nennt man „Mausefallenwährung“ – man kommt leicht rein, aber nur schwer wieder raus.*

Das also ist modernes Geld: Papier, das davon lebt, dass die Menschen ihm vertrauen, und das immer dann gefährdet ist, wenn die Hüter dieser Währung sich Vorteile davon versprechen, mit dieser Währung zu experimentieren. Und wie sieht das dann aus? Zeit für eine Besichtigung. Beginnen wir mit der Operation Bernhard.

3. Kipper und Wipper: Die Kinderstube der Inflation

Die Kernthesen dieses Kapitels

1. Das Münzregal, also das Recht, Münzen zu prägen, war in der Zeit vor dem Papiergeld eine wichtige Einnahmenquelle der regierenden Herrscher.
2. In den früheren Jahrhunderten haben Herrscher die Währung vor allem dadurch verschlechtert, indem sie deren Nennwert heruntersetzten oder den Metallgehalt verringerten.
3. Bei solchen Prozessen zeigt sich, dass das gute Geld – also Metallgeld, das durch seinen Metallwert gedeckt ist, vom schlechten Geld mit weniger Edelmetallgehalt verdrängt wird. Schlechtes Geld verliert seinen Wert als Zahlungsmittel, mit drastischen Folgen für die Wirtschaft.

Operation Bernhard

Der Auftrag, den Alfred Naujocks 1939 erhält, hat es in sich: Er organisiert den Scheinüberfall von SS-Männern auf den polnischen Sender Gleiwitz im August 1939. Der Angriff wird polnischen Aufständischen zugeschrieben und dient dem nationalsozialistischen Regime als Vorwand für den Einmarsch nach Polen. Der Zweite Weltkrieg beginnt.

Naujocks, Jahrgang 1911, tritt mit 20 Jahren in die SS ein und macht sich dort rasch einen Namen als brutaler, ergo talentierter Terrorist. Er wird vom Regime für geheime Mordaufträge angeheuert, steigt rasch auf, macht Karriere. Einer von Naujocks geheimen Aufträgen ist besonders bizarr: Er soll die britische Wirtschaft zu Fall bringen. Codename der Operation: Bernhard.[9]

Das Ziel der Operation ist ökonomischer Natur: Naujocks soll dafür sorgen, dass die britische Wirtschaft mit Falschgeld überschwemmt wird. Der Grundgedanke ist simpel: Wird ein Land von Falschgeld überschwemmt, das von echtem Geld kaum oder gar nicht zu unterscheiden ist, kommt es zu einer massiven Inflation im Inland, die Bevölkerung verliert das Vertrauen in die eigene Währung, und ein modernes Industrieland ohne eine funktionierende Währung erleidet unweigerlich Schiffbruch.

Damit das funktioniert, müssen die Blüten natürlich exzellent sein, also zwangsrekrutieren die Nazis unter der Leitung von SS-Mann Bernhard Krüger Maler, Drucker, Graveure, Schriftsetzer, Lithografen, ja sogar Friseure – zumeist Juden. Die meisten von ihnen schaffen es durch die Zwangsarbeit an dem streng geheimen Unternehmen, dem Tod im Konzentrationslager zu entgehen; die meisten der Geldfälscher überleben das Dritte Reich. Von etwa 1942 bis 1945 stellt das Unternehmen Bernhard in einer Geheimdruckerei im KZ Sachsenhausen fast neun Millionen Geldscheine im Wert von mehr als 134 Millionen Pfund her – wohl knapp 13 Prozent der damals umlaufenden Menge echter Banknoten.[10] Und die Zwangsarbeiter der Nazis leisten ganze Arbeit: Als die englische Notenbank die gefälschten Banknoten 1943 das erste Mal sieht, erklärt sie, das seien die gefährlichsten Banknoten, die man je gesehen habe.

Der erste Plan, die Blüten im Flugzeug über England abzuwerfen, scheitert am Widerstand der Luftwaffe und der Knappheit an Flugbenzin. Auch der Versuch, die Banknoten über Spione nach England zu schmuggeln, scheitert am britischen Geheimdienst. Also versuchen die Nazis, mit den gefälschten Pfundnoten ihre Devisenknappheit zu vertuschen und sich im großen Stil ihrer Verbindlichkeiten zu entledigen. Erfolgreich ist dieser Plan nicht, nur eine Handvoll Banknoten schafft es in den britischen Geldkreislauf, aber genug, dass die Bank of England sich nach dem Krieg genötigt sieht, neues Papiergeld herzustellen.[11] Immerhin, einen Erfolg verbuchen Hitlers Fälscher: Jahrzehnte nach dem Ende des Tausendjährigen Reiches werden die wenigen noch erhaltenen Pfund-Blüten bei Auktionshäuser für vierstellige Pfund-Summen gehandelt.

Geld zum Selbermachen

Die ersten Geldfälschungen treten bereits vor 5000 Jahren im alten Ägypten auf; Archäologen finden gefälschte Empfangsbestätigungen für Getreidelieferungen und falsche Goldbarren. Als die ersten Münzen in Umlauf kommen, folgen rasch die ersten Fälschungen. Da die Fälscher zumeist billiges Metall nehmen und mit Edelmetall überziehen, besteht die erste Maßnahme gegen Fälscher, Kerben (Prüfhiebe) in die Münzen zu schlagen, um deren Edelmetallgehalt zu überprüfen. Als die ersten Banknoten aufkommen, folgen auch die Fälscher. Ein ganz prominenter Fälscher ist Peter Ritter von Bohr (1773 bis 1847), er führt ein bewegtes Leben: Er studiert Kunst in Paris, dient in der französischen Revolutionsarmee, ist Mitgründer der Donaudampfschifffahrtsgesellschaft und der Ersten österreichischen Sparkasse, aus der später die heutige Erste Bank entsteht – und gerät irgendwann in Geldnöte. Also beschließt er, sein eigenes Geld zu drucken, und das tut er so kunstfertig, dass die damalige österreichische Nationalbank kurz davor steht, ganze Banknotenreihen einzuziehen. Bohr fliegt auf, als seine Frau eine sündhaft teure Uhr mit Falschgeld bezahlt. Als die falsche Note als solche erkannt wird, kann sich der Uhrmacher erinnern, woher diese Note stammt. Bohr und seine Frau werden zum Tode verurteilt, später zu Gefängnisstrafen begnadigt. Die Angelegenheit ist dem österreichischen Staat so peinlich, dass die Zeitungen 70 Jahre lang nicht darüber berichten dürfen.[12] Ein heißer Anwärter auf den Titel des genialsten Geldfälschers ist der Portugiese Artur Virgilio Alves dos Reis: Er fälscht nicht Banknoten, sondern einen Vertrag mit der Portugiesischen Notenbank, der eine private britische Druckerei mit der Herstellung einer größeren Geldmenge betraut. Der Trick funktioniert, etwa 200.000 Banknoten im Wert von rund 1,3 Millionen Euro werden auf der Basis dieses Vertrags gedruckt. Ein Viertel des Gewinns steckt sich dos Reis ein. 1925 wird er erwischt, bis 1945 sitzt er ein. Unter den Deutschen Geldfälschern ist Hans Jürgen Kuhl ein Hingucker, er verdient sich in den Medien den Namen „Warhol der Geldfälscher" – in Anlehnung an den bekannten Pop-Künstler. Der Grafiker, Maler und Modedesigner fälscht in den 1970er-Jahren rund 40 Millionen Dollar. „Erschreckend perfekt", nennt das Bundeskanzleramt seine Fälschungen. Erwischt wird er, als Mitarbeiter der Kölner Müllabfuhr Schnipsel der falschen Banknoten in seinem Müll finden.[13]

Die Idee, ein Land zu zerstören, indem man seine Währung zerstört, ist nicht neu: Ende des 18. Jahrhunderts schmuggeln die Briten große Mengen gefälschten Geldes nach Frankreich, um die dort tobende Revolution zu sabotieren; Jahre später wird Napoleons Polizeiminister Joseph Fouché Falschgeld gen Moskau, London und Wien schicken. Die Druckplatten für die österreichischen Geldscheine hat Napoleon zuvor im Krieg erbeutet. Von den rund 200 Millionen gefälschten Scheinen gelangen nur wenige nach Österreich, da Napoleon die Tochter des österreichischen Kaisers heiratet und daraufhin das Unternehmen einstellt.[14] Auch die Briten überlegen im Zweiten Weltkrieg, die deutsche Wirtschaft durch Falschgeld zu zerstören, verwerfen den Plan aber. Und heute noch betätigen sich Staaten als Geldfälscher: Die amerikanische Regierung vermutet, dass Nordkorea an der Fälschung amerikanischer Banknoten beteiligt ist, wobei es hier vermutlich eher um Devisenbeschaffung als um Destabilisierung der amerikanischen Wirtschaft geht.

Noch klarer hat das der britische Wirtschaftswissenschaftler John Maynard Keynes formuliert, als er den sowjetischen Diktator Lenin zitierte: „Nach Lenin ist der beste Weg, ein kapitalistisches System zu zerstören, der Ruin der Währung. Durch Inflationierung können Regierungen still und heimlich einen Teil des Wohlstands der Bürger konfiszieren … Lenin hatte zweifellos recht: Es gibt keine subtilere Methode, die Grundlagen der Gesellschaft umzustürzen, als die Währung zu ruinieren."[15]

Allerdings gingen die Herrschenden bei der Zerstörung ihrer Währung selten subtil vor. Schauen wir uns das einmal an.

➤ **Geldfrage:** *Natürlich will niemand sein Geld in einer stark inflationsgefährdeten Währung halten – aber woran erkennt man, dass diese Gefahr besteht? Der erste Blick gilt natürlich der offiziellen Inflationsrate eines Landes, aber die wird oft von den Regierenden manipuliert, sodass man sich nicht darauf verlassen kann. Ein verlässlicherer Indikator ist der inoffizielle Wechselkurs eines Landes auf dem Schwarzmarkt (der offizielle Wechselkurs wird bisweilen auch von der Regierung manipuliert) – ist dieser im freien Fall, so deutet das auf Probleme der heimischen Währung hin. Weitere Anzeichen für Probleme der inländischen Währung: Internationale Investoren verlangen zunehmend höhere Zinsen, wenn sie dem betreffenden Land Geld leihen wollen, die Preise für Sachwerte steigen in dem betreffenden Land und die Regierung beteuert, dass Inflation kein Problem ist. In einem solchen Land meiden Sie als Reisender besser Geldautomaten und Wechselstuben, denn dort können Sie die Währung nur zum offiziellen Wechselkurs tauschen, der viel zu teuer ist.*

Die Soldatenkaiser ruinieren die Währung

Wann genau es losging, ist schwer zu sagen, der deutsche Wirtschaftswissenschaftler Günter Schmölders legt die erste Inflation der Weltgeschichte ins alte Ägypten, etwa 3000 vor Christi Geburt. Die damalige Zahlungseinheit Shât, die zu Beginn einen Gegenwert von 15 Gramm Gold hat, weist 1700 vor Christus nur noch einen Wert von 7,5 Gramm Gold auf, wird später zur Silberwährung herabgesetzt, verschwindet schließlich gänzlich. Andere Quellen weisen darauf hin, dass das Verschwinden dieser Zahlungseinheit auch religiöse Gründe hat, Gold gilt bei den alten Ägyptern als Haut der Götter, Silber als deren Knochen und war zu diesen Zeiten extrem knapp – alles Gründe dafür, dass Gold und Silber sich als Geld nicht durchsetzen, was nicht ausschließt, dass dieses Geld sich selbst aus der Geschichte inflationiert hat.[16]

Amtlich gesichert allerdings ist die Verrottung des Geldes im alten Rom[17] – die erste historisch gesicherte Geldentwertung ereignet sich etwa ab dem 2. Jahrhundert nach Christus im Römischen Reich. Eine Reihe von Soldatenkaisern und Herrschern setzte schrittweise den Wert der umlaufenden Metallmünzen herab, fügte den Münzen Blei zu, senkte den Edelmetallgehalt der Münzen, erhöhte auf diesem Weg die umlaufende Geldmenge und senkte die Kaufkraft der Währung. Kriege und Soldaten mussten bezahlt werden, Wähler und Politiker wollten bestochen sein, politische Karrieren wollten erkauft sein – Gründe, die Währung zu zersetzen und sich auf diesem Weg zu bereichern, gab und gibt es für jeden Herrscher mehr als genug. Ebenfalls nicht hilfreich war, dass die Römer mehr aus dem Ausland importierten, als sie exportierten. Die Folge dieser Entwicklung war, dass Edelmetalle zur Bezahlung dieses Defizits (heutzutage spricht man von einem Leistungsbilanzdefizit) genutzt wurden, weshalb sie den römischen Boden verließen. Sie wurden knapp.

Unter Valerian I. und seinem ihm nachfolgenden Sohn Gallienus schließlich sank der Silbergehalt der Silbermünzen auf schlappe 5 Prozent. Spätestens jetzt war die Inflation nicht mehr aufzuhalten. Die Bürger Roms machten begeistert mit, sie schnitten die Ränder der Münzen ab, um Edelmetall zu gewinnen, was dazu führte, dass die Münzen einen geriffelten Rand erhielten, damit man diese Praxis erkennen kann. Sklaven schöpften Gold, indem sie die Münzen in einen Sack steckten und den Sack schüttelten; das Gold, das in der Baumwolle des

Sacks hängen blieb, erhielten sie, indem sie den Sack verbrannten und das Gold aus der Asche wiedergewannen.

Wie groß das Ausmaß der gemünzten Inflation gewesen sein muss, zeigt ein Bericht über den Aufstand der römischen Münzer gegen eine Geldreform, von der sie befürchten, dass diese ihre Arbeit überflüssig macht. Laut historischen Quellen probten allein in Rom 40.000 dieser Münzer den Aufstand – und das war nur eine von vielen Münzstätten. Diese Zahl gibt eine Idee, wie viele Menschen im Römischen Reich damit beschäftigt waren, Münzen zu prägen, und das wiederum gibt einen Hinweis auf die Zahl der kursierenden Münzen.

➢ **Geldfrage:** *Man darf Inflation nicht mit dem Anstieg einzelner Preise verwechseln. Steigen beispielsweise die Heizkosten, so kann das auch daran liegen, dass die Ölpreise steigen, steigen die Preise für Dienstleistungen, so kann das daran liegen, dass die Regierung ihre Bürger mit einer neuen Steuer erfreut. Der Anstieg der Preise einzelner Güter ist noch keine Inflation; Inflation bedeutet einen Anstieg aller Preise auf breiter Front – erst wenn fast alle Bereiche Ihres Lebens teurer werden, spricht man von Inflation.*

Im 3. Jahrhundert nach Christus schließlich herrscht im Römischen Reich Anarchie, die Wirtschaft versinkt im Chaos. Innerhalb von 50 Jahren entgeht von 26 Herrschern nur einer dem gewaltsamen Tod. Das Ausland akzeptiert römisches Geld nicht mehr, die Inflation galoppiert auf und davon. Bereits 250 nach Christus beginnen die Städte zu verarmen, werden entvölkert, Gold und Silber verschwinden. Kaiser Diokletian (um 236 bis 312) stellt in einem verzweifelten Versuch im Reich große Steinplatten auf, auf denen in lateinischer und griechischer Sprache verfügt wird, für welche Güter welche Höchstpreise gelten, und dass jeder, der gegen diese Höchstpreisverordnung verstößt oder Waren zurückhält, mit dem Tode bestraft wird.

Der verzweifelte Versuch, per Gesetz einen Anstieg der Preise zu verhindern, misslingt. Ähnliche Maßnahmen scheitern im Verlauf der Jahrhunderte immer wieder. Inflation ist wie Wasser: Man kann es nicht aufhalten, allenfalls umlenken.

➢ **Geldfrage:** *In einem Land, in dem eine Höchstpreisverordnung eingeführt wird, sollten Sie nicht investiert sein. Solche Verordnungen sind eine Kapitulation der Politik gegenüber der Inflation, sie künden von der Ratlosigkeit der Regierung und führen dazu, dass Waren gehortet statt verkauft werden.*

Historiker setzen die Zeit der Inflation im Römischen Reich in etwa von 150 bis 301 nach Christus an – in dieser Zeit haben sich die Preise in etwa um jährlich 5 bis 6 Prozent erhöht, was nicht viel klingt – erinnern Sie sich an die Seerosen aus dem vorherigen Kapitel? Genau, die Preise haben sich in dieser Zeit um den Faktor 200 erhöht. Zumindest das führen uns die römischen Herrscher vor: Mit nur kleinen Inflationsraten kann man auf lange Zeit Weltreiche zerpulvern. Doch die römische Inflation sollte nur der Auftakt zu einer langen Reihe von Inflationen sein. Die nächste führt uns ins Mittelalter. Sie kommt an Bord eines Schiffes nach Europa – zusammen mit dem Tod.

Der schwarze Tod und die Schinderlinge

Etwa um das Jahr 1347 kommt der Tod nach Europa, vermutlich auf Schiffen aus dem Orient. Seine Farbe: Schwarz. Von den Hafenstädten breitet er sich über Handelswege in Europa aus: Deutschland, England, Frankreich, Dänemark, Polen, Finnland und Schweden – der Tod kennt keine Grenzen. Wie viele Menschen sterben, ist ungewiss, vermutlich zwischen 20 und 50 Millionen. Der schwarze Tod, die Pest, hat die Wirtschafts- und Sozialstruktur Europas dramatisch verändert, nichts sollte mehr so sein wie zuvor.

Das System der Leibeigenschaft, des Feudalismus, wird durch die Pest aufgelöst – zu viele Bauern sterben, sodass nicht mehr das Land der Großgrundbesitzer, sondern die Arbeitskraft der Bauern die knappe Ressource ist – langfristig gibt das den Bauern bessere Karten. Den Wert des Geldes schickt die Pest auf eine Achterbahnfahrt.

Zu Beginn der Plage kommt es zu einem Rückgang der Preise auf breiter Front; Deflation nennen Wirtschaftswissenschaftler das. Grund dafür ist wohl auch der Rückgang der Nachfrage nach Gütern – die potenziellen Konsumenten der Produktion waren der Pest zum Opfer gefallen.[18] Nachdem die ersten schweren Schockwellen der Pest abklingen, beginnen die Preise allerdings zu steigen, und der Grund dafür ist simpel, wie ein Historiker formulierte: Menschen sterben, Münzen nicht. Durch den Bevölkerungsschwund ging die Produktion von Waren zurück, aber nicht die umlaufende Menge an Münzen – das Resultat dieser Konstellation war Inflation. Hinzu kommen eine Menge Regierungen, die aufgrund der üblichen Eskapaden – Kriege und ähnliche Abenteuer – mit ihren Münzen das wiederholen, was wir bereits von den Römern kennen: Sie setzen ihren Wert immer mehr herab.[19] Das Ergebnis: Der schwarze Tod brachte die Inflation nach Europa, wenngleich die geschätzte jährliche Inflationsrate mit knapp 6 Prozent noch recht moderat war, verglichen jedenfalls damit, was noch kommen sollte.

Nicht, dass die europäischen Herrscher eine Plage gebraucht hätten, um den Wert ihrer Währung zu schrotten – ein Herrscher in Finanznöten bringt das auch ganz alleine fertig. Auftritt Friedrich und Albrecht von Steiermark aus dem Hause der Habsburger, die sich – Familie kann man sich nicht aussuchen – Mitte des 15. Jahrhunderts um Thronfolge und Erbe streiten.

So ein Familienzwist kostet Zeit, Nerven und Geld, doch woher nehmen? Also kommen die beiden Herren auf eine einfache Idee: Sie verkaufen das Münzregal.

Das Münzregal ist eine Bezeichnung für die Münzhoheit eines Herrschers, also das alleinige Recht, Münzen in Umlauf zu bringen und den Münzgewinn einzustreichen, der dadurch entsteht, dass der Wert, den man für diese Münzen bekommt, nicht den Kosten der Münzprägung entspricht. Das Münzregal ist quasi eine Goldmine, es ist nicht nur sprichwörtlich eine Lizenz zum Gelddrucken. Und die lassen sich die beiden Brüder gut bezahlen, um auf diesem Weg ihre Geldnöte zu lindern.

Und was macht jemand, der das Recht erwirbt, Münzen zu prägen? Genau, er tut dies auch. Die Käufer des Rechtes machten regen Gebrauch davon, wobei es sich von selbst versteht, dass die Verkäufer des Münzregals an den Einnahmen prozentual beteiligt sind. Es gehört nicht viel Fantasie dazu, sich auszumalen, wohin das führte: Das Silber in den Münzen wurde immer mehr durch Kupfer und Blei ersetzt, und die in Massen umlaufenden Münzen wurden von der Bevölkerung bald nur noch als „Schinderlinge" bezeichnet.

Anfang 1460 wendet sich der Landtag zu Gollersdorf an den Kaiser und bittet um Linderung, denn „…alle Kriege, Raub und Brand hätten das Land nicht so hoch erermet, als dies durch den Schinderling geschehen sei und noch täglich geschehe".[20] 1460 hat Albrecht ein Einsehen und beendet die Zeit der Schinderlinge, die Wiener Münzhausgenossenschaft übernimmt wieder das Prägen der Münzen. Einige Fürsten allerdings fühlen sich betrogen, es kommt zu langwierigen Prozessen und Verhandlungen. Ein wichtiger Punkt, so kann man mutmaßen, war, dass die Münzhausgenossenschaft den Prägewahn der Schinderlingszeit nicht mitgemacht hatte und deswegen noch einen guten Ruf und das Vertrauen der Bevölkerung genoss – das erleichterte den Neustart.

➤ **Geldfrage:** *Eine unabhängige Notenbank ist ein wichtiger Garant für eine stabile Währung. Übernimmt die Regierung das Ruder bei der Notenbank, so ist das ein Weckruf, seine Investments in diesem Land zu beenden. Ein Beispiel dafür ist die argentinische Staatschefin Kristina Kirchner, die 2010 die Devisenreserven der Notenbank zur Schuldentilgung nutzen will; als der Notenbankchef sich wehrt, setzt sie ihn vor die Tür. Wer in so einem Land investieren will, braucht hohe Risikobereitschaft und viel Optimismus.*

Die Zeit der Schinderlinge wird bisweilen als die erste Inflation Europas bezeichnet, obwohl, wie wir gesehen haben, das Geld bereits in den Zeiten der Pest seinen Wert verlor. Aber verglichen mit dem, was die Geschichte bereithält, war das harmlos. Die nächste Inflation sollte aus Übersee kommen.

Der Münzverruf

… ist eine besonders perfide Methode, sich auf Kosten der Bevölkerung zu bereichern: So gibt es im 12. Jahrhundert den Brauch, jedes Jahr den alten Pfennig zu „verrufen" und ihn gegen einen neuen zu tauschen – dann gab es beispielsweise für 16 alte Pfennige nur noch 12 neue Pfennige. Und je knapper die herrschaftlichen Finanzen, desto größer die Versuchung: In manchen Gegenden wiederholte man dieses Spiel bis zu vier Mal pro Jahr. Hier sieht man, dass Inflation letztlich wie eine Steuer wirkt.

Das Zeitalter der Vellonen

Im 16. Jahrhundert steigen die Preise in Spanien mit einer jährlichen Rate von 1,5 Prozent – das klingt wenig, aber am Ende des Jahrhunderts haben sich die Preise vervierfacht. Der

Grund für diese Inflation sind 17 Millionen Kilo Silber und 181.000 Kilo Gold, die aus den Minen Perus und Mexikos nach Spanien fließen.

Die damals vorherrschende wirtschaftliche Doktrin ist der Merkantilismus, der ein Land als reich ansieht, wenn es möglichst große Edelmetallvorräte hat. Mit Gold und Silber, so die Idee, kann man Armeen ausrüsten, Kirchen und Schlösser bauen und glänzen lassen und Waren im Ausland kaufen.

Die Idee, dass ein Zustrom an Edelmetallen und der damit verbundene Reichtum seiner Besitzer unweigerlich zu Inflation führen muss, ist den damaligen Herrschern fremd. Als aufgrund des erhöhten Umlaufs an Gold und Silber die Preise steigen, bemüht man alle möglichen Theorien dafür, warum die Preise steigen: Untätige Ehefrauen, zu viele unproduktive Priester, Luxus, ausländische Mächte, Spekulanten, schlechte Ernten, hohe Pachten, zu viele Rinder, die geschlachtet werden. Die Idee, dass Inflation durch eine Zunahme der Zahlungsmittel ausgelöst werden kann, wird mehr oder weniger nicht diskutiert. Eine Ausnahme ist der französische Staatstheoretiker Jean Bodin (1530–1596), der dafür die Idee einer Waage bemüht: In der einen Waagschale ist das Geld, in der anderen alle Güter, die man damit kaufen kann. Wenn in der einen Schale mehr Geld angehäuft wird, zieht deren Gewicht die andere Schale – die Preise der Güter – in die Höhe. Diese Idee wird Jahrhunderte später als Quantitätstheorie wiederbelebt werden. Die spanische Inflation des 16. Jahrhunderts hingegen trifft die Bevölkerung, ohne dass sie wirklich versteht, was hier passiert.

➢ **Geldfrage:** *Um den Zustand und die Zukunft einer Volkswirtschaft – und damit die Investmentchancen – zu studieren, empfiehlt es sich, auch die Veränderung der dort umlaufenden Geldmenge zu untersuchen. Eine* *übermäßige, massive Ausweitung der Geldmenge kann ein Alarmzeichen sein. Angaben zur Geldmenge einer Volkswirtschaft finden Sie auf den Homepages der jeweiligen Notenbank.*

Diese Inflation wurde also nicht durch übermäßige Nachfrage oder durch eine Verschlechterung des Geldes ausgelöst wie im Falle der Schinderlinge, sondern durch eine übermäßige Zunahme der umlaufenden Zahlungsmittel. Doch die übliche Mittelknappheit – offenbar eine Art Charakterzug unter Herrschenden jeder Zeit und Couleur – zwingt Ende des 16. Jahrhunderts Philipp III. zum Handeln: Sein Reich steht mit 100 Millionen Dukaten in der Kreide, die Einnahmen des Staates der nächsten vier Jahre sind im Voraus verpfändet (ja, so etwas kann man machen, heute macht man so etwas ähnliches mit Autobahnen) – Zeit für unorthodoxe Maßnahmen. Er bestimmt 1599, den Silbergehalt der umlaufenden Vellon-Münzen auf null zu setzen, was ihm einen ansehnlichen Münzgewinn beschert. Um das Maß voll zu machen, wird das Gewicht der nun komplett aus Kupfer bestehenden Vellon-Münzen halbiert, und die Besitzer alter Vellon-Münzen werden gezwungen, diese in neue umzutauschen.

Allerdings hat Philipp eine Kleinigkeit übersehen: Der Nennwert der Vellonen war nun höher als sein Material- und Prägewert, was dazu führte, dass ganze Schiffsladungen nachgemachter Vellon-Münzen aus dem Ausland in Spaniens Häfen einliefen und von den ausländischen Besitzern in gute Gold- und Silbermünzen umgetauscht wurden. Spanien wurde von schlechten Kupfermünzen überschwemmt, während die guten Gold- und Silbermünzen ins Ausland geschwemmt wurden. Und die Gold- und Silbermünzen, die nicht ins Ausland wanderten, verwahrten deren Besitzer sorgfältig unter dem Kopfkissen; stieg ihr Wert doch beständig an.

Das Gresham'sche Gesetz
... besagt, dass gutes, also werthaltiges Geld, durch schlechtes Geld verdrängt wird. Man versucht mit dem schlechten Geld zu bezahlen und das gute, werthaltige Geld zu horten, es dient als Wertaufbewahrungsmittel oder verschwindet ins Ausland. Oft versuchen Regierungen, dieses Gesetz auszuhebeln, indem sie die Bürger zwingen, das schlechte Geld zu akzeptieren und den Besitz des guten Geldes unter Strafe stellen – eine Strategie, die in modernen Volkswirtschaften mit offenen Grenzen nicht mehr funktioniert.

Ähnliche Erlebnisse machen die Deutschen Anfang des 17. Jahrhunderts, eine Zeit, die von Historikern als Zeit der Kipper und Wipper bezeichnet wird. Diese Worte beschreiben die in dieser Zeit gängige Praxis, auf einer Waage Münzen zu wiegen (wobei der Waagbalken wippt) und anschließend die schweren, guten Münzen auszusortieren (kippen), um sie dann mittels Blei, Kupfer oder Zinn zu strecken.

Auch hier ein vertrautes Muster: Kriegsvorbereitungen schaffen knappe Kassen, also senken die herrschenden Fürsten unter Missachtung der kaiserlichen Reichsmünzordnung den Silbergehalt der von ihnen geprägten Münzen und stecken sich den Münzgewinn in die Taschen. Doch die Flut der neuen Münzen und die Nachfrage der Fürsten nach Silber führen zu einem steigenden Silberpreis; das Silber ist rasch teurer als der Wert der Münzen – also schmelzt man gute Münzen mit hohem Silbergehalt ein und macht neue, geringwertigere Münzen daraus.

Der anfängliche wirtschaftliche Aufschwung und Jubel, der durch die Münzflut ausgelöst wird, weicht bald einer Katerstimmung, steigende Preise, sinkende Kaufkraft der Einkommen und Misstrauen gegen die Kippermünzen führen ins wirtschaftliche Verderben. In der Literatur finden sich Stimmen, dass die Kipper- und Wipperzeit den materiellen Wohlstand Deutschlands stärker zerstört hat als der Dreißigjährige Krieg.[21] Diese Zeit ist die größte Inflation in der Geschichte des Heiligen Römischen Reichs Deutscher Nation.

➢ **Geldfrage:** *Sind Münzen eine gute Geldanlage? So einfach lässt sich das nicht beantworten, wie so oft kommt es darauf an. Man kann zum einen auf den Preisanstieg des Materials setzen, zum anderen auf den Wert der Münze selbst. Aber wie bei den meisten solcher Investments kann es schwer werden, die gesammelten Münzen zum richtigen Zeitpunkt zu einem guten Preis zu verkaufen – die seltenste Münze ist nichts wert, wenn sich kein Käufer findet. Der Spaß am Sammeln sollte bei dieser Art des Investierens im Vordergrund stehen.*

Allen diesen Inflationsgeschichten ist gemeinsam, dass es hier um Münzen geht – eigentlich um Kleingeld. Das Muster: Die herrschende Klasse braucht Geld und beschließt, den Wert der Währung aufzuweichen, indem sie den Wert der Münzen herabsetzt und sich die Differenz zwischen den Kosten der Münzprägung und dem Nennwert der Münzen in die Taschen steckt. Aber verglichen mit dem, was noch kommen sollte, ist das Amateurstatus. Erst die Idee, dass nicht nur Münzen, sondern auch Papier als Geld dienen kann, bringt das Inflationskarussell auf Touren. Wer kam eigentlich auf die Idee? Vielleicht der Teufel? Fragen wir den berühmtesten deutschen Dichter.

4. Der Teufel und die Inflation: Die Entdeckung des Papiers

Die Kernthesen dieses Kapitels

1. Währungskrisen beginnen zumeist mit einem überschuldeten Staat.
2. Das Aufkommen von Papiergeld erleichterte es den Herrschern, sich zu verschulden und die Last dieser Schulden auf den Bürger abzuwälzen.
3. Inflation, die durch Währungsmanipulation entsteht, kann die heimische Wirtschaft anfänglich beleben, schlägt dann aber oft in eine Wirtschaftskrise um.
4. Beseitigt man die Inflation durch Reduktion des umlaufenden Geldes, kommt es oft zu einem Rückgang der Preise auf breiter Front (Deflation), der ebenfalls tiefe Spuren in der heimischen Wirtschaft hinterlässt.

Der Dichterkönig huldigt dem Finanzbetrüger

Der Kaiser ist am Ende. Sein Reich, geplagt von Korruption und Armut, ist hochverschuldet und von massiven Finanznöten geplagt. Im Trubel eines nächtlichen Maskenballs lässt er sich von seinem Hofnarren dazu überreden, eine Urkunde zu unterschreiben – der Hofnarr verspricht ihm ein Ende aller Finanznöte. Was der Kaiser nicht weiß: Der Hofnarr ist kein Hofnarr, sondern der Teufel.

Der Trick des Teufels: Er lässt die vom Kaiser unterschriebene Urkunde vervielfältigen und verbreiten und verkündet, dass jedes dieser Papiere 1.000 Kronen wert ist; und besichert seien die Papiere durch die Schätze, die überall im Land vergraben sind und ja eigentlich dem Kaiser gehören. Wer also einen solchen Zettel sein Eigen nennt und einen Schatz findet, darf diesen behalten. Der Trick funktioniert: Die Leute reißen dem Teufel die Zettel aus der Hand, der Kaiser kann seine Schulden bezahlen, die Wirtschaft springt an, das Land blüht auf.

Irrsinn? Leider nicht, wie wir noch sehen werden. Der Teufel entstammt der Feder der deutschen Dichterikone Johann Wolfgang von Goethe, er hat ihn im zweiten Teil seines Faust-Dramas verewigt. Fiktion? Nein. Goethe hatte wohl ein Vorbild, nämlich den Mann, der Frankreich ruinierte.

Der Mann, der Frankreich ruinierte

Die meisten Inflationen bis ins 17. Jahrhundert hinein sind Inflationen von Geld, das einen eigenen Wert hat: Gold, Silber, Bronze, Kupfer – man muss das Metall fördern, die Münzen schmelzen, prägen, all das kostet Aufwand und Zeit. Papier hat keine solche Beschränkung: Man nimmt einen Bogen Papier, verfügt, dass es einen Wert hat, unterschreibt – fertig. Münzgeld oder Warengeld kann automatisch zu einer Währung werden, auch ohne staatliches Zutun. Papiergeld hingegen hat erst einen Wert, wenn jemand, der die Autorität und den Ruf hat, seine Versprechen zu halten, dem Papier einen Wert zuschreibt. Deswegen nennt man diese Art von Geld Fiat-Geld, vom lateinischen fiat – es werde. Papiergeld wird Geld, weil jemand bestimmt, dass es Geld sei, und weil diejenigen, die dieses Geld annehmen, es glauben. Verlieren sie diesen Glauben, wird dieses Geld wertlos.

Der Schotte William Law ist Goldschmied, und wie viele seiner Zunft stellt er seinen Kunden, die bei ihm Gold verwahren, Quittungen aus. Diese Quittungen beginnen bald als eine Art Geld zu kursieren, sie sind bequemer zu verwahren und transportieren, und es gibt sie in verschiedenen Stückelungen. Sein Sohn John lernt vielleicht daraus, jedenfalls attestieren ihm manche Quellen, der Erfinder des Papiergeldes zu sein. Vermutlich ist das zu viel der Ehre, die Chinesen kennen bereits im 6. Jahrhundert fliegendes Geld, im 6. Jahrhundert bringen

Araber Papiergeld nach Europa – Law erfindet das Papiergeld nicht. Aber er entdeckt etwas viel Gefährlicheres: wie man Geld aus dem Nichts macht.

Law ist ein begnadeter Spieler und Abenteurer, der nach einem Duell mit tödlichem Ausgang aus seiner Heimat Schottland flieht, durch Europa geistert, verfolgt von Scharen wütender Ehemänner und verärgerter Spieltischpartner und Bücher über Geldtheorie schreibt. Mit 29 beschreibt er in einem Buch bereits das Geldsystem des Teufels: Er glaubt, dass mehr Kredit und Geld die Wirtschaft beleben und schlägt dazu mit Land besicherte Geldscheine als Lösung vor. 1715 kommt Law nach Frankreich und bietet dem König seine Hilfe an, der pleite ist bis auf die Unterhosen. Das Drama, das sich nun zwischen 1716 und 1720 abspielt, nimmt seinen Lauf. Es hat vier Akte.[22]

Der erste Akt beginnt 1716, als Law vom König die Erlaubnis erhält, eine Bank zu gründen. Diese Bank, die Banque Générale, vergibt Kredite, nimmt Einlagen entgegen und gibt Banknoten aus. Das Kapital für diese Bank holt sich Law so, wie man das auch heute macht: Er gibt Aktien aus, die sich ordentlich rentieren. Einen Teil der Aktien erhält der König – er bezahlt mit Staatsschulden; verschuldet sich also bei Laws Bank. Ein Teil der Staatsschulden liegt nun bei der Bank und dient als Besicherung der Banknoten, welche die Bank ausgibt. Und damit die Banknoten von der Bevölkerung akzeptiert werden, versichert die Bank ihren Kunden, dass sie diese Noten jederzeit zu einer exakt festgelegten Menge an Silber eintauschen können. De facto kann die Bank das nicht, denn ihre Einlagen, ihr Kapital, reichen nicht aus, alle Banknoten einzulösen. Doch Law verlässt sich auf das, was er wohl bei seinem Vater, dem Goldschmied, gelernt hat: Solange nicht alle Inhaber der Banknoten zur gleichen Zeit diese in Silber eintauschen wollen, kann man mehr Banknoten ausgeben, als man Mittel hat, um diese zu decken. Solange also alle darauf vertrauen, dass diese Banknoten das wert sind, was auf ihnen steht, besteht keine Gefahr. Dieses Prinzip ist heute noch die Grundlage aller modernen Banken- und Währungssysteme.

Um den Bürgern die Banknoten schmackhaft zu machen, verfügt der König, dass man auch seine Steuern damit bezahlen könne – bald sind John Laws Banknoten gesetzliches Zahlungsmittel in Frankreich. Hier sieht man sehr schön, was Banknoten sind: umlauffähig gemachte Schulden. Der Staat – der größte Kreditnehmer der Bank – leiht sich nun von der Bank Banknoten, kauft damit bei seinen Untertanen ein, die anschließend diese Banknoten dazu verwenden, um ihre Steuerschulden zu zahlen, und gedeckt sind diese Banknoten letztlich durch Staatsschulden.

Das Geschäftsmodell überzeugt den König, die Bank wirft gute Gewinne ab, also wird 1718 aus der Banque Générale die Banque Royale, sie wird verstaatlicht, und der König garantiert den Wert der Banknoten. Der Staat hat jetzt offiziellen Zugang zur Notenpresse.

Der zweite Akt beginnt 1717, als Law die Compagnie d'Occident gründet. Diese Gesellschaft soll Kapital einsammeln, mit dessen Hilfe die französischen Kolonien in Übersee erschlossen werden sollen. Die Krone gibt der Gesellschaft das alleinige Recht, die Ressourcen der Kolonien zu erschließen und auszubeuten. Zu diesem Zweck gibt die Gesellschaft Aktien aus, die eine Teilhabe an den zu erwartenden Gewinnen versprechen. Die Leute stürzen sich auf die Aktien, die man auch mit Schuldscheinen des Staates bezahlen kann – was sie auch tun. De facto passiert hier nun folgendes: Die Gläubiger des Staates tauschen dessen Schuldscheine gegen Aktien eines Unternehmens, das staatliche Besitztümer ausbeuten soll. Im Grunde genommen tauschen die Gläubiger des Staates also ihre festen Forderungen an den Staat gegen einen Hoffnungswert, nämlich die vermuteten Reichtümer der Kolonien, verbrieft in den Aktien der Compagnie.

Sollte die Compagnie d'Occident anfangs nur die Ressourcen in Übersee ausbeuten, so erweitert sie bald ihre Geschäftsfelder: Sie kauft dem Staat das Tabakmonopol ab, kauft weitere Gesellschaften, die Kolonien ausbeuten sollen, das Recht zur Münzprägung sammelt sie ebenso ein wie Rechte, für den Staat Steuern einzutreiben. Finanziert werden diese Einkäufe mit weiteren Aktienemissionen.

Im Kern also lief das Geschäft so ab: Der Staat verkaufte an die Kompanie wertvolle staatliche Rechte zur Ausbeutung von Kolonien, Rauchern, Steuerzahlern und wurde dafür im Gegenzug seine Schulden los – letztlich also verpfändete er seine zukünftigen Einnahmen an die Gesellschaft, die diese Einkäufe mit Aktien finanzierte, die wiederum von den Bürgern gekauft wurden, und zwar mit dem Geld, das Laws Bank herausgab.

Der dritte Akt beginnt 1719: Law wird Finanzminister, die Gesellschaft und die Bank werden miteinander verschmolzen, die neue Gesellschaft, die dadurch entsteht, wird zu einer Schuldenmanagement-Agentur des Staates. Schließlich übernimmt sie die kompletten Schulden des Staates. Dazu besorgt sie sich Geld beim Volk, und zwar über Aktien. Am Ende dieser Operation ist die gesamte Staatsschuld über die Gesellschaft in Aktien der Gesellschaft umgetauscht. Und womit werden diese Aktien bezahlt? Natürlich mit dem Geld, das Laws Bank fleißig druckt. Der letzte Baustein des Systems ist die Abschaffung von

Gold und Silber als Zahlungsmittel – die Staatsschuld ist in Aktien und Papiergeld umgewandelt worden und kreist fröhlich durch die französische Wirtschaft. Man ahnt, was kommt.

Nämlich der vierte und letzte Akt: 1720 beginnt der Niedergang des Law'schen Systems. Anfangs sorgt sein Banknoten-Geld dafür, dass die Zinsen im französischen Geldverkehr sinken und die Wirtschaft beleben. Doch Laws System trägt den Keim des Niedergangs in sich: Die Kolonien, von denen man sich Gold, Silber, wertvolle Rohstoffe und Reichtum verspricht, entpuppen sich als sumpfige, lebensfeindliche Wildnis – Reichtümer sind dort nicht zu erwarten. Wie aber soll das die steigenden Aktienkurse rechtfertigen? Und wie soll Law den Aktienbesitzern ihre Dividenden zahlen? Das geht nur, indem er neue Aktien ausgibt, mit deren Erlös er die Ansprüche der Aktionäre befriedigt. Ein klassisches sogenanntes Ponzi-System entsteht, das einstürzen muss.

➢ **Geldfrage:** *Ponzi-Systeme sind keine Geldanlage, sondern ein kriminelles Schema, das unweigerlich einstürzen muss. Das Prinzip: Man finanziert die Erträge, die man an Teilnehmer des Systems ausschüttet, durch Einzahlungen neuer Teilnehmer. Ähnlich wie bei Kettenbriefen braucht man deswegen immer mehr neue Anleger und deren Geld, um die alten Anleger auszuzahlen – das muss schiefgehen. Wie erkennt man solche Systeme? Zumeist versprechen sie hohe Renditen bei angeblich geringem Risiko, die Quelle der Gewinne wird oft verschleiert oder nur nebulös erklärt. Der Gründer solcher Systeme ist zumeist ein charismatischer Mensch, der sich mit allen möglichen Weihen schmückt (Universitätsabschluss, prominente Kunden und Bekannte, bekannte Ex-Arbeitgeber). Wenn ein Investment angeblich über Jahrzehnte immer besser ist als die Konkurrenz und ihr in angeblich allen Belangen überlegen, sollte man misstrauisch werden – im Falle des Ponzi-Betrügers Bernard Madoff beispielsweise war diese Erfolgsbilanz schlichtweg gefälscht. Dafür gab es 150 Jahre Knast.*

Anfangs läuft alles gut: Die Franzosen prügeln sich um Laws Aktien, Dienstmädchen werden reich, Laws Kutscher kündigt und stellt seinen eigenen Kutscher ein – an der Börse nennt man das eine klassische Dienstmädchenhausse. Die Franzosen „... stürzten sich auf die Aktien wie die Schweine", heißt es in zeitgenössischen Berichten.[23] Die Mutter des Königs, Lieselotte von der Pfalz, schreibt in einem Brief:

„Es ist Etwas unbegreiffliches, wie Erschrecklich reichtum jetzt In frankreich ist. Man hört von nichts alss millionen sprechen, ich begreiffe nichts In der Welt Von der sach, wen Ich Von allen den reichtum höre denck Ich, dass der gott mamon jetzt zu Paris regirt."[24]

Es kommt, wie es kommen muss: Irgendwann beginnen die Franzosen zu zweifeln, am Wert der Aktien, am Wert der Kolonien, am Wert der Banknoten, an der Stabilität der Banque Générale – der Ausverkauf beginnt. Da die Notenbank zur Finanzierung der Aktieneskapaden des französischen Volks die Notenpresse recht schwungvoll bedient hat, überhitzt die Wirtschaft, die Preise steigen – zwischen 1717 und 1720 beträgt die jährliche Inflationsrate geschätzte 26 Prozent.[25] Und nicht nur die Güterpreise, auch die Aktienpreise überhitzen und brauchen eine Abkühlung, und die Franzosen, die unter den massiven Verlusten leiden, suchen auch nach einem Ventil für ihre Wut, weswegen John Law nach dem Zusammenbruch der Bank und der Handelskompanie erst nach Belgien, dann nach Venedig flieht, wo er neun Jahre später als armer Mann stirbt.

Im Oktober 1720 werden Gold und Silber wieder Zahlungsmittel in Frankreich, das Papiergeld wird, wie es der Schriftsteller Voltaire formuliert, auf seinen intrinsischen Wert reduziert[26]

– der intrinsische Wert von Papier dürfte am Nullmeridian beheimatet sein.

➢ **Geldfrage:** *Nicht alle Anleger verlieren Geld in einem Börsencrash: Der Ökonom Richard Cantillon (1680–1734) verdiente am Law'schen System gleich doppelt: Zuerst am Kursanstieg der Aktien der Gesellschaft – man muss eben nur rechtzeitig aussteigen – und dann, indem er gegen die französische Währung spekulierte. Er hatte erkannt, dass die französische Währung gegenüber dem Pfund abwerten würde, wenn Frankreich mit Geld überschwemmt wird.*[27] *Eine einfache Faustregel zum Ausstieg an der Börse: Wenn Menschen in Ihrem Bekanntenkreis, die noch nie etwas mit Finanzdingen und Börse zu tun hatten, mit ihren Aktiengewinnen prahlen, verkaufen Sie. Denken Sie nicht weiter nach. Tun Sie es.*

Die Büchse der Pandora

Das Urteil der Geschichte über John Law ist geteilt: Die einen sehen in ihm einen Spieler und Betrüger, der ein ganzes Land ruiniert hat (was Laws Landsleute wohlwollend und mit Respekt aufnahmen), andere sehen in ihm einen der ersten ernstzunehmenden Geldtheoretiker, der viele Ideen, die erst später in die Nationalökonomie Einzug hielten, vorweg genommen hat. Law hat das Papiergeld nicht erfunden, er hat aber gezeigt, dass es funktionieren kann, und er hat demonstriert, dass Papiergeld nicht zwingend durch dahinterstehende Werte gedeckt sein muss. Und er hat demonstriert, was schiefgehen kann.

Schon die Chinesen kennen Papiergeld, nennen es „fliegendes Geld", die Schweden führen Papiergeld bereits im 17. Jahrhundert ein, andere Staaten folgen im 18. Jahrhundert, doch dieses Papiergeld ist stets ein Versprechen auf einen festen Wert, auf Gold, Silber, Kupfer – also sozusagen nur ein Platzhalter für die dahinterstehenden Werte. Laws Papiergeld ist anders – ihm stehen am Ende keine echten, unmittelbaren Werte gegenüber, es ist nur durch Versprechen, Glauben, Reputation und Hoffnung gedeckt, weswegen man diese Form des Geldes ungedeckte Währung nennen kann (im Gegensatz zu den Währungen, deren Wert durch Edelmetalle gedeckt ist). Und wenn sich diese Deckungswerte als brüchig erweisen, sinkt der Wert dieses Papiergeldes auf seinen intrinsischen Wert.

Dennoch – die Erfahrungen mit Laws System führen dazu, dass man in Europa dem Papiergeld in den kommenden Jahrhunderten reserviert gegenübersteht. Bis ins 20. Jahrhundert waren alle Inflationen maßvoll; wenn man sich dem Papiergeld verschrieb, dann vor allem aus Geldknappheit, in der Regel hervorgerufen durch Kriege. Was nicht heißen soll, dass es in dieser Zeit wenige Inflationen zu besichtigen gäbe.

Nicht von ungefähr führen die Schweden als die ersten in Europa Papiergeld ein – das schwedische Münzgeld bestand aus Kupfer, und Kupfer ist schwer.[28] Bei größeren Beträgen hebt man sich da rasch einen Bruch, also ist es wesentlich bequemer, Zettel zu tauschen, die ihren Gegenwert in Kupfer darstellen. Also begann die schwedische Reichsbank, Banknoten zu drucken. Der Siebenjährige Krieg 1756 war willkommener Anlass, die Banknotenproduktion zu erhöhen, die mehr oder weniger dazu diente, das Staatsdefizit zu finanzieren, das bereits durch Subventionen an ausgewählte Industrien aufgebläht war (kommt das jemandem bekannt vor?). Als 1759 der Wert der Kupfermünzen den Wert überstieg, der auf ihnen aufgedruckt war, weil niemand das Papiergeld haben wollte, schwenkte Schweden auf einen kompletten Papiergeldstandard um – das Papiergeld war nun nicht mehr in Kupfer, Gold oder Silber umtauschbar. Und die Presse lief heiß. Es passierte das, was wir bereits bei John Law besichtigen durften: Das viele Geld belebte zuerst die Wirtschaft, mündete dann in eine Inflation, inklusive Einbruch der heimischen Wirtschaft.

Kurz nach dem Höhepunkt der Inflation reduziert die regierende Partei angesichts der Wirtschaftskrise 1765 den Banknotenumlauf – heute würde man sagen, sie leitete eine deflationäre Politik ein. Grundsätzlich kann man so schon das Übel an der Wurzel packen, doch eine Reduktion der Geldmenge geht zumeist einher mit einem Einbruch der heimischen Wirtschaft, was die neu gewählte Regierung bereits 1772 die Macht kostete. Die neue Regierung – die auch vor 1765 bereits an der Macht war, Wähler vergessen rasch – konnte sich ihres Sieges aber nicht lange freuen, noch im gleichen Jahr beendete ein Staatsstreich die schwedische repräsentative Demokratie; der neue Monarch, Gustav III., verfügte, dass Banknoten wieder durch Silber gedeckt sein sollten. Das Papiergeldexperiment war beendet.

Andere Papiergeldexperimente im 17. und 18. Jahrhundert verliefen ähnlich: In Massachusetts beginnt die Regierung, ihre Verpflichtungen mit Kreditnoten zu bezahlen, die bald als Zahlungsmittel kursieren, doch rasch sind zu viele Kreditnoten im Umlauf und angeblich bald keine Silbermünzen mehr – das gute Geld wird vom schlechten Geld verdrängt (wer will schon werthaltiges Silber gegen wenig vielversprechende Kreditnoten tauschen?). Das Experiment wird – nach einer satten Inflation – mit der Rückkehr zu den Silbermünzen beendet.

Das gleiche Spiel wiederholt sich im amerikanischen Unabhängigkeitskrieg: Der Kongress war kaum in der Lage, Steuern zu erheben, die einzelnen Staaten konnten oder wollten nicht viel zum Staatsbudget beitragen, Kredit aus dem Ausland gab es nur begrenzt – also blieb nur die Ausgabe von Banknoten, die den Krieg finanzierten. Die Vereinigten Staaten verdanken ihre Unabhängigkeit dem Papiergeld.

Doch – wie sollte es auch anders sein – letztlich mündete auch das in eine Inflation von rund 100 Prozent pro Jahr. Die vom Kongress ausgegebene Währung, der Continental, fiel so weit, dass ein geflügeltes Wort für wertlose Dinge war, dass diese „keinen Continental wert" seien. Nach dem Krieg ging es darum, die Inflation zu zähmen, die Papierwährung wurde aufgegeben, was folgte, war eine Periode sinkender Preise und sinkender Wirtschaftstätigkeit. Wer sich zu Zeiten der hohen Preise der Inflation Geld geliehen hatte, saß jetzt in der Schuldenfalle; Farmer und Soldaten landeten wegen Überschuldung im Gefängnis.

Keine 100 Jahre später, im amerikanischen Bürgerkrieg, kommt es zu einer Neuauflage: Der Norden und der Süden finanzieren sich über Papier, was Inflationsraten von 28 Prozent im Norden und 209 Prozent im Süden nach sich zieht. Und da sage noch einer, aus der Geschichte könne man etwas lernen.

➤ **Geldfrage:** *Inflation oder Deflation – also steigende oder sinkende Preise – spielen auch für Kreditgeschäfte eine wichtige Rolle: Wer in Zeiten steigender (sinkender) Preise einen Kredit aufnimmt, muss später in Kaufkraft gerechnet weniger (mehr) zurückzahlen. Wer also in Zeiten der Deflation einen Kredit aufnimmt, ist rasch ruiniert. Das gilt auch für Gläubiger: Wer bei steigenden (sinkenden) Preisen Geld verleiht, bekommt später kaufkrafttechnisch gesehen weniger (mehr) zurückgezahlt – falls der Schuldner bei Deflation nicht pleitegeht und man nichts mehr von seinem Geld sieht.*

Revolutionswährung

Kriege und Revolutionen sind ein charmanter Vorwand, eine Währung zu zerstören, so betrachtet muss es nicht wundern, dass es in Europa die wohl wichtigste und größte Revolution war, die dem Kontinent vorführte, wie man Inflation produziert: Die Französische Revolution fraß nicht nur ihre Kinder, sondern auch deren Geld. Ein schwacher Regent, ein neuer, aufstrebender Mittelstand, eine verarmte und hungernde Unterschicht sowie eine leere Staatskasse sind ein gutes Rezept für einen Volksaufstand, der das Land mehr oder weniger unregierbar macht. Steuern konnte die regierende Nationalversammlung angesichts eines wütenden Volkes nicht erhöhen, also verfiel man auf die gleiche Idee, die schon John Law 70 Jahre zuvor den Franzosen gebracht hatte: Papier.

Die Vorteile und Verlockungen einer Papierwährung sind zu groß, als dass eine Regierung, die im fiskalischen Unterhemd dasteht, ihr widerstehen könnte. Man fühlte sich auch gegen ein Scheitern wie im Falle Laws sicher: Zum einen, so das Argument, könne so etwas nur in einer Monarchie passieren, aber nicht in einer vom Volk gelenkten Republik – ein Argument, über das man angesichts heutiger Erfahrungen nur schmunzeln kann. Argument Nummer zwei kennen wir ebenfalls aus der heutigen Zeit: Tina. Tina ist die Abkürzung für das englische „there is no alternative", sprich: Die Mittelbeschaffung über Papiergeld wurde als alternativlos angesehen.

Zudem fühlte man sich auch gefeit gegen ein Währungsdesaster, da man Gegenmaßnahmen getroffen hatte: Man konfiszierte die Besitztümer der Kirche und nutzte sie als Deckungsmasse für die nun ausgegebene Revolutionswährung, die sogenannten Assignaten. Wer eines der Güter erwerben will, die der Staat konfisziert hat, kann dies nur im Tausch gegen Assignaten tun, und die muss er sich zuerst beschaffen – beim Staat natürlich. Auf diese Art kann man die konfiszierten Besitztümer im wahrsten Sinne des Wortes zu Geld machen, noch bevor man sie verkauft hat.

Das Prinzip war also das gleiche wie bei Law: Man gibt Geldscheine aus, die durch Besitztümer gedeckt sind; im Zweifel stand hinter jedem Zettel ja ein Stück der konfiszierten Kirchenbesitztümer, die man zu Geld machen kann. Und solange der Wert der konfiszierten Kircheneigentümer größer ist als die Menge an ausgegebenen Noten, besteht keine Gefahr. Anfangs war das auch so, die Inhaber der ersten Assignaten erhielten sogar 3 Prozent Zinsen, das macht diese Scheine im Grunde genommen zu Hypothekendarlehen.

➤ **Geldfrage:** *Hypothekendarlehen sind eine spezielle Form des Kredits, bei denen der Kredit durch eine Immobilie oder ein Grundstück als Pfand besichert wird – kann der Kreditnehmer den Kredit nicht zurückzahlen, so hat der Gläubiger das Recht, die Immobilie zu verkaufen, um sein Darlehen aus dem Verkaufserlös zurückzuerhalten. Die Besicherung des Kredites macht diesen für den Schuldner billiger; allerdings hat er das Risiko, dass er die Immobilie oder das Grundstück verliert, falls es mit dem Kredit schiefgeht.*

Es ist nicht schwer zu erraten, wie es weitergeht, Angelsachsen sprechen von der slippery slope, der glitschigen Rutsche – wenn man sich einmal draufgesetzt hat, kann man kaum noch stoppen, es geht immer schneller bergab. Der Mittelbedarf der Revolutionäre wurde immer größer, und wenn der erste Damm gebrochen ist, man einmal damit angefangen hat, Geld zu drucken – warum aufhören? Zumal die Assignaten anfangs erfolgreich waren: Die Produktion legte zu, die Regierung konnte ihre Schulden bedienen, die Beschäftigung stieg. Hätte man rechtzeitig gestoppt, wären die Assignaten ein voller Erfolg gewesen. Doch gerade dieser Erfolg muss verführerisch gewesen sein: Wenn Geld zu drucken Gutes bewirkt, dann muss mehr Geld zu drucken doch noch mehr Gutes bewirken, oder? Diese „Mehr von Gutem ist immer besser"-Mentalität hat sich bis ins Europa des Jahres 2021 gehalten. Nicht immer zu Recht.

Zumindest im Falle der Assignaten war die Idee, dass mehr besser ist, falsch: Die Revolutionäre warfen die Druckerpresse an, rasch überstieg der Wert der Assignaten den Wert der konfiszierten Kirchengüter, innerhalb von sieben Jahren stieg die Geldmenge des Landes um das Zwanzigfache.[29] Die logische Folge: Die Bürger verweigerten zunehmend die Annahme der Assignaten. Zwar konfiszierte man weitere Güter von Adeligen, aber auch diese Deckungsmasse war rasch überschritten. Ein verzweifelter Versuch zur Herstellung der Glaubwürdigkeit der Revolutionswährung bestand darin, dass man ankündigte, keine Assignaten mehr zu drucken; in einer großen öffentlichen Feier wurden die Druckplatten und Druckerpressen vernichtet. Grundsätzlich die richtige Idee, die Regierenden hatten offenbar erkannt, dass eine Papierwährung vor allem Vertrauen benötigt – aber Vertrauen allein reicht nicht.

Die akute Mittelknappheit war mit dieser Aktion nicht beseitigt, also schaffte man – man mag es kaum glauben – eine neue Währung, sogenannte Territorialmandate, die ihre Inhaber berechtigten, nationale Besitztümer zum Schätzwert ohne eine Auktion zu kaufen. Damit glaubte man, das neue Geld vollständig besichert zu haben; de facto führte das nur dazu, dass Volkseigentum zu Spottpreisen verschleudert wurde, weil sich der Wert dieser Mandate ebenso wie der Wert der Assignaten rasch auflöste. Niemand hatte mehr Vertrauen in eine Papierwährung, wie auch immer sie heißen mochte.

Und was hat das mit Sozialpolitik zu tun?
Die Löcher in den Taschen der revolutionären Regierung wurden dadurch vergrößert, dass sie den Bürgern Wohltaten versprachen; die Bevölkerung von Paris wurde öffentlich vom Staat ernährt. Eine Abschaffung dieses Privilegs scheiterte an der Furcht vor den zu erwartenden Protesten. Schon die Erwartung solcher Wohltaten kann zu Löchern im Staatsbudget führen: In weiten Teilen des Landes hörten die Menschen auf zu arbeiten, weil sie erwarteten, dass sie nun auf Kosten des Staates leben können, schließlich hatte dieser ja die Reichtümer des Adels und der Kirche konfisziert – davon müsse sich doch leben lassen. Natürlich ist die Idee, dass der Staat für seine Bürger sorgen muss, eine der großen Errungenschaften auch der Französischen Revolution, aber drei Dinge lernen wir daraus: Erstens muss man, was die Wohltätigkeit des Staates angeht, immer auf das schauen, was machbar ist. Zweitens kann es zu Fehlanreizen kommen, wenn der Staat zu großzügig ist oder die Bürger zu viel erwarten. Und drittens: Einmal ausgeteilte Wohltaten lassen sich später nur schwer wieder einsammeln – das erleben Politiker heute jeden Tag.

Die Folgen dieser Politik sind wenig überraschend: Die Preise stiegen dramatisch, zwischen 1790 und 1796 um jährlich 157 Prozent, wir besichtigen hier die erste Hyperinflation in Europas Geschichte.

➢ **Geldfrage:** *Als Hyperinflation bezeichnet man Phasen mit dramatisch hohen Inflationsraten. Als Definition hat sich in der Literatur eingebürgert, dass mindestens einen Monat eine Inflationsrate von mehr als 50 Prozent erreicht sein muss. Wenn es tatsächlich so weit kommt, sollte man kein Geld mehr haben oder akzeptieren – jetzt ist es an der Zeit, Obst und Gemüse anzupflanzen, das dürfte dann eines der besten Investments sein. In Venezuela hat die Regierung genau das den Bürgern ans Herz gelegt. Und zwar 2016.*

Es folgen die üblichen Eskapaden: Preisstopps, die einen Anstieg der Preise verhindern sollen, der Zwang zur Annahme der ungeliebten Papierwährung, das Verbot, Edelmetalle außer

Landes zu schaffen, Verbot von Handel mit Gold- und Silbermünzen, Beschlagnahmungen von Gold und Silber und die Konfiskation von Reichtümern. In England, mit dem man sich zeitweise im Kriegszustand befand, wurden mit Billigung der Regierung große Mengen Papiere nachgedruckt. Kommt einem bekannt vor. Manche Nachbarn sind einfach unmöglich. Die mit der massiven Inflation verbundene Vermögensvernichtung und -umverteilung kann man als Bestandteil des revolutionären Programms verstehen; das umfasst aber nicht die Verelendung breiter Massen des Volkes, die ebenfalls von der Inflation betroffen waren.

Der Revolution folgt die Konterrevolution, dem Volksmandat der Alleinherrscher, und der Papierwährung die Metallwährung – bereits 1795 beginnt man mit einer Währungsreform, die neue – metallische – Währungseinheit des Landes heißt Franc, die Assignaten werden 1796 für ungültig erklärt. Das von der Bevölkerung gehortete Metallgeld kehrt allmählich in den Wirtschaftskreislauf zurück, und Napoleons Eroberungskriege begründen einen neuen Wohlstand in Frankreich, was die Rückkehr zu einer geordneten Währung ermöglicht. Dem Willen Napoleons zufolge sollte das so bleiben, bekannte er doch: „Ich zahle bar oder gar nicht."[30] Ein Imperator, ein Wort.

Inflation: Die ersten Lehren

Chronisch finanzschwache Staaten und Inflation sind interkulturelle, zeitlose Phänomene. Und die Muster sind fast immer gleich. Sie entsprechen dem Aufbau eines klassischen Dramas in fünf Akten.

Zuerst wäre da die Einleitung: Im ersten Akt werden die Akteure eingeführt, vor allem der Staat, der knapp bei Kasse und hoch verschuldet ist. In seiner Verzweiflung greift er zu der Idee, Papiergeld in Umlauf zu bringen, das zumindest zu Beginn vollständig durch entsprechende Werte – Land, Gebäude, Edelmetalle, zukünftige Steuereinnahmen oder Einnahmen aus Kolonien oder anderen Staatsgeschäften – gedeckt ist. Anfangs ist das ein Erfolg: Der Staat kann seine Schulden begleichen, die Wirtschaft wird durch die Injektion zusätzlichen Geldes belebt, Produktion und Wohlstand steigen.

➢ **Geldfrage:** *Eine Zunahme der Geldmenge kann, muss aber nicht einen Aufschwung in einem Land bewirken, an dem Anleger verdienen können. Allerdings besteht die Gefahr, dass dieser Aufschwung nur ein Strohfeuer ist, wenn er lediglich durch eine Zunahme der Geldmenge bedingt ist und nicht durch eine robuste, produktive und innovative Wirtschaft.*

Es folgt der zweite Akt, die Komplikation: Beflügelt vom Erfolg, wird der Staat übermütig, erhöht die Geldmenge, vernachlässigt die Idee, dass dieses Geld durch Werte gedeckt sein sollte. Zumeist steigt parallel dazu auch das staatliche Defizit, was eine weitere Notenausgabe nötig macht. Allmählich aber schlägt das Greshamsche Gesetz zu: Das gute Geld wird von den Bürgern beiseitegeschafft, gehortet, man versucht, seine Verpflichtungen mit dem schlechten Geld zu bezahlen, also dem Geld, das an Wert verliert, weil immer mehr davon in den Umlauf kommt.

Welches Geld gewinnt?
Das Greshamsche Gesetz, nach dem schlechtes Geld das gute verdrängt, kann man mit einem einfachen Beispiel illustrieren: Wenn eine Silbermünze einen offiziellen Zahlungswert von zehn Geldeinheiten hat, aber allein ihr Gewicht in Silber schon fünfzehn Geldeinheiten wert ist, werden die Bürger die Münzen einschmelzen und das Silber verkaufen – die guten Silbermünzen verschwinden. Das gute Geld versickert auch oft im Ausland, weil die ausländischen Anbieter ihre Waren lieber gegen dieses Geld eintauschen

und auch nicht dem Zwang, die inländische Währung zu nutzen, unterliegen. Die Idee des Greshamschen Gesetzes setzt allerdings voraus, dass es ein festes Umtauschverhältnis zwischen den beiden Geldsorten gibt. Allerdings ist dieses Gesetz kein Naturgesetz, es kann auch passieren, dass das gute Geld das schlechte verdrängt, nämlich dann, wenn im Zahlungsverkehr niemand mehr die schlechte Währung haben will. So passiert es immer wieder in politisch instabilen Ländern, dass statt der nationalen Währung nur noch mit amerikanischen Dollar bezahlt wird. In der Literatur spricht man in diesem Fall von Thiers Gesetz.

➢ **Geldfrage:** *Nichts, womit man nicht Geld verdienen könnte: Als 2007 die Preise für Kupfer, Nickel und Zink stark ansteigen, beginnen findige Köpfe in den Vereinigten Staaten, ein- und fünf-Cent-Münzen einzuschmelzen, weil ihr Metallwert höher ist als der aufgedruckte Nennwert. Das geschieht in so großem Umfang, dass sich das amerikanische Münzamt genötigt sieht, den Export und das Einschmelzen dieser Münzen unter Androhung einer Strafe von 10.000 Dollar oder bis zu fünf Jahren Haft zu verbieten, weil man eine Knappheit dieser Münzen fürchtete.*[31]

Zeit für den dritten Akt, den Höhepunkt: Das anfängliche Glück wendet sich, die Mixtur aus steigenden Schulden, steigender Geldmenge und Inflation führt zu einer Wirtschafts- und Vertrauenskrise. Im schlimmsten Fall muss sich das Inflationskarussell immer schneller drehen, um den Kreislauf aus steigenden Ausgaben und sinkenden Einnahmen aus der Geldschöpfung in Bewegung zu halten. Alles steuert auf den Untergang zu.

Doch bevor dieser kommt, erfolgt der vierte Akt, die letzten Versuche, die Katastrophe zu verhindern: Die Regierung erlässt Preisstopps, um die Inflation einzudämmen, zwingt die Bürger, das faule Geld anzunehmen, verbietet den Handelsverkehr mit Gold und Silber, konfisziert, was nicht bei drei auf den Bäumen ist, droht mit drastischen Strafen allen, die versuchen, dem schlingernden Währungssystem auszuweichen. Doch in der Regel schieben diese Versuche nur die unausweichliche Katastrophe auf.

Diese erfolgt im fünften Akt, mit dem Zusammenbruch der Wirtschaft, der Implosion der inflationierten Währung und einer mehr oder weniger schmerzhaften Reform des Währungssystems. Versucht die Regierung, die Preise zu senken, so ist das zumeist mit hohen wirtschaftlichen Kosten verbunden. Und die Regierung, die solche unpopulären Maßnahmen zur Gesundung der Wirtschaft durchsetzt, läuft Gefahr, abgesetzt zu werden, weswegen die Anreize zu einer solchen Politik nicht sonderlich hoch sind.

Im klassischen Drama erfolgt im fünften Akt oft die Läuterung der Helden – davon kann man in der Geschichte der Inflation nicht sprechen, zu oft und zu rasch hintereinander wiederholt sich dieses Schauspiel in den ersten zwei Jahrtausenden. Und denken Sie wirklich, dass das alles war? Beileibe nicht, im 20. Jahrhundert geht der Wahnsinn erst richtig los; verglichen mit dem, was nun kommt, war das bisher ein Kindergeburtstag. Willkommen im Zeitalter der Hyperinflationen.

5. Das Zeitalter der Hyperinflationen

Die Kernthesen dieses Kapitels

1. Fast alle großen Inflationen, sogenannte Hyperinflationen, finden ab dem 20. Jahrhundert statt.
2. Die meisten Hyperinflationen entstehen in Zeiten des politischen Umbruchs, sind also vor allem politische Inflationen.
3. Je höher die Inflationsrate bereits ist, umso größer ist die Wahrscheinlichkeit, dass sie weiter steigt, und umso größer werden die Schwankungen der Inflationsrate.
4. Es existiert ein enger Zusammenhang zwischen der Geldmenge und sehr hohen Inflationsraten.
5. Um eine Hyperinflation zu stoppen, muss man politische Reformen durchsetzen, die vor allem das Ausgabenverhalten des Staates verändern; und man muss das Vertrauen der Bürger gewinnen – Währungsreformen mit ungedecktem Geld funktionieren nur, wenn die Bürger diesem Geld vertrauen.
6. Ungedecktes Geld ist politisches Geld, sein Wert hängt ab von der Qualität der Politik, die hinter dieser Währung steht.

Lasst den Geldtransporter stehen

Das Geld tragen die Leute längst in dicken Geldbündeln mit sich, auch wenn es nur darum geht, ein Päckchen Zigaretten zu kaufen. Wer zum Mittagessen einlädt, bringt sein Geld im Rucksack mit. Für 100 amerikanische Dollar bekommt man etwa anderthalb Kilo heimisches Geld. Vor den Geldautomaten bilden sich lange Schlangen, mehr als umgerechnet vier amerikanische Dollar gibt es pro Abhebung nicht, die Geldautomaten müssen mehrmals am Tag nachgefüllt werden, sie verschleißen deswegen rasch. Geldtransporter bleiben auf dem Hof, weil es lukrativer ist, sie stehen zu lassen. Und Überfälle auf Geldtransporter, so heißt es, lohnen sich nicht mehr. Die meisten Händler preisen nur noch in Dollar aus, selbst Entführer verlangen harte Devisen statt der nationalen Weichwährung, und Banknotenfälscher haben aufgegeben, die einheimische

Währung zu fälschen – es lohnt sich einfach nicht.[32] Auch für die Notenbank ist das Drucken von Geldscheinen ein Verlustgeschäft, abgesehen davon, dass europäische Notenbanken aushelfen müssen, weil die Kapazitäten nicht mehr ausreichen.

Willkommen im Venezuela des Jahres 2016: Der vom Ex-Präsident Hugo Chávez ausgerufene „Sozialismus des 21. Jahrhunderts" kontrolliert Preise und Presse, Geldpolitik und Devisenhandel, und als der Ölpreis abstürzt, nützt es Chavez' Nachfolger Nicolás Maduro nichts, dass das Land auf riesigen Ölvorkommen sitzt. Das Haushaltsdefizit beläuft sich auf stolze 18 Prozent des Bruttoinlandsprodukts, die Inflation schätzt der Internationale Währungsfonds auf heftige 720 Prozent pro Jahr. Die Regale in den Läden sind leer, es herrscht Nahrungsmittelknappheit, und da die Zinsen vom Staat auf 24 Prozent begrenzt sind, verbluten die Banken langsam innerlich.

Bis ins 19. Jahrhundert hinein halten sich die Inflationsraten in Grenzen, doch mit dem 20. Jahrhundert beginnt die Zeit der Hyperinflationen, neben denen die bisherigen Geldentwertungs-Orgien bei Anlegern und Geldbesitzern nostalgische Gefühle aufkommen lassen. Venezuela ist nur der jüngste Höhepunkt einer langen Geschichte von Währungsirrsinn.

Aber was ist eigentlich eine Hyperinflation? Eine weitverbreitete Definition besagt, dass Hyperinflation beginnt, wenn die Inflationsrate über 50 Prozent monatlich steigt; beendet ist sie, wenn dieser Schwellenwert von 50 Prozent unterschritten ist und mindestens ein Jahr nicht mehr erreicht wird.[33] Eine etwas weniger wissenschaftliche Definition bringt das Wesen einer Hyperinflation besser auf den Punkt: Hyperinflation herrscht, wenn der Geldtransporter überfallen wird und die Räuber statt des Geldes die Reifen mitnehmen.

Die Mutter aller Hyperinflationen

Die grundsätzliche Ursache von Hyperinflationen ist die, die Sie schon aus den letzten Kapiteln kennen: Geldnöte. Genauer gesagt: staatliche Geldnöte. Nun kann ein Staat auch Geldprobleme lösen, indem er die Steuern erhöht, sich Geld im Inland oder auf den internationalen Kapitalmärkten leiht oder spart – aber dazu bedarf es eines starken Staates und einer Regierung, die keine Angst vor Bürgern und Wählern hat. Mit Inflation ist das anders: Selbst eine schwache Regierung kann Inflation durchsetzen, ein instabiles Staatswesen und schwache Politiker laden zum Missbrauch der Druckerpresse geradezu ein. Oft findet sich diese Instabilität im Gefolge von Umstürzen und Kriegen – vor allem nach den beiden Weltkriegen beobachten wir etliche Hyperinflationen[34], Reparationszahlungen haben dazu ihren Teil beigetragen, vor allem bei der fatalen deutschen Inflation der zwanziger Jahre: der Mutter aller Hyperinflationen.

Sie ist die erste amtlich registrierte Hyperinflation des 20. Jahrhunderts, und wohl auch die Mutter der Urkatastrophe dieses Jahrhunderts, denn nichts, so der Schriftsteller Stefan Zweig, hat die Deutschen hitlerreifer gemacht als die große Inflation der Zwanziger Jahre. In Zahlen gegossen liest sich diese so:

524.000.000.000.000.000.000 – insgesamt 524 Trillionen Mark werden von der Reichsbank ausgegeben. Dazu kommen 700 Trillionen Mark Notgeld. 100.000.000.000.000 – 100 Billionen, das ist der größte Geldschein, der 1923 gedruckt wird. 133 Fremdfirmen mit 1783 Druckerpressen arbeiten im Herbst 1923 rund um die Uhr, um Geld zu drucken, 30 Papierfabriken sind damit beschäftigt, das dazu notwendige Papier herzustellen. 29 galvanoplastische Werkstätten stellen rund 400.000 Druckplatten her. 30.000 Menschen stellen rund 10.000.000.000 (10 Milliarden) staatliche Inflationsscheine her. Da das Geld dennoch nicht reicht, werfen 5800 Städte, Gemeinden und Firmen eigene Notgeldscheine auf den Markt.[35] Ein Kilo Brot kostet Ende 1923 runde 428 Milliarden Mark, eine Zeitung 200 Milliarden, Briefe werden für 100 Milliarden Mark befördert.

Die Gründe für diese Katastrophe sind vordergründig ein überschuldeter Staat und eine wildgewordene Notenpresse (Erinnert Sie das an etwas? Möglicherweise an einen aktuellen Fall?). 1914 nimmt das Deutsche Reich Schulden für den Krieg auf, in Erwartung eines raschen Sieges zeichnen die Deutschen die Kriegsanleihen mit patriotischer Begeisterung. Zu diesem Schuldenberg kommen nach 1918 die Reparationsforderungen der alliierten Sieger dazu, Ausgaben für die Demobilisierung, für Beschäftigungsprogramme, und das alles bei einem verkleinerten Staatsgebiet, und als i-Tüpfelchen kam 1923 die Besetzung des Ruhrgebiets hinzu.

➢ **Geldfrage:** *Kriege sind so eine Sache an den Kapitalmärkten. Der zugegebenermaßen etwas zynische klassische Ratschlag lautet, dass man kaufen solle, wenn die Kanonen donnern – weil dann die Kurse und Preise aus Panik im Keller sind, sich aber langfristig wieder erholen. Die Erfahrungen des Ersten Weltkriegs zeigen aber, dass es nicht ganz so einfach ist, so ein Kanonen-Investment ist auch eine Wette auf den Ausgang des Kriegs. Allgemeiner gefasst lautet der Ratschlag, zu kaufen, wenn Unsicherheit entsteht und Anleger ängstlich sind. Aber auch hier gilt: Bisweilen ist Angst berechtigt.*

In Deutschland gab es weitere Theorien über die Gründe der Inflation: Spekulanten gegen die Mark, so hieß es, waren verantwortlich (Spekulanten sind immer ein fantastischer Sündenbock, daran hat sich bis heute nicht viel geändert). Deutsche Ökonomen verwiesen auch auf die Reparationen: Um diese bezahlen zu können, musste Deutschland mehr exportieren, und das ging nur mit einer Abwertung der Mark, und diese Abwertung verteuerte die Importe für die Deutschen, was zu Inflation führt. Zumindest eines ist richtig: Die Mark wertet im Verlauf der Krise dramatisch ab: im April 1923 kostet ein Dollar 20.000 Mark, im August sind es bereits 4.600.000 Mark, Anfang November 2.200.000.000.000 Mark (also 2,2 Billionen) und am 20. November 1923 schlappe 4,2 Billionen Mark.

Die Folgen dieses monetären Irrsinns sind in ihrer Dramatik kaum zu überschätzen: Wer Anfang der zwanziger Jahre ein kleines Geldvermögen angespart hat, beispielsweise für den Ruhestand, ist schon 1923 mittellos, mit den Ersparnissen für den Ruhestand kann er sich nicht einmal mehr eine Zeitung leisten. Eine ganze Mittelschicht wird wertberichtigt – mit entsprechenden politischen Folgen. Viele Geschäfte laufen nur noch über Gütertausch, Ware gegen Ware. Für industriell entwickelte Volkswirtschaften, die auf Geld als Tauschmedium angewiesen sind, ist das eine Katastrophe. Spekulanten und Warenschieber bereicherten sich, die „Raffkes“, wie man sie nennt, werden zum Feindbild. Wer Sachwerte besitzt, ist König, viele Werte werden ins Ausland geschafft, und clevere Spekulanten kaufen sich per Kredit (der ja schon wenige Monate später kaum etwas wert ist) Reichtümer und Imperien zusammen.

Vordergründig hat natürlich auch der deutsche Staat gewonnen, der sich auf diese Art seiner Schulden entledigen kann, doch langfristig gesehen war das wohl keine gute Idee. Wenn ein Staat sich seiner Schulden entledigen will, so sollte er das auf sozial verträglichere Weise tun – Inflation ist die wohl ungerechteste Steuer der Welt, wie wir später noch sehen werden. Zuvor eine einfache Frage: Geht es noch schlimmer? Aber sicher. Zeit für eine Rundreise.

Die Liste der Schande

Wer sich mit Hyperinflationen befassen will, braucht eine gute Kenntnis des Dezimalsystems: Hunderter, Tausender, Hunderttausend, eine Million, eine Milliarde – reicht das aus? Eher nicht. Eine Milliarde ist eine Eins mit neun Nullen, dann kommen die Billion und die Billiarde mit 12 und 15 Nullen – und dann die Trillion, das sind 18 Nullen. 16 Nullen reichen dabei gerade, um die monatliche Inflationsrate des Jahres 1946 in Ungarn einzufangen – der Sieger im Hyperinflationswettrennen. Wenn Sie also im Juli 1946 eine Zeitung im Wert von 1.000 Pengö – so lautete die damalige Währung – kauften, so kostete die gleiche Zeitung nur 15 Stunden später schon 2.000 Pengö; die Preise verdoppelten sich alle 15 Stunden.

Gut, das können Sie nicht mehr fassen, also wollen wir das etwas anschaulicher machen: Will man die Entwicklung der ungarischen Inflation in einer Grafik darstellen, bei der der Abstand zwischen den Hundertern ein Inch, also 2,54 Zentimeter, beträgt, so müsste die Achse dieser Grafik, mit der man die Inflation misst, größer sein als die Entfernung zwischen Erde und Sonne.

Jetzt kann man natürlich auf die Jahreszahl, 1946, verweisen, und davon ausgehen, dass die Nachkriegszeit bisweilen solche Kuriositäten hervorbringt. In modernen Zeiten kann so etwas nicht passieren, oder? Genau. Womit wir bei Platz zwei wären: Nigeria, 2007, eine monatliche Inflationsrate von 7,96 mal 10 hoch 10 Prozent, das ist eine Sieben mit zehn Nullen dahinter. Umgerechnet belief sich die tägliche Inflationsrate auf 98 Prozent, die Preise verdoppelten sich alle 24 Stunden. Das war 2007.

Auf Platz drei der Hyperinflationsolympiade landet das Jugoslawien des Jahres 1994 mit 313 Millionen Prozent Inflation pro Monat, das macht knapp 65 Prozent Inflation pro Tag und eine Verdoppelung der Preise alle 1,4 Tage. Die deutsche Hyperinflation des Jahres 1923 landet erst auf Platz vier – 29.500 Prozent monatliche Inflation, 20,9 Prozent Inflation täglich, eine Verdoppelung der Preise alle 3,7 Tage. Die französische Mandate-Inflation des Jahres 1796 hingegen weist eine monatliche Rate von 304 Prozent auf, also 4,77 Prozent Inflation pro Tag, die Preise verdoppelten sich alle 15,1 Tage.[36]

➤ **Geldfrage:** *Wer Geld in einem Land mit hoher Inflation anlegt, hat ein Problem, auch wenn er es dort in Sachwerte steckt, die tendenziell vor Inflation geschützt sind: Die steigenden Preise führen zu einer Abwertung der Währung des Landes. Das hat zur Folge, dass man als ausländischer Investor in heimischer Währung weniger zurückerhält als bei stabilem Wechselkurs. Nehmen Sie an, Sie haben zum Wechselkurs 1:1 in Amerika investiert, 100 Euro also in 100 Dollar umgetauscht. Der Einfachheit halber nehmen wir an, dass das Investment keinen Ertrag abgeworfen hat, Sie wollen also die 100 Dollar wieder in Euro umtauschen. Hat sich der Dollar-Wechselkurs auf 1:0,50 verschlechtert, bekommen Sie also nur noch 50 Cents pro Euro, so hat sich Ihr Investment alleine durch den Wechselkurs halbiert. Mögliche Kursgewinne im Ausland werden rasch vom Wechselkursverlust aufgefressen.*

Die Zeit nach dem Zweiten Weltkrieg war eher ruhig, zwischen 1947 und 1984 finden sich keine Anwärter für die Ruhmeshalle der Hyperinflation. Danach finden sich einige sportliche Veranstaltungen, beispielsweise in Nicaragua, wo Anfang der neunziger Jahre die höchste monatliche Inflationsrate bei rund 260 Prozent liegt, oder Peru Mitte der achtziger Jahre (397 Prozent), Bolivien Mitte der achtziger Jahre (182 Prozent) oder Kongo (250 Prozent). Die längste inflationäre Episode findet sich in Argentinien, sie dauert von Juli 1974 bis Oktober 1991 und bringt eine Geldentwertung von insgesamt drei Billionen

Prozent. In Brasilien dauert das Schauspiel von April 1980 bis Mai 1995 und summiert sich auf 20 Billionen Prozent über den gesamten Zeitraum.

Die französische Inflation ist zwar der Spitzenreiter der frühen Geldgeschichte, aber die richtigen, massiven Hyperinflationen sind ansonsten der Zeit ab dem 20. Jahrhundert vorbehalten. Lässt man die Französische Revolution weg, so kommt man – je nach Zählweise – auf mehr als 50 Hyperinflationen seit 1920. Das 20. Jahrhundert hat das Zeitalter der Hyperinflationen eingeleitet. Die wichtigsten Ursachen kennen wir bereits: Ein klammer Staat und zu viel Geld. Aber welche Gemeinsamkeiten haben Hyperinflationen sonst?

Anatomie der Hyperinflation

Hyperinflationen und Zeiten mit sehr hohen Inflationsraten haben einige Gemeinsamkeiten.[37] Die erste ist offensichtlich: Die meisten Hyperinflationen fallen in eine Zeit des politischen Umbruchs. Kriege und die Beendigung von Kriegen, ein Umsturz des bestehenden Systems, wie beispielsweise der Übergang von der Plan- zur Marktwirtschaft oder andere umwälzende Ereignisse – Hyperinflationen sind Kinder des politischen und gesellschaftlichen Chaos. Um es etwas pointierter zu formulieren: Hyperinflationen sind politische Inflationen, und ihre Verursacher sind in der Regel Politiker. Solche Umbruchzeiten sind verknüpft mit Unsicherheit, einem nur noch begrenzt funktionierenden Staatswesen, das deswegen kaum noch Steuern oder andere Einnahmen generieren kann und unter hohen Budgetdefiziten leidet – der Zwang zur Mittelbeschaffung ist hoch, und der Weg über die Entwertung der heimischen Währung scheint Politikern der des geringsten Widerstandes zu sein; manchmal ist er der einzige gangbare Weg.

Die zweite Gemeinsamkeit von hohen Inflationsraten: Je höher die Inflationsrate, umso größer ist die Wahrscheinlichkeit, dass diese im kommenden Jahr noch mehr steigen wird. Hat die Inflationsrate eine gewisse Schwelle überschritten, so gewinnt sie an Tempo, wie ein Schneeball, der ins Rollen gekommen ist, nimmt sie zu. Extrem hohe Inflationsraten schlagen rasch in Hyperinflationen um, wenn die Preise ins Rutschen geraten, gibt es bald kein Halten mehr. Inflation führt zu mehr Inflation, jedenfalls, wenn sie eine bestimmte Schwelle überschreitet. Zugleich zeigen die Daten, dass die Inflationszahlen umso instabiler werden, je höher die Inflation ist, will heißen: Bei hoher Inflation schwankt die Inflationsrate immer mehr, die wirtschaftlichen Verhältnisse werden immer unberechenbarer.

Das ist noch nicht alles, das dritte Merkmal von hohen Inflationsraten ist ihr Gleichschritt mit der Geldmenge: Es existiert ein enger Zusammenhang zwischen der Höhe der Geldmenge und der Inflation – höhere Inflationsraten gehen mit einem höheren Geldumlauf einher. Ein Ergebnis, das man intuitiv erwartet.

Allerdings sind die Zusammenhänge ein wenig komplizierter: Die Geldmenge, gemessen in Scheinen oder dem Wert der Scheine, steigt, aber in Kaufkraft gemessen kann sie sinken. Es sind zwar jede Menge Geldscheine im Umlauf, aber deren Kaufkraft wird äußerst gering, auf den Banknoten stehen hohe Zahlen, die aber durch die hohen Preise zurechtgestutzt werden. Man muss sich das in etwa so vorstellen: Es werden zwar mehr Geldscheine gedruckt, aber wenn die Preise schneller steigen als die Menge der Geldscheine, dann entsteht dennoch eine Knappheit an Geldscheinen. Wenn sich die Geldmenge verdoppelt, aber die Preise vervierfachen, hat man in Kaufkraft gemessen weniger Geld zur Verfügung. Ökonomen sprechen von der realen, also der preisbereinigten Geldmenge, die gesunken ist. Anders formuliert: Wenn eine Million-Mark-Banknote nur noch einen Käsecracker statt einem Einfamilienhaus kauft, dann ist die reale Geldmenge drastisch gesunken.

Aber wie können dann die Preise steigen? Das passiert dadurch, dass zwar in Kaufkraft gemessen weniger Geldscheine in Umlauf sind, diese aber nun häufiger den Besitzer wechseln – denken Sie an die Frauen der Arbeiter, die, sobald sie den Lohn ihres Mannes in der Schubkarre haben, losrennen, um dieses Geld in Waren zu verwandeln – das führt dazu, dass die Geldscheine häufiger den Besitzer wechseln. Ökonomen sprechen von der Umlaufgeschwindigkeit des Geldes: Die Geldscheine wechseln immer schneller den Besitzer, werden am Schluss zum schwarzen Peter, den man so rasch wie möglich wieder loswerden will. Geldscheine werden behandelt wie eine heiße Kartoffel – schnell aus den Händen damit.

Was die wichtigsten Leistungsindikatoren einer Volkswirtschaft angeht, so zeigt sich, dass bei hohen Inflationsraten das Sozialprodukt, der Konsum und die Investitionen sinken, was nicht wirklich überraschend ist. Hohe Inflation ist schädlich für das Wachstum. Das hat uns die Geschichte der Inflationen gelehrt: Ein Land ohne ein funktionierendes Währungswesen opfert Wohlstand.

Dem nicht genug: In Hyperinflationen finanziert der Staat einen immer größeren Teil seiner Ausgaben über Schulden, die wiederum hauptsächlich über die Druckerpresse finanziert werden. Keine Überraschung, oder? Allerdings trägt die Hyperinflation selbst dazu bei, dass das Haushaltsdefizit des Staates steigt, da die Steuereinnahmen ja durch die Inflation ebenfalls entwertet werden. All diese für eine Hyperinflation typischen

Entwicklungen führen zu einer weiteren Gemeinsamkeit: Die Bevölkerung verliert komplett das Vertrauen in die Regierung. Wie es ein Brasilianer 1984 formulierte: Wenn unsere Regierung etwas sagt, dann glauben wir an das Gegenteil.[38]

Hohe Inflationsraten stören auch die Kapitalmärkte eines Landes – je höher und je unberechenbarer die Inflationsrate wird, umso schwerer wird es an den Finanzmärkten, Geschäfte zu machen, langfristige Kontrakte zu vereinbaren und zu investieren. Langfristig führt das zu weiteren Wohlfahrtsverlusten und zieht die Wirtschaft weiter in den Abgrund. Nicht zuletzt verschwinden ausländische Investoren, Handelspartner ziehen sich zurück – das Wirtschaftsleben kommt zum Erliegen.

Oft wird versucht, die Folgen der Inflation für langfristige Verträge auszubremsen, indem man diese indexiert, also vereinbart, dass Mieten, Pachten oder Löhne automatisch erhöht werden, wenn die Inflationsrate steigt. Das klingt clever, kann aber rasch zum Bumerang werden respektive in einer Inflationsspirale enden: Die Inflationsrate steigt, weswegen automatisch die Mieten, Pachten und Löhne steigen, was zu steigenden Preisen, also einer steigenden Inflationsrate führt – und so weiter. Klingt nicht clever.

➢ **Geldfrage:** *Eine Möglichkeit, Inflationsrisiken in langfristigen Kontrakten auszuschließen, sind indexierte Verträge; beispielsweise indexierte Anleihen. Bei dieser Anlageform wird vereinbart, dass der Käufer der Anleihe einen jährlichen Zins erhält, dessen Höhe auch von der Höhe der Inflationsrate abhängt; auch die Rückzahlung des investierten Betrages wird an eine steigende Inflationsrate angepasst. In Zeiten steigender Inflationsraten eine Alternative; mittlerweile begibt auch die Bundesrepublik Deutschland solche Anleihen.*

Jetzt wissen wir eine ganze Menge darüber, wie solche Katastrophen entstehen – aber wie kann man sie stoppen? Überraschenderweise ist die Antwort, dass man den Teufel bisweilen mit dem Beelzebub austreiben kann. Womit wir wieder bei Goethe und dem Teufel wären.

Wie stoppt man die Bestie?

Goethe vollendet den zweiten Teil seines Faust-Dramas im hohen Alter und verfügt, dass das Manuskript erst nach seinem Tod veröffentlicht werden soll – er fürchtet wohl, dass das Publikum die darin enthaltene Botschaft nicht versteht.[39] Schwer zu sagen, ob das stimmt, aber mit Sicherheit kann man sagen, dass die Deutschen des Jahres 1923 die Botschaft des Faust verstehen, zumindest den währungspolitischen Teil: Goethes Faust wird zur Blaupause der deutschen Währungsreform.

Diese wird oft als Wunder bezeichnet, als Wunder der Rentenmark, denn die Einführung einer neuen Währung, der Rentenmark, stoppt tatsächlich die deutsche Hyperinflation. Für je eine Billion bekommen die Deutschen eine Rentenmark, und das Wunder ist, dass sie diese Rentenmark akzeptieren. Vordergründig tun sie das, weil die Rentenmark besichert ist, durch – Goethe und der Teufel lassen grüßen – deutschen Grund und Boden.

Zu diesem Zweck wurde die Deutsche Rentenbank gegründet, die Rentenmark ausgab. Diese galt zwar nicht als gesetzliches Zahlungsmittel, wurde aber von öffentlichen Kassen akzeptiert. Das Grundkapital der Bank – also letztlich das, was als Wert hinter der Rentenmark steht, mussten Landwirtschaft, Industrie, Handel und Gewerbe heranschaffen. Zu diesem Zweck mussten sie sich zwangsweise eine Grundschuld auf ihre

Immobilien eintragen lassen und an den Staat abtreten. Übersetzt bedeutet das, dass der Staat nun zwangsweisen Zugriff auf diese Immobilien hatte, sie dienten damit als Sicherheit für die neu auszugebende Währung, die Rentenmark. Oder um es mit dem Teufel zu sagen:

Zu wissen sei es jedem ders begehrt:
Der Zettel hier ist tausend Kronen wert.
Ihm liegt gesichert als gewisses Pfand
Unzahl vergrabnen Guts im Kaiserland.
Nun ist gesorgt damit der reiche Schatz,
Sogleich gehoben, diene zum Ersatz.

Die Rentenmark war also de facto – wie in Goethes Faust – mit dem Grund und Boden der Republik besichert. Der Wechselkurs zwischen der Rentenmark und der mehr oder weniger wertlos gewordenen Mark-Währung wurde auf eine Rentenmark zu einer Billion Mark festgelegt. Und das Wunder geschah: Die Inflation wurde gestoppt. Im Herbst 1924 wurde die Reichsmark eingeführt – zum Wechselkurs von eins zu eins zur Rentenmark – und der Spuk war vorbei. Einer der größten Profiteure dieses Budenzaubers war der deutsche Staat: Der Schuldenstand des Reiches sank von 164 Milliarden Mark auf 16 Pfennige.[40]

So einfach geht das? Vermutlich nicht. Ein wichtiger Erfolgsfaktor war sicherlich, dass der Reichsbank untersagt wurde, weiterhin die Schuldenexzesse der Regierung mit der Notenpresse zu finanzieren. Eine ganz einfache Gleichung: Wer Inflation stoppen will, die durch eine wildgewordene Druckerpresse ausgelöst wurde, muss als erstes die Druckerpresse stilllegen. Tut man das, so stoppen Hyperinflationen oft drastisch, in den Daten sieht das dann aus wie eine Vollbremsung.[41] Zusätzlich ist es extrem hilfreich, wenn der Staat angesichts der stockenden Notenpresse sein Ausgabenverhalten ändert, die Neuverschuldung reduziert, die Finanzordnung renoviert – also all das macht, was er in Zeiten der hohen Inflationsraten gescheut und mit Hilfe der Druckerpresse aufgeschoben hat. Vereinfacht gesagt: Je besser der Staat sein Haus neu bestellt – Politiker nennen das in Sonntagsreden institutionelle oder strukturelle Reformen – umso größer die Chance, den Geldwahn zu beenden.[42] Ungedecktes Geld ist politisches Geld, weswegen sein Wert von der Politik abhängt, welche die ausgebende Regierung betreibt. Und schlechte Politik bedeutet schlechtes Geld.

➢ **Geldfrage:** *Wir wollen keine Panik schüren, aber vermutlich unterschätzen die meisten Menschen die Häufigkeit einer Währungsreform oder Währungsumstellung. Ein Deutscher, der 1921 in Leipzig geboren wurde, hat, so er noch lebt, sechs verschiedene Währungen in der Brieftasche gehabt; im Durchschnitt wechselte seine Währung alle 15 Jahre. Mark, Rentenmark, Reichsmark, DDR-Mark, D-Mark und Euro; und da ist jetzt die kurzfristig kursierende alliierte Militärmark nicht berücksichtigt.*[43] *Etwas allgemeiner formuliert: Menschen unterschätzen die Häufigkeit extremer, außergewöhnlicher Ereignisse – das sind aber genau die Ereignisse, die für die Geldanlage eine große Bedeutung haben.*

Doch das alles reicht nicht aus, wenn bei der Währungsreform eine Zutat fehlt: Glaube. Die Deutschen, so die Lesart vieler Historiker, wollten, dass der Spuk vorbeigeht, sie wollten wieder geordnete Verhältnisse und sie wollten daran glauben, dass die Rentenmark stabil ist. Kritiker der Rentenmark hatten 1923 auf den Misserfolg der französischen Assignaten und ihrer Nachfolger, der Territorialmandate, verwiesen – diese Währungen waren gescheitert, auch, weil niemand ihnen glaubte. Die

Vorstellung, dass die Grundstücke der Industrie und Landwirtschaft bei Bedarf zur Sicherung der Rentenmark verkauft werden können, war wenig überzeugend. Aber es funktionierte, und der Grund dafür war möglicherweise auch der Glaube der Deutschen, ihr Wille, daran zu glauben.

Eine unabhängige Notenbank ...
... ist eine der wichtigsten Voraussetzungen für das Vertrauen in eine Währung – wenn der Staat sich an der Notenpresse bedienen kann, so muss man befürchten, dass er das auch tut. Man lässt den Mops nicht die Wurst bewachen. Der rechtliche Status der Notenbank ist dazu eine notwendige, aber keineswegs hinreichende Voraussetzung. Politische Einflussnahme ist bisweilen subtil und stärker als Gesetze. Im schlimmsten Fall bleibt der Notenbank gar nichts anderes übrig, als Staatsschulden zu finanzieren, will sie nicht den Zusammenbruch der Währung und des Wirtschaftsgebietes riskieren. Das ist vermutlich einer der Gründe, warum die Europäische Zentralbank im Zuge der Euro-Krise die Geldschleusen öffnete: Man wollte nicht für den Tod des Euro verantwortlich sein. Neu ist dieses Problem nicht, schon die Reichsbank konstatiert 1922, dass man der Regierung den Zugang zur Notenpresse nicht verweigern könne. Der Grund: Man hielt es „... nicht für vertretbar, da in diesem Falle ein finanzieller Zusammenbruch des Reichs mit den unheilvollsten politischen Konsequenzen unvermeidbar gewesen wäre“.[44]

Die deutsche Hyperinflation wurde erfolgreich gestoppt, doch wohl zu spät – die Schäden, die diese Politik anrichtete, führten die Welt geradewegs in die zweite Urkatastrophe des 20. Jahrhunderts. Als die Trümmer des Zweiten Weltkriegs beiseite geräumt waren, begann ein neues Spiel, ein neues Glück – und anfangs schien es, als hätte die Politik aus den Fehlern der vergangenen Jahrhunderte etwas gelernt. Doch die Welt wird nicht einfacher, sondern komplizierter. Nur 30 Jahre nach dem Zweiten Weltkrieg sollte die Inflation zurückkehren. Die große Inflation.

6. Die große Inflation

Die Kernthesen dieses Kapitels

1. In der klassischen Wirtschaftstheorie sind lange, hartnäckige Wirtschaftskrisen nicht möglich; Geld ist nur ein Schleier, der über der Realwirtschaft liegt.
2. Die keynesianische Theorie hingegen sieht mangelnde Nachfrage als Ursache von Wirtschaftskrisen; Inflation kann dieser Weltsicht nach dabei helfen, Arbeitslosigkeit zu bekämpfen. In den sechziger Jahren wird diese keynesianische Politik weltweit favorisiert.
3. Die siebziger Jahre mit der toxischen Kombination von Inflation und Arbeitslosigkeit setzen ein großes Fragezeichen hinter die Idee, dass man mehr Beschäftigung mit mehr Inflation erkaufen kann.
4. Neuere Theorien stellen darauf ab, dass Bürger Manöver der Notenbank vorausahnen und deswegen ihr Verhalten ändern; Geldpolitik kann dann höhere Beschäftigung nicht mehr über höhere Inflation erkaufen.
5. Ende der achtziger Jahre beginnen viele Notenbanken, ihre Politik ausschließlich auf die Bekämpfung der Inflation auszurichten – mit Erfolg.

„Über Nacht wurden die Kirschen reif"

Am 25. November 1947 löscht der Frachter „American Farmer" in Bremerhaven eine Ladung von 4800 Kisten mit einem Gesamtgewicht von 192 Tonnen. Fast 18.000 weitere Kisten werden in den kommenden Monaten folgen, insgesamt überqueren 916 Tonnen den Atlantik. „Barcelona via Bremerhaven" steht auf den Kisten. Doch in Barcelona werden sie nie ankommen, ihr eigentlicher Bestimmungsort ist die Taunusanlage in Frankfurt. Dort wird der Inhalt der Kisten auf Lastwagen und Spezialzüge geladen und auf weitere elf Orte in der Bundesrepublik verteilt. Die Operation mit dem Namen „Bird Dog", was so viel heißt wie „Hühnerhund", ist streng geheim. Die Russen dürfen nichts erfahren, die Deutschen auch nicht, selbst in der Taunusanlage wissen angeblich nur sechs Menschen von dem Schatz, der dort für kurze Zeit schlummert – niemand soll erfahren, dass zwischen Februar und April 1948 rund 23.000 Kisten voller Geldscheine den Atlantik überqueren. Sechs Milliarden Mark, das Startkapital für den jungen Staat, den wir später Bundesrepublik Deutschland nennen werden.[45]

Eine neue Währung haben die Deutschen im Jahr 1948 dringend notwendig – 15 Jahre nationalsozialistische Herrschaft inklusive eines verlorenen Weltkrieges haben die Reichsmark ruiniert und diskreditiert. Bereits in den 1930er-Jahren beginnen die Nazis, mit der Druckerpresse Beschäftigungsprogramme und Kriegswirtschaft zu finanzieren, und um die damit üblicherweise einhergehende Inflation zu vermeiden, werden rigide Preiskontrollen und -stopps erlassen. Solche Preisstopps sind allerdings nur kosmetischer Natur, weswegen man in solchen Fällen von preisgestoppter oder zurückgestauter Inflation spricht.

Kein Wunder, dass die Reichsmark nach dem Krieg rapide an Wert verliert, 1948 ist in Deutschland Tauschhandel die dominierende Art, Geschäfte zu machen. Die gängige Währung sind Zigaretten, Mehl oder Schokolade, die Regale in den Geschäften sind – auch in Erwartung einer kommenden Währungsreform – weitgehend leer.

Und die Währungsreform kommt: Am Sonntag, dem 20. Juni 1948, werden 500 Tonnen Banknoten mit einem Nennwert von 5,7 Milliarden D-Mark in die Taschen der Bevölkerung gepumpt. Millionen Deutsche bilden lange Schlangen an den Lebensmittelkartenstellen, wo sie gegen Vorlage ihrer Lebensmittelkarten 40 Reichsmark in neue Währung tauschen. Sparguthaben werden bis zu einer geringen Obergrenze im Verhältnis eins zu zehn umgetauscht; wer jetzt noch Bargeld hat, ist ein Verlierer. Fast 94 Prozent des alten Reichsmarkvolumens werden aus dem Verkehr gezogen, Sparern bleiben 6,5 Prozent ihres Geldvermögens.[46]

Der Erfolg dieser Reform gehört zum Gründungsmythos der Bundesrepublik und ihres Wirtschaftswunders, das der ehemalige Kriegsverlierer in den fünfziger Jahren erlebt: Mit einem Schlag waren die Schaufenster der Geschäfte voll, es gab wieder alles zu kaufen, die Tauschwirtschaft war beendet. Selbst die Kühe, so schreibt der Wirtschaftshistoriker Werner Abelshauser, reagierten positiv auf den Währungsschnitt; schon in der ersten D-Mark-Woche wurde wesentlich mehr Butter angeliefert als in der Vorwoche.[47] Oder wie es die „Neue Deutsche Wochenschau" vermerkte: Über Nacht wurden die Kirschen reif.[48]

Über die Rolle der Währungsreform und ihre Bedeutung für das Wirtschaftswunder wird ebenso heftig gestritten wie über die geistige und politische Vaterschaft – hier tritt die Wirtschaftsministerlegende Ludwig Erhard gegen den amerikanischen Fliegerleutnant Edward A. Tenenbaum an –, doch Einigkeit zwischen den Experten besteht insoweit, dass ohne eine Reform der maroden, abgewirtschafteten Reichsmark das Unternehmen Bundesrepublik einen Fehlstart hingelegt hätte. Die D-Mark gilt heute als Meilenstein der deutschen Wirtschaftsgeschichte, und jede Währung muss sich an ihr messen.

Die goldenen Jahre

Den Grundstein für ihren Erfolg legt die D-Mark in den fünfziger Jahren, als sie die Währung des Wirtschaftswunders wird – keine zwanzig Jahre nach Kriegsende stehen die Deutschen als ökonomische Gewinner und Musterschüler da. Dabei ist der Start der D-Mark alles andere als einfach: Preise und Arbeitslosigkeit steigen, die Löhne nicht. Die Bürger werden unzufrieden, in den Westzonen kommt es zu Geschäftsboykotts und Massenkundgebungen. Im November 1948 kommt es zum Generalstreik gegen die Währungsreform und die liberale Wirtschaftspolitik Erhards; die De-facto-Enteignung der kleinen Sparer dürfte nicht gerade zur Beruhigung der Massen beigetragen haben. Doch Erhard, der „Wirtschaftsdiktator", wie die Gewerkschaften ihn beschimpfen, überlebt: Der Lohnstopp wird noch vor dem Generalstreik aufgehoben, im Frühjahr 1949 beginnen die Preise zu sinken und nach einer Abwertung der D-Mark setzt ein Exportboom ein.[49] Der sogenannte „Korea-Boom" Mitte der fünfziger Jahre – die steigende Nachfrage nach Investitions- und Produktionsgütern in Folge des Korea-Krieges – half auch der deutschen Industrie. Dann beginnen die fünfziger Jahre mit ihrem Wirtschaftswunder, das vermutlich mehrere Ursachen hat: Dank des Marshallplans, eines Freihandelsbooms, eines flexiblen Arbeitsangebots, einer hohen Produktivität der deutschen Wirtschaft, einer marktwirtschaftlichen Schocktherapie und Aufholeffekten beginnen die goldenen Jahre. Doch lange sollte der Frieden nicht dauern, bald warten neue Herausforderungen auf die Weltwirtschaft – die Zeit ist reif für die Ideen eines Jahrhundertökonomen.

Flucht vor der Währungsreform?

Grundsätzlich klingt das simpel: Man entkommt den enteignenden Folgen einer Währungsreform, indem man sein Geld rechtzeitig in Sachwerte rettet. Doch ganz so leicht ist es nicht, und ein Punkt ist recht einfach: Die Politik lässt das nicht zu. Die Angst vor einer Rebellion der vielen Menschen, die durch den Krieg alles verloren hatten, stand wohl Pate für die Idee, die verbliebenen Vermögen zumindest teilweise umzuverteilen und so auch die glücklichen

Vermögensbesitzer an den Folgen des Krieges zu beteiligen. Zu diesem Zweck wurde der Lastenausgleich geschaffen, der über eine Vermögensabgabe, eine Hypothekengewinnabgabe und eine Kreditgewinnabgabe finanziert wurde. Im Zuge der Corona-Pandemie wurde ein solcher Lastenausgleich erneut diskutiert.

➢ **Geldfrage:** *Kriege, Währungsreformen, Zusammenbrüche des Finanzsystems – das alles sind sogenannte systemische Risiken, also Risiken, die jedes Mitglied des Systems betreffen. Solchen systemischen Risiken kann man sich als Anleger nur schwer entziehen, das liegt auch daran, dass in letzter Instanz der Staat immer die Möglichkeit hat, auf die Vermögen seiner Bürger zuzugreifen, um die Folgen solcher Krisen zu bewältigen. Dem Zugriff des Staates kann man sich als Anleger nur entziehen, indem man gegen Gesetze verstößt oder das Land verlässt.*

Nur wenigen Menschen ist es vergönnt, dass man die Geschichte in die Zeit vor ihrem Auftritt und die Zeit nach ihrem Werk einteilt – John Maynard Keynes ist diese Ehre vergönnt, er hat die moderne ökonomische Theorie geprägt wie kaum ein anderer Ökonom vor und nach ihm.

Vor Keynes herrscht in der Welt der Ökonomen die klassische Wirtschaftstheorie, die lange Wirtschaftskrisen für unwahrscheinlich hält, und der Grund dafür ist das Saysche Theorem. Die Idee des Theorems ist, kurz gefasst, dass jedes Angebot automatisch seine eigene Nachfrage generiert – also sind Wirtschaftskrisen langfristig eigentlich nicht möglich.

Man muss sich dieses Weltbild als einen geschlossenen Kreislauf vorstellen: Wenn ein Unternehmen Güter herstellt, zahlt es Löhne, Gehälter, Zinsen, Pachten, Mieten und Gewinne an alle an der Produktion Beteiligten aus. Wenn ein Unternehmen ein Auto herstellt, so zahlt es Gelder aus an die Arbeiter, die Lieferanten, die Bank, den Eigentümer der angemieteten Büros und zuletzt auch an die Eigentümer der Autofabrik, und die Summe aller dieser Auszahlungen entspricht exakt dem Wert des Autos. Dies ist ein einfacher buchhalterischer Effekt – der Wert eines Produktes entspricht immer der Summe aller zur Produktion getätigten Ausgaben (lassen Sie sich nicht vom Gewinn irritieren, auch er ist ein Bestandteil der Auszahlungen), und diese Ausgaben des Unternehmens sind zugleich die Einkommen der Lieferanten, Arbeitnehmer und Fabrikeigentümer.

Wenn aber, so die Idee des Sayschen Theorems, der Wert der angebotenen Produkte exakt der Summe aller Einkommen entspricht, so steht jeder Produktion immer ein Einkommen gegenüber, das ausreicht, um diese Produktion auch zu kaufen. Konjunkturkrisen, in denen Nachfrage ausfällt und die Beschäftigung deswegen sinkt, sind in dieser Gedankenwelt nicht möglich. Und wenn einmal kurzfristig etwas schiefgeht, sorgen flexible Preise und Löhne dafür, dass sich die Wirtschaft rasch wieder einrenkt. Und auch Sparen führt in diesem System nicht zu einem Ausfall von Nachfrage: Sparen die Bürger mehr, so sinkt zwar die Konsumnachfrage, aber zugleich sinken wegen der gestiegenen Ersparnisse die Zinsen, was wiederum die Investitionen anregt, weswegen die Nachfrage nach Investitionsgütern steigt.

Auftritt John Maynard Keynes: Inspiriert von der Weltwirtschaftskrise des Jahres 1929, die der Idee einer krisenfreien Wirtschaft spottete, dreht er den Spieß um. Was, wenn die Konsumenten – aus welchen Gründen auch immer – nicht ihr komplettes Einkommen ausgeben, es auch nicht auf die Bank bringen, um Zinsen zu bekommen, sondern es einfach behalten und nicht ausgeben? Dann steht dem Wert der produzierten Güter eine unzureichende Nachfrage gegenüber. Wenn nun die Produzenten nicht die Preise senken, sondern die Produktion drosseln, kommt es zu Arbeitslosigkeit, ausgelöst durch mangelnde Nachfrage.

Stimmt diese Diagnose, so liegt die wirtschaftspolitische Kur gegen Wirtschaftskrisen auf der Hand: Wenn die private Nachfrage ausfällt und deswegen eine Rezession droht, springt der Staat ein, verschuldet sich, gibt mehr Geld aus und füllt damit die Nachfragelücke. Problem gelöst.

Zugegeben, das ist recht holzschnittartig; das Gedankengebäude von Keynes ist natürlich wesentlich ausgefeilter, aber im Prinzip ist es vor allem dieses Argument, das aus dem Reichtum und der Vielfalt der keynesianischen Theorien den Weg in die Politik gefunden hat – und dort gerne und oft missbraucht wird. Auch in der Bundesrepublik. Hier sind es zwei Wilhelm-Busch-Helden, die diese Art der Politik in den sechziger Jahren salonfähig machen.

Plisch und Plum geben einen aus

Wer möchte mit zwei rüpelhaften Hunden verglichen werden, die Kleider zerreißen, Beete zerstören, sich prügeln und die Nachbarn verschrecken? Das findet niemand gut – außer Politikern. In einer Spiegel-Kolumne[50] des Jahres 1967 vergleicht ein Redakteur die Minister der noch jungen großen Koalition, Franz-Josef Strauß von der CSU (Finanzen) und SPD-Mann Karl Schiller (Wirtschaft) mit Plisch und Plum, dem schrägen Hundepaar des Humoristen Wilhelm Busch, eine Bezeichnung, die sich rasch durchsetzt. Da hilft es dem Autor auch nicht, dass er einige Woche später seine Kolumne widerruft, weil er erkennen muss, dass die beiden Minister diese Namen nun als Marke zu Wahlkampfzwecken nutzen.[51] Zu spät – Schiller und Strauß gehen als Plisch und Plum in die Wirtschaftsgeschichte ein.

Aber es sind nicht die Namen, welche die beiden Minister zu wirtschaftspolitischen Legenden machen, sondern ihre Politik: Schiller und Strauß bringen der jungen Bundesrepublik den Keynesianismus bei. Stehen die fünfziger Jahre für die Idee der Sozialen Marktwirtschaft, die auf Eigentum, Anreize, freie Märkte und Wettbewerb setzt, so stehen Plisch und Plum in den Sechzigern für die Idee der aktiven Konjunktursteuerung nach den Rezepten von John Maynard Keynes.

Das Ganze beginnt im Jahr 1966, als die erste große Koalition von CDU und SPD die Amtsgeschäfte in der Bundesrepublik übernimmt. Schon wenige Monate später kommt es zu einem Einbruch der Konjunktur: Die Arbeitslosenquote, die in den Jahren zuvor stets eine Null vor dem Komma spazieren trug, steigt im ersten Halbjahr 1967 auf 2 Prozent – nach heutigen Maßstäben würde man jetzt noch von Voll- oder sogar Überbeschäftigung sprechen, 1967 gilt das als Katastrophe. Industrieproduktion und Wachstum, Bauinvestitionen und Auftragseingänge zeigen nach unten, das Land rutscht in eine Rezession.

Die Politik diagnostiziert für die Bundesrepublik einen Ausfall an Nachfrage und greift zum keynesianischen Heilmittel: Plisch und Plum bringen zwei Konjunkturprogramme auf den Weg, öffentliche Ausgaben sollen den Ausfall der Nachfrage wettmachen. Das hochglanzpolierte Prunkstück dieser Politik ist das 1967 beschlossene „Gesetz zur Förderung der Stabilität und des Wachstums in der Wirtschaft“, das die keynesianische Konjunkturpolitik in Paragraphen gießt – jetzt hat der Staat offiziell die gesetzliche Aufgabe, die Konjunktur zu steuern.

Und es passiert das Unglaubliche: Die Rechnung scheint aufzugehen. Schon 1967 setzt ein Aufschwung ein, die Arbeitslosigkeit sinkt, 1968 wächst die deutsche Wirtschaft wieder mit mehr als 7 Prozent. Skeptiker verweisen darauf, dass der Aufschwung schon längst unterwegs ist, als das Gesetz beschlossen wird, und dass es vor allem die Exporte, nicht Plisch und Plums Ausgabenprogramme sind, die der deutschen Wirtschaft wieder Flügel verleihen, und überhaupt – wie kann ein Gesetz, dass erst im Mai 1967 verabschiedet wird, schon wenige Monate später einen so großen und schwerfälligen Tanker wie eine Volkswirtschaft zum Kurswechsel bewegen?

Wer dabei gewesen ist, wird sich vermutlich der suggestiven Kraft der Ereignisse kaum entziehen können: Da experimentiert man mit einer neuen Politikidee, und wenige Monate später ist das Problem vom Tisch – bei so enger zeitlicher Nähe muss in unserer Vorstellung einfach ein kausaler Zusammenhang bestehen. Das kann, muss aber nicht sein.

Die Bundesrepublik hat nun einen neuen wirtschaftspolitischen Kompass. Und nicht nur die Bundesrepublik: In den sechziger Jahren setzen sich die Ideen von Keynes auch im angelsächsischen Sprachraum zunehmend durch, und in ihren kühnsten Träumen, unterstützt von der neuen Computertechnik, kreieren Wirtschaftswissenschaftler gigantische Modelle von Volkswirtschaften, mit deren Hilfe man Wirtschaftspolitik zu einem Managementproblem degradiert. Volkswirtschaften, so das Verständnis dieser Schulen, sind wie ein Motor, und wenn dieser Motor stottert, muss man nur den Bauplan lesen, einige Zahnräder ölen, den Keilriemen auswechseln und schon läuft er wieder. Rezessionen und Wirtschaftskrisen verkommen zu einem Ingenieursproblem.

Ein Herzstück dieser Ideenwelt ist die sogenannte Phillips-Kurve, die einen Zusammenhang zwischen Arbeitslosigkeit und Inflation postuliert: Brummt die Wirtschaft, dann steigt die

Beschäftigung, es kommt zu Nachfrageengpässen und die Preise steigen. Ein weiterer, perfider Mechanismus dieser Kurve besteht darin, dass steigende Preise zwar die Einnahmen der Unternehmen erhöhen, aber die Kaufkraft der Löhne senken. Wenn die Preise – und damit die Unternehmensgewinne – steigen, die Löhne aber nicht, weil die Arbeitnehmer nicht bemerken, dass sie mit ihrem Lohn nun weniger Güter einkaufen können – ihr Reallohn also gesunken ist –, dann stellen die Unternehmen mehr Arbeitnehmer ein, die Arbeitslosigkeit sinkt.

Das Ergebnis dieser Überlegungen ist eben jener Zusammenhang zwischen Inflation und Beschäftigung, den die Phillips-Kurve postuliert und den der ehemalige Bundeskanzler Helmut Schmidt so beschrieben hat: „Lieber fünf Prozent Inflation als fünf Prozent Arbeitslosigkeit." Die Phillips-Kurve verschafft Politikern die Illusion einer Speisekarte: Wer mehr Beschäftigung will, braucht einfach mehr Inflation. Die Debatten über Aussagekraft, Wahrheitsgehalt und Deutbarkeit der Phillips-Kurve füllt Bände wissenschaftlicher Literatur, ihren politischen Charme bezieht sie aber vermutlich aus der Tatsache, dass Politiker sich nun dem Wahlvolk als sachkundige Wirtschaftsmanager verkaufen können, anstatt den hilflosen Eindruck zu machen, den ihre Nachfolger in den ersten Jahren dieses Jahrtausends erwecken, als sie dem Doppelschlag von Finanz- und Eurokrise ratlos und Tatkraft simulierend gegenüberstehen. Und was diese Politik noch attraktiver macht, ist der Umstand, dass man nun mit wissenschaftlichem und wirtschaftspolitischem Segen Wahlgeschenke verteilen kann.

Helmut Schmidt scheint das verstanden zu haben. Als der Leiter der wirtschaftspolitischen Grundsatzabteilung im Bundeswirtschaftsministerium den damaligen Minister Schmidt auf sein Zitat anspricht mit den Worten „Herr Minister, was Sie gestern Abend gesagt haben und heute Morgen in den Zeitungen steht, ist falsch!", bürstet Schmidt diesen ab: „Daß dies fachlich falsch ist, weiß ich selbst. Aber Sie können mir nicht raten, was ich auf einer Wahlveranstaltung vor zehntausend Ruhrkumpeln in der Dortmunder Westfalenhalle zu sagen für politisch zweckmäßig halte."[52]

Wollte man den weltweiten wirtschaftspolitischen Geist der sechziger Jahre auf den Punkt bringen, so ist dieses Zitat ein Favorit für die vorderen Plätze: Die Wirtschaftstheorie liefert eine neue Waffe, die allmächtig erscheint, einfach Arbeitslosigkeit gegen Inflation tauschen – fertig. Und ob das stimmt oder nicht, wen kümmert es, Hauptsache es ist politisch nützlich. Doch diese politische Nützlichkeit wird sich als Bumerang erweisen, denn die siebziger Jahre werden den Politikern die Grenzen des politisch Nützlichen aufzeigen. Schon das nächste Jahrzehnt wird zum Jahrzehnt der Schlaghosen und der großen Inflation.

Die wilden Siebziger

Die siebziger Jahre sind bunt und turbulent: Sie beginnen mit dem Kniefall Willy Brandts am Ehrenmal für die Toten des Warschauer Ghettos, für den sich Brandt später einen Friedensnobelpreis abholt. Das Jahr 1972 sieht die Geiselnahme bei den Olympischen Spielen in München und den Sieg Nixons bei den amerikanischen Präsidentschaftswahlen, der schon zwei Jahre danach von seinem Rücktritt im Zuge der Watergate-Affäre gekrönt wird. Im gleichen Jahr 1974 tritt Brandt wegen der Guillaume-Affäre zurück und Deutschland wird Fußballweltmeister. Ein Jahr später endet der Vietnamkrieg, während eine Geiselnahme im Wiener OPEC-Hauptgebäude die Schatten des deutschen Herbstes vorauswirft, den man in etwa auf das Jahr 1977 datiert. Gegen Ende der Siebziger entstehen aus Friedensbewegungen, Umweltschutzbewegungen und Atomausstiegsgruppen die Grünen, und 1978 wird der polnische Kardinal Karol Wojtyła zu Papst Johannes Paul II.

Die siebziger Jahre sind ein bewegtes Jahrzehnt, auch in ökonomischer Hinsicht: Sie sind ein Bruch in der modernen Wirtschaftsgeschichte. Während sich die fünfziger und mit Abstrichen auch die sechziger Jahre durch stabile Wachstumsraten und moderate Inflation auszeichnen, sind die siebziger Jahre ein Jahrzehnt der Sorgen: Arbeitslosigkeit und Inflation steigen, das Wachstum bricht ein, und die Bremsspuren dieses Jahrzehnts lassen sich bis in die späten neunziger Jahre in den Wirtschaftsstatistiken besichtigen.

In den meisten Ländern der OECD – rühmliche Ausnahmen bilden die Schweiz und Deutschland – kletterten in den siebziger Jahren die Inflationsraten über die Marke von 10 Prozent. 15 Prozent in Frankreich, 25 Prozent in Italien, 28 Prozent in Spanien – mit knapp 8 Prozent Inflation in der Spitze ist Deutschland in den siebziger Jahren fast schon ein Klassenstreber. Die gesamten siebziger Jahre hindurch leidet die industrialisierte Welt unter hohen Inflationsraten, in den achtziger Jahren sinken sie wieder, aber erst die Neunziger fegen die Gespenster der Inflation aus dem Club der reichen Länder.[53]

Es ist vor allem die tückische Kombination aus hoher Inflation und hoher Arbeitslosigkeit, Stagflation genannt, die Politikern und auch den Wirtschaftstheoretikern weltweit zu schaffen macht, denn sie passt nicht zu der netten Idee der Phillips-Kurve, nach der man ja die Wahl hat zwischen Arbeitslosigkeit und Inflation. Doch statt der Wahl bekommen Politiker jetzt die Qual, nämlich beides. Die Idee der Phillips-Kurve ist damit erst einmal in die unteren Schubladen der Wissenschaftlerschreibtische verbannt.

➢ **Geldfrage:** *Und was haben die Siebziger gebracht? Wer 1970 in den Deutschen Aktienindex Dax investierte, und 1980 wieder verkaufte, erwirtschaftete eine durchschnittliche jährliche Rendite von 3,7 Prozent. Wer erst 1990 (2015) verkauft hat, brachte es auf 8,2 (8,4) Prozent. Wer wissen will, wie sich eine Investition in den Dax über welchen Zeitraum gelohnt hätte, schaut sich einfach das Renditedreieck des Deutschen Aktieninstitutes (DAI) an.*[54]

Was war passiert? Einer der Hauptverdächtigen ist der Ölpreis – im Zuge des israelisch-arabischen Jom-Kippur-Krieges drehen die Förderländer der OPEC, der Organisation erdölexportierender Länder, den westlichen Industrienationen den Ölhahn zu. Noch 1973 kostet ein Barrel Öl, das sind 159 Liter, drei Dollar – 1979 sind es 38 Dollar.[55] Ein neues Fachwort macht die Runde: der Angebotsschock.

In der Welt der Keynesianer steigt die Inflation, weil die Wirtschaft überhitzt, die Nachfrage zu hoch und die Kapazitäten ausgelastet sind. Jetzt, in den siebziger Jahren, zeigt die Inflation ihr zweites Gesicht, sie steigt, weil die Produktion teurer wird. Öl ist einer der wichtigsten Rohstoffe, den die Industriestaaten zur Produktion benötigen, und wenn dieser Rohstoff teurer wird, steigen eben auch die Preise.

Die Ölpreiskrisen …
… nötigten die Politik auch in Deutschland zu drastischen Maßnahmen: Benzin ist ausverkauft, Hamsterkäufe setzen ein (Kommt Ihnen das bekannt vor?). Die Regierung verfügt autofreie Sonntage, Geschwindigkeitsbegrenzungen auf Landstraßen und Autobahnen sowie Abgabehöchstmengen für Benzin. Der damalige Bundeskanzler Willy Brandt bittet die Wähler um Verständnis: „Zum ersten Mal seit dem Ende des Krieges wird sich morgen und

an den folgenden Sonntagen vor Weihnachten unser Land in eine Fußgängerzone verwandeln. Die Energiekrise kann auch zu einer Chance werden. Wir lernen in diesen Wochen, dass wir auf gegenseitige Hilfe angewiesen sind. Wenn wir diese Erfahrung nutzen, meine Damen und Herren, dann hat jeder von uns Grund, dem Winter mit Zuversicht zu begegnen."[56]

Schon sechs Jahre später, 1979, kommt es zum zweiten Ölpreisschock, der endgültig der Wirtschaft den Wind der fünfziger und sechziger Jahre aus den Segeln nimmt – Inflation und Massenarbeitslosigkeit folgen auf den Fuß.

Sucht man nach weiteren Schuldigen für die Stagflation der siebziger Jahre, so finden sich viele weitere Verdächtige: So hatten die Vereinigten Staaten in den sechziger Jahren auch dank ihres Vietnam-Abenteuers einiges an Schulden angehäuft, und auch die Deutschen verfielen in den Ausgabemodus, nicht zuletzt mit Verweis auf die keynesianische Lehre, die ja scheinbar genau dies in Zeiten solcher Krisen vorschreibt. Angesichts der steigenden Arbeitslosigkeit schien die Idee der Phillips-Kurve ja zu versprechen, dass man sich mit mehr Staatsausgaben dieses Problems entledigen könnte. Doch das funktionierte nicht sonderlich gut. Auftritt Milton Friedman, der Gnom von Chicago.

Der Gnom von Chicago

Mit 1,55 Metern Körpergröße ist Milton Friedman nur ein Riese im metaphorischen Sinne – aber neben Keynes dürfte er wohl der einflussreichste Ökonom der vergangenen Jahrzehnte sein. Der wegen seiner Körpergröße als „verrückter Gnom von Chicago" verspottete Friedman ist der große intellektuelle Gegenspieler der keynesianischen Idee – wo Keynesianer mehr Raum für staatliche Ausgabenprogramme und Konjunkturheilmittel fordern, plädiert Friedman für weniger Staat, mehr Freiheit, mehr Selbstbestimmung der Bürger.

Friedmans Beitrag zur ökonomischen Theorie ist kaum zu überschätzen, weswegen seine Anhänger ihn als Messias feiern. Und einer seiner Beiträge ist ein heftiger Schlag gegen die Idee der Phillips-Kurve. In der keynesianischen Variante steigt bei Inflation die Beschäftigung, weil die steigenden Preise den Unternehmen mehr Gewinne bescheren, während die Arbeitnehmer den Kaufkraftschwund ihrer Löhne gar nicht richtig bemerken. Arbeit wird für die Unternehmen in Gütern gerechnet billiger, deswegen stellen sie mehr Personal ein. Im Fachjargon sagt man, dass die Reallöhne der Arbeitnehmer sinken, und sinkende Reallöhne führen zu mehr Beschäftigung.

Friedman hält dieser Idee entgegen, dass die Arbeitnehmer nicht so dumm sind und bald bemerken, dass ihre Löhne an Kaufkraft verloren haben – also werden sie einen Nachschlag verlangen. Die darauf einsetzenden Lohnerhöhungen machen Arbeit wieder teurer und reduzieren so die Neigung der Unternehmen, einzustellen. Der ursprüngliche Beschäftigungseffekt der Inflation wird damit zunichtegemacht. Die Phillips-Kurve verkommt nach dieser Lesart zu einer Illusion: Kurzfristig steigt bei Inflation die Beschäftigung, weil die Reallöhne sinken, doch mittelfristig bemerken die Arbeitnehmer dies, verlangen höhere Löhne, weswegen die Reallöhne wieder steigen und der ursprüngliche Beschäftigungseffekt deswegen verloren geht. Auf mittlere Frist ist die Phillips-Kurve damit erledigt.

Noch schlimmer wird es, als der spätere Nobelpreisträger Robert Lucas die Bühne betritt – er dreht den Spieß um und zeigt, dass steigende Inflationsraten sogar mit steigender Arbeitslosigkeit verbunden sein können. Er denkt Friedmans

Argument logisch zu Ende: Wenn die Arbeitnehmer erwarten, dass die Inflationsrate steigt, werden sie auch vorauseilend höhere Löhne fordern, bevor die Inflationsrate steigt; jeglicher Effekt steigender Inflationsraten verpufft damit. Während in Friedmans Version Inflation zumindest zeitweise die Beschäftigung steigern kann, zeigt Lucas, dass Inflation, wenn sie korrekt erwartet wird, komplett wirkungslos wird.

Im schlimmsten Fall steigt sogar die Arbeitslosigkeit, nämlich dann, wenn die Arbeitnehmer steigende Inflation erwarten, deswegen höhere Löhne fordern, die Inflation aber ausbleibt. Dann sind die Löhne gestiegen, ohne dass die Inflation dies ausgebügelt hätte. Damit steigen die Reallöhne, was zu sinkender Beschäftigung führen kann. Die Erkenntnis, die Lucas hier vermittelt, ist sensationell: Falsche Erwartungen reichen möglicherweise aus, um ein Land in eine Rezession zu stürzen.

Die Stagflation der siebziger Jahre, die hohen Inflations- und Arbeitslosenraten und der eher geringe Erfolg staatlicher Konjunkturpolitik, der zudem zu hohen Schuldenbergen führt, zwingen Wissenschaft und Politik zum Umdenken, es wird Zeit für eine neue Doktrin. Der großen Inflation folgt die große Moderation.

Die große Moderation

Von Mitte der achtziger Jahre bis zum Jahr 2007 wird das weltweite makroökonomische Umfeld ruhiger, die Inflation ist auf dem Rückzug, die Wachstumsraten bessern sich, das weltweite wirtschaftliche Umfeld wird stabiler. Die Zeiten werden ruhiger, weswegen man diese Zeit auch als die große Moderation bezeichnet – die Weltwirtschaft kommt in ruhigeres Fahrwasser.

Gründe dafür finden sich in der Literatur viele:[57] Ein größerer Anteil der Dienstleistungen am Sozialprodukt der Industrieländer, so eine Idee, stabilisiere die Konjunktur ebenso wie eine bessere Informationstechnik, geringere Lagerhaltungszyklen und eine zunehmende Konzentration der Politik auf die Verbesserung der Angebotsbedingungen – Reaganomics oder Thatcherismus nennt man die Politik der konservativen Angebotspolitiker, die auf Steuersenkungen, Privatisierung, mehr Eigenverantwortung und flexible Märkte setzt. Ein wichtiger Baustein dieser großen Moderation ist aber auch die Geldpolitik.

Nach den Erfahrungen der siebziger Jahre und angesichts der Kritik an der keynesianischen Vorstellung der Phillips-Kurve begann bei den Notenbanken ein Umdenken: Geldpolitik, so die neue Idee, soll Stabilität vermitteln.

Wenn Friedman und Lucas recht haben mit ihrer Idee, dass die Bürger die Manöver der Notenbank wahrnehmen und in ihren Entscheidungen berücksichtigen, dann ist klar, dass Geldpolitik einen großen Teil ihrer Wirkung verliert – Inflation führt dann nicht mehr zu mehr Beschäftigung, wie die keynesianische Idee der Phillips-Kurve das beschreibt – weil die Bürger damit rechnen. Im schlimmsten Fall führen falsche Erwartungen, wie wir gesehen haben, sogar zu Wirtschaftskrisen.

Also lag die neue Idee auf der Hand: Geldpolitik sollte verlässlich werden, die Erwartungen der Bürger stabilisieren, Ruhe ins Haus bringen. Dazu soll sich die Notenbank strikten Regeln unterwerfen und glaubwürdig machen, dass sie sich an diese Regeln halten werde – Stabilität statt Schlingerkurs.

Zu diesem Zweck ketten sich viele Notenbanken in den achtziger Jahren an eine geldpolitische Regel und versprechen beispielsweise, die Geldmenge nur mit einer bestimmten Rate wachsen zu lassen und keine geldpolitischen Eskapaden zu reißen. Und man kommuniziert diese Selbstbindung, um zu versichern, dass man keine wilde Stop-and-Go-Politik betreibt und sich die Bürger darauf verlassen können, dass die Notenbank sich voll und ganz auf die Bekämpfung der Inflation konzentriert. Dieses Erwartungsmanagement soll auch dazu dienen, der Wirtschaft Planungssicherheit zu geben – hier schlagen sich die Ideen von Lucas unmittelbar in der Geldpolitik der großen Moderation nieder.

Das Ergebnis dieser Politik ist eine Notenbank, die sich ganz darauf konzentriert, die Inflationsrate im Zaum zu halten und der Wirtschaft Stabilität zu geben – man nimmt der Geldpolitik die Last, neben der Inflationsbekämpfung auch noch die Arbeitslosigkeit bekämpfen zu müssen.

Doch was ist dran an dieser Idee? Zumindest muss man konstatieren, dass die späten achtziger und neunziger Jahre ein Zeitalter der Stabilität sind, und neben den vielen Gründen, die dafür diskutiert werden, dürfte die Geldpolitik dabei eine entscheidende Rolle gespielt haben. Mittlerweile allerdings sind die Notenbanken weltweit wesentlich pragmatischer geworden, zumeist schauen sie nicht mehr nur auf die Geldmenge, sondern betreiben das, was man inflation targeting nennt – man verpflichtet sich mittelfristig einem Inflationsziel, um die Erwartungen der Bürger zu stabilisieren. Hinzu kommt, dass man in den vergangenen Jahren immer mehr erkannt hat, welche wichtige Rolle Kapital- und Kreditmärkte spielen, auch hier versuchen die Notenbanken zunehmend, deren Einfluss und Rolle zu berücksichtigen. Ob sie gut darin beraten ist, das zu tun, steht auf einem anderen Blatt. In der Tat – längst ist die Idee, dass Notenbanken sich nur auf die Inflation konzentrieren sollen, mehr als umstritten; hört man heutigen Notenbankern zu, so muss man den Eindruck gewinnen, dass Geldpolitik nicht nur zwei, sondern vielen Herren dienen kann, dass sie eine Art Wunderwaffe ist. Was kann diese Wunderwaffe wirklich? Vorhang auf für das neue Zeitalter der Krisen.

7. Das neue Zeitalter der Krisen

Die Kernthesen dieses Kapitels

1. Das erste Jahrzehnt des neuen Jahrtausends sieht drei Krisen, die vor allem dadurch begünstigt werden, dass die Notenbanken weltweit die Geldmenge großzügig wachsen lassen.
2. Eine steigende Geldmenge muss nicht zwangsläufig zu mehr Inflation führen, kurzfristig kann sie zu mehr Produktion und Beschäftigung führen, langfristig aber zu steigenden Güterpreisen oder zu Vermögenspreisinflation.
3. Vermögenspreisinflation, also der Anstieg von Kursen an den Kapitalmärkten oder anderen Vermögensmärkten, kann langfristig zu Finanzkrisen und Fehlinvestments, also Kapitalverschwendung, führen.
4. Die aktuelle Politik der Notenbanken weltweit, die Geldmenge beständig zu erhöhen, ist mit vielen Fragezeichen zu versehen: Erstens ist nicht klar, ob und wie weit sie helfen kann, die aktuellen Wirtschaftskrisen zu bekämpfen, zweitens verhindert sie, dass die Politik unangenehme Reformen anschiebt, und drittens steht zu befürchten, dass die steigenden Geldmengen zu neuen Finanzkrisen führen.

Das Jahrzehnt der Krisen

Es gibt Tage, von denen weiß man, dass sie Geschichte schreiben werden, noch bevor die Sonne untergeht – der 12. Oktober 1492, der Tag, an dem Kolumbus die neue Welt betritt, ist so ein Tag, oder der 18. Juni 1815, die Schlacht von Waterloo. Oder der 8. Mai 1945, die Kapitulation des Deutschen Reiches, ein ebenso geschichtsträchtiger Tag wie der 9. November 1989, als mit dem Fall einer Mauer die Epoche endet, die mit dem 8. Mai 1945 begonnen hat.

Andere geschichtsträchtige Tage schleichen sich klammheimlich vorbei. Welche Bedeutung sie möglicherweise einmal haben könnten, fällt dem unbeteiligten Zeitungsleser nicht auf, weil ihre Bedeutung erst in der Rückschau klar wird.

Ein solcher Tag ist vielleicht der 14. Juni 2016. Auf den hinteren Seiten der Zeitungen versteckt, in den Finanz- und Wirtschaftsteilen, findet sich dort an diesem Tag die Meldung, dass die Rendite der zehnjährigen Bundesanleihen erstmals in der Geschichte der Bundesrepublik negativ ist. Konkret bedeutet das, dass man Geld verliert, wenn man es dem deutschen Staat leiht. Ein merkwürdiges Geschäft.

Finanzmarktexperten erkennen die Bedeutung dieses Tages und dieses Ereignisses – „Eine neue Epoche am deutschen Kapitalmarkt" titelt beispielsweise die F.A.Z, wenn auch erst auf Seite 32.[58] Immerhin, den Frankfurter Journalisten aus der Hellerhofstraße war dieses Ereignis ein Kommentar auf der ersten Seite des Blattes wert, und doch – was ist das schon verglichen mit einem Waterloo, der Entdeckung Amerikas oder dem Ende eines heißen oder kalten Krieges?

Um den 14. Juni 2016 zu verstehen, muss man weit ausholen und fast 20 Jahre zurückblicken, so weit reichen die Ereignisse zurück, die diesen Tag vorbereitet haben. Wo genau man ansetzen muss, ist nicht ganz klar, vermutlich irgendwann in den frühen neunziger Jahren, also in der großen Moderation, die uns ein so angenehmes wirtschaftliches Umfeld beschert hat, als die Inflationsraten und das Wachstum stabil waren. Möglicherweise war diese Ruhe nur trügerisch und hat das Fundament für die ab dem Jahr 2000 tobenden Krisen gelegt, und die Ursache könnte zu viel Geld gewesen sein. Um diesen Gedanken zu verstehen, wird es Zeit, eine der wichtigsten Formeln der Geldpolitik zu besichtigen, die versucht, eine einfache Frage zu beantworten: Was passiert eigentlich genau, wenn zu viel Geld in die Wirtschaft gepumpt wird?

➢ **Geldfrage:** *Wichtige Tage gibt es auch an den Kapitalmärkten, und die Wertentwicklung eines Investments ist davon abhängiger, als man denkt: Wenn Sie in den vergangenen zehn Jahren im Deutschen Aktienindex Dax investiert waren, haben Sie in etwa eine Rendite von 6 Prozent erwirtschaftet. Wenn Sie in diesen zehn Jahren nur die besten zehn Tage des Dax verpasst haben, schrumpft ihre Rendite auf minus ein Prozent. Verpassen Sie die besten 20 (30) Tage des Dax in diesem Zeitraum, so sinkt Ihre Rendite auf minus 5 (9) Prozent. Europa- und weltweit sehen diese Zahlen kaum anders aus. Und nun die Preisfrage: Trauen Sie sich zu, diese wichtigsten Tage im Dax im Voraus zu bestimmen und entsprechend zu handeln?*[59]

Die wichtigste Formel der Geldpolitik

Die intuitive Idee ist einfach: Wenn zu viel Geld zu wenige Güter jagt, werden zwangsläufig die Preise steigen. Das kann man sich wie auf einer Waage vorstellen: In der einen Waagschale liegt das Geld, in der anderen die Güter. Und wenn die Schale mit dem Geld nach unten gezogen wird, weil zu viel Geld in die Schale gekippt wird, geht die andere Schale mit den Gütern nach oben – was übersetzt heißt, dass die Preise der Güter steigen.

Grundsätzlich ist diese Idee richtig, aber man muss sie ein wenig verfeinern: Die Güter haben ja einen Preis, und es macht einen Unterschied, ob man 100.000 Güter à 50 Cents oder 100.000 Güter à 500 Euro in der Waagschale hat – im letzteren Fall braucht man mehr Geld.

Also müssen wir unser Bild ein wenig präzisieren: In der Schale der Waage mit den Gütern liegen nicht Güter, sondern Güter, die mit ihrem Preis bewertet sind – also die Summe aller Güter, multipliziert mit ihrem Preis. Statt zehn Flaschen Wein also zehn Flaschen Wein à fünf Euro, macht 50 Euro. Wenn nun die Geldmenge in der einen Waagschale die andere Schale nach oben zieht, dann kann die Menge der Güter unverändert bleiben, aber die Preise steigen, das macht die Waagschale sozusagen schwerer und bringt die Waage wieder ins Gleichgewicht. Steigt also die Geldmenge von 50 auf 60 Euro, und bleibt die Anzahl der Flaschen unverändert, so steigen die Preise von fünf auf sechs Euro, das macht dann einen Warenwert von 60 Euro, und die Waage ist wieder im Gleichgewicht. Das Ergebnis einer höheren Geldmenge sind höhere Preise, also Inflation.

So ganz ist es das aber auch noch nicht, denn die Euros, die sich in der Waagschale befinden, werden ja nicht nur einmal genutzt, sondern wechseln häufiger den Besitzer. Und je öfter ein Euro dies tut, umso weniger Geld braucht man insgesamt, um den vorhandenen Güterberg mit Geld zu bezahlen.

Die Häufigkeit, mit der ein Euro den Besitzer wechselt, nennt man Umlaufgeschwindigkeit – wenn ein Euro im Laufe eines Jahres zweimal den Besitzer wechselt, beträgt die Umlaufgeschwindigkeit zwei. Auf unsere Waage übertragen bedeutet das, dass bei einer Umlaufgeschwindigkeit von zwei eine Geldmenge von 25 reicht, um die Waage im Gleichgewicht zu halten, wenn in der anderen Schale Güter im Wert von 50 sind. Dann können 25 Euro, die jeweils zweimal ausgegeben werden, genau das Gewicht von 50 Euro in der anderen Waagschale halten. Wenn also die rechte Waagschale schwerer wird, weil mehr Geld im Umlauf ist, so kann die Waage entweder dadurch ins Gleichgewicht kommen, indem die Preise steigen – also die linke Waagschale schwerer wird – oder aber die Umlaufgeschwindigkeit sinkt, das würde die rechte Waagschale mit dem Geld sozusagen wieder leichter machen. Oder aber die Menge der Güter in der Waagschale steigt.

➢ **Geldfrage:** *In Zeiten hoher Inflation nimmt die Umlaufgeschwindigkeit des Geldes zu, weil jeder das Geld, das ja an Wert verliert, rasch loswerden will. Wenn Sie die aktuelle Umlaufgeschwindigkeit des Geldes berechnen wollen, so dividieren Sie einfach das nominale Sozialprodukt des Landes durch die umlaufende Geldmenge.*

Wenn Sie sich jetzt das Ergebnis dieser Überlegungen anschauen und den Balken, der die beiden Waagschalen miteinander verbindet, durch ein Gleichheitszeichen ersetzen, sehen Sie eine der berühmtesten Formeln der Makroökonomie: die Quantitätsgleichung.

Auf der linken Seite der Gleichung (die linke Waagschale) steht die Geldmenge, multipliziert mit der Umlaufgeschwindigkeit – 25 Euro mal zwei macht ein Gewicht von 50 Euro. Auf der rechten Seite der Gleichung steht der Güterberg, den ein Land herstellt (also das reale Sozialprodukt), multipliziert mit dem Preisniveau (also zehn Flaschen Wein à fünf Euro, macht 50 Euro). Und solange die beiden Seiten der Gleichung identisch sind – beide Waagschalen also das gleiche Gewicht haben –, ist die Geldwelt eines Landes in Ordnung. Die Probleme gehen erst los, wenn eine Seite der Gleichung verändert wird. Womit wir beim Zusammenhang zwischen Geldmenge und Inflation wären. Und einem Jahrzehnt der Krisen.

Welche Geldmenge darf's denn sein?

Die Quantitätstheorie verwendet immer den Begriff „Geldmenge", ohne näher zu erläutern, was damit eigentlich gemeint ist. In der Tat lässt sich schwer sagen, was die Geldmenge ist, hier existieren mehrere Möglichkeiten. Als Geldbasis bezeichnet man die Geldmenge, die von der Notenbank direkt geschaffen wird, das ist der Bargeldumlauf plus die Einlagen der Geschäftsbanken bei der Notenbank (das entspricht der Bilanzsumme der Notenbank). Eine weitere oft verwendete Geldmengendefinition sind die Geldmengen M1 bis M3, die aufeinander aufbauen; sie sind geordnet nach der Liquidität der dort berücksichtigten Guthaben. M1 beispielsweise ist definiert als die Summe aus dem außerhalb des Bankensektors zirkulierenden Bargeld und den täglich fälligen Einlagen (Sichteinlagen) von Nichtbanken; M2 beinhaltet neben diesen Komponenten auch Spareinlagen mit einer Kündigungsfrist von bis zu drei Monaten und Termineinlagen mit einer Laufzeit von bis zu zwei Jahren; bei M3 kommen noch unter anderem kurzfristige Bankschuldverschreibungen (mit einer Ursprungslaufzeit von bis zu zwei Jahren) und Geldmarktfondsanteile hinzu. In der Vergangenheit nahm man an, dass es ein festes Verhältnis zwischen der Geldbasis und den anderen Geldmengen gab, das man als Geldmultiplikator bezeichnete – wenn also die Geldbasis sagen wir um 10 Einheiten steigt und M3 daraufhin um 20 Einheiten, so hat der Geldmultiplikator den Wert zwei. Leider ist dieser Multiplikator nicht stabil, weswegen die Geldbasis als Indikator für Inflationsprognosen nicht sonderlich geeignet ist.

Eine Formel mit Fragezeichen

Die traditionelle Theorie hat mit der Quantitätsgleichung eine einfache Formel gefunden, die erklärt, was passiert, wenn zu viel Geld zu wenige Güter jagt: Die linke Waagschale mit dem Geld wird schwerer, die Waage, sprich die Wirtschaft, gerät ins Ungleichgewicht, und wenn die Umlaufgeschwindigkeit sich nicht ändert und die Zahl der Güter nicht zunimmt, müssen zwangsläufig die Preise steigen. Eine steigende Geldmenge, so das Ergebnis dieser Überlegungen, führt unweigerlich zu steigenden Preisen.

Doch warum sollte mit steigender Geldmenge nicht auch die Menge produzierter Güter steigen? In diesem Fall müssten die Preise gar nicht steigen, ein Anstieg der Geldmenge führt dann zu mehr Produktion und Beschäftigung, und die Preise müssen nicht steigen, weil ja die rechte Waagschale mit den Gütern durch einen Anstieg der Produktion schwerer wird und die steigende Geldmenge dadurch neutralisiert. Das wäre die beste aller Welten: Man druckt mehr Geld und als Folge steigen nicht die Preise, sondern Produktion, Beschäftigung und Wohlstand.

Hier manifestieren sich die Meinungsunterschiede zwischen Keynesianern und Ökonomen vom Schlage eines Milton Friedman: Die Idee, dass eine steigende Geldmenge zu steigender Produktion führt, ist den Keynesianern zuzuordnen. Ihr Argument: Steigt die Geldmenge, so haben die Bürger mehr Geld, das sie auf die Bank bringen, die daraufhin wiederum mehr Kredite anbietet. Die Zinsen für Kredite sinken, das befeuert die Investitionstätigkeit und bringt die Wirtschaft auf Touren. So weit, so verkürzt die Argumentation der Keynesianer.

Und wer hat recht? Vermutlich beide Seiten. Ist eine Volkswirtschaft nicht ausgelastet, gibt es also freie Kapazitäten, so können eine steigende Geldmenge und sinkende Zinsen zu mehr Investitionen und damit einem Aufschwung führen. Allerdings stehen hinter dieser Idee eine Menge Fragezeichen: Warum erhöhen die Produzenten nicht einfach die Preise? Und warum sollten sie mehr investieren in einer Zeit, in der offensichtlich einiges schiefläuft? Vielleicht leert man bei steigender Nachfrage zunächst einmal die Lager, aber wird man sofort einen Kredit aufnehmen und sich in neue Investitionsabenteuer stürzen? Und was passiert, wenn dieses lockere Geld zwar zu mehr Investitionen führt, diese sich aber als Fehlinvestitionen erweisen? Der letzte Punkt wird sich im Zuge der Eurokrise als unangenehm erweisen, wie ein Blick nach Spanien zeigt.

Die Idee Friedmans, dass mehr Geld nur die Preise hebt, ist intuitiv nachvollziehbar, und der Blick zurück auf die Jahrhunderte der Inflation legt nahe, dass diese Idee langfristig plausibel ist – und doch schwimmt auch in dieser theoretischen Suppe ein großes Haar: Es gibt zu wenig Inflation.

Klingt komisch, ist aber so: Seit Mitte Ende der achtziger Jahre steigt die Geldmenge in den Vereinigten Staaten – verglichen mit den beiden Jahrzehnten zuvor – deutlich stärker an, vor allem in den Neunzigern nimmt der amerikanische Geldmengenzug Fahrt auf. Ähnliches kann man von der Bundesrepublik Deutschland sagen oder für andere industrialisierte Staaten wie Frankreich oder Japan. Und doch – die Inflation will sich nicht einstellen. Wo also liegt der Haken, was stimmt nicht an der Idee der Quantitätstheorie? Eine Ortsbesichtigung bringt vielleicht mehr Klarheit. Zeit, das Jahrzehnt der Krisen zu besichtigen. Beginnen wir mit dem 10. März 1997.

Die große Geldverbrennung

Der 10. März 1997 ist auch so einer dieser unspektakulären Tage, es ist der Tag, an dem der Neue Markt, ein neues Börsensegment am deutschen Aktienmarkt, startet.[60] Der Börsenneuling Mobilcom und der Ingenieurdienstleister Bertrandt sind die Gründungsmitglieder. Dann geht es rasch: Zum Jahresende sind 17 Firmen gelistet, der Neue-Markt-Index (Nemax All Share), das Fieberthermometer des Neuen Marktes, steigt um rund 100 Prozent.[61] Die Gewinne locken weitere Anleger an.

Drei Jahre später, am 10. März 2000, schließt der Börsenindex Nemax All Share auf einem Rekordhoch, 229 Unternehmen in diesem Index bringen 234,25 Milliarden Euro auf die Waage. Eine gigantische Erfolgsgeschichte. Am Tag danach beginnt die Talfahrt. Am Ende dieser Achterbahnfahrt steht ein ruiniertes Börsensegment, das wegen Erfolglosigkeit eingestellt wird, Milliarden an Börsenwerten, die vernichtet wurden, Cash-Burn-Listen, Gerichtsprozesse, Schadenersatzklagen und desillusionierte Anleger. So rasch, wie die große Börsensause der späten Neunziger Millionäre gemacht hat, so schnell hat sie selbige wieder auf den harten Erdboden zurückgeholt, nicht nur in Deutschland, sondern fast überall auf der Welt. Noch keine zwei Jahre alt, hat das neue Jahrtausend schon seine erste Krise.

Und dabei sollte es nicht bleiben: Auftritt Lehman Brothers, eine amerikanische Investmentbank, Lehman Brothers, die am 15. September 2008 nach stolzer 164-jähriger Geschichte ihre Bücher für immer schließt und die Welt ins Wanken bringt. Hochbezahlte Investmentbanker räumen die Bilder ihrer Lieben vom Schreibtisch, packen ihre persönlichen Sachen in einen Karton und ziehen zur nächsten Party, während sich die amerikanische Immobilienkrise wie ein Virus ausbreitet und die Weltfinanzmärkte infiziert. Die Infektion ist so heftig, dass daraus ein weiterer Krisenherd entsteht, dessen Beginn etwas schwerer zu datieren ist. Ein Favorit wäre der 23. April 2009, als der griechische Premier Giorgos Papandreou bei strahlend schönem Wetter auf der malerischen Insel Kastelorizo vor die Fernsehkameras tritt und verkündet, dass Griechenland in seinen Schulden ertrinkt. Das Vorzeigeprojekt der Europäischen Union, der Euro, gerät ins Taumeln.

Für die Anhänger der Quantitätstheorie haben diese drei Krisen eine Gemeinsamkeit, und sie erklären zugleich, warum trotz weltweit steigender Geldmengen die Preise nicht gestiegen sind. Das Zauberwort heißt Vermögenspreisinflation.

Schaut man sich die Quantitätsgleichung an, so sieht man, dass dort nur die Preise von Gütern und Dienstleistungen berücksichtigt werden, nicht aber die Preise von Vermögensgegenständen – Aktien, Anleihen, Gold, Sammlerstücke, Derivate oder andere Investments werden bei der Berechnung der Inflationsrate nicht berücksichtigt. Wenn nun also mehr Geld in

Umlauf kommt – die linke Waagschale also schwerer wird –, und das Geld nicht investiert wird, das Sozialprodukt also nicht steigt (und die Umlaufgeschwindigkeit unverändert bleibt), müssen eigentlich die Preise steigen. Wenn diese aber nicht steigen, beispielsweise weil durch den Auftritt Chinas auf den Weltmärkten die Güterpreise sinken oder weil die Bürger einfach nicht konsumieren wollen, dann muss das überschüssige Geld ja irgendwo anders hin. Und wenn die Bürger statt Gütern und Dienstleistungen Vermögenswerte kaufen, so steigen deren Preise, während die Güterpreise unverändert bleiben. Mehr Geld führt zu mehr Inflation, aber eben nicht bei den Gütern, sondern bei den Vermögenswerten. Es sind also die Preise von Vermögensgütern, die unsere Geldwaage wieder ins Gleichgewicht bringen.

Dieses Argument kann erstens erklären, warum steigende Geldmengen nicht zu steigenden Güterpreisen führen, und zweitens eine Idee geben, warum selbst in wenig goldenen Zeiten – so darf man die ersten zwanzig Jahre des neuen Jahrtausends ruhig bezeichnen – die Kapitalmärkte boomen und die Börsenkurse klettern. Nach dieser Lesart steigen die Aktienkurse nicht, weil es der Wirtschaft gut geht, sondern weil das überschüssige Geld nicht in die Gütermärkte, sondern in die Aktienmärkte fließt. Die Quantitätsgleichung wäre mit dieser Ergänzung gerettet, und sie hält zugleich eine neue Warnung bereit: Zu viel Geld führt zu überhitzten Kapitalmärkten mit anschließender Absturzgefahr.

Die spanische Krankheit

Exemplarisch für diese Theorie und ihre Folgerungen steht das Schicksal Spaniens: Das Land wird 1999 Mitglied der Eurozone und teilt sich eine Währung mit Stabilitätsgaranten wie Deutschland, Österreich oder den Niederlanden. Internationale Anleger sehen darin ein gutes Zeichen: Keine Wechselkursrisiken mehr, eine solide Schuldenpolitik, die ja quasi von der EU überwacht wird, eine stärkere Anbindung an erfolgreiche westliche Industrienationen – das klingt nach einem Investment-Eldorado.

Geld oder Kredit?
Nach der hier dargestellten Lesart führt zu viel Geld zu einer Übertreibung an den Kapitalmärkten. Allerdings muss man auch auf einen anderen Zusammenhang schauen, nämlich das Volumen der Kredite. Vielen Aufschwüngen an Finanzmärkten, inklusive der sich daran anschließenden Krisen, gehen kreditfinanzierte Spekulationen voraus. Steigt also die Kreditvergabe, steigt auch das Risiko einer Kursblase. Die Entwicklung der Kreditvergabe in einer Volkswirtschaft eignet sich also als Indikator für die Entwicklung einer Vermögenspreisinflation; Güterpreisinflation lässt sich damit weniger prognostizieren. Allerdings kann man vermuten, dass es einen Zusammenhang gibt zwischen der Entwicklung der Geldmenge und der Kredite; eine steigende Geldmenge kann das Entstehen von Kreditblasen begünstigen.

Anleger überschütten das Land mit ihren Geldern, die Spanier greifen zu und investieren es, doch die Zahl sinnvoller Investitionsprojekte ist endlich, und so fließt immer mehr Geld in sinnlose Bauprojekte: Straßen, die niemand befährt, Häuser, in denen niemand wohnt, Hotels, die niemand bucht und Flughäfen, die niemand braucht. Das billige Geld, das aus dem Ausland nach Spanien strömt, treibt die Immobilienpreise, weswegen noch mehr Kapital nachfolgt, um von den steigenden Immobilienpreisen zu profitieren, und am Ende stehen wertlose Betonruinen und verpulverte Vermögen. Das ist Vermögenspreisinflation.

Für die New-Economy-Blase und die amerikanische Immobilienkrise kann man ähnliche Mechanismen vermuten: Das viele Geld, das in die Wirtschaft gepumpt wird, landet nicht in den Fußgängerzonen des Landes, sondern an den Börsen, Anleihemärkten und anderen Kapitalmarktsegmenten wie beispielsweise riskante Immobilienpapiere, treibt die Kurse nach oben, zu weit nach oben, und löst einen Börsenkrach aus, der schlimmstenfalls von der Notenbank mit noch mehr billigem Geld bekämpft wird – die Güterpreise sind stabil, keine Inflation, warum also nicht mehr Geld drucken? Dieser Ausweg bietet sich vor allem an, wenn man weiß, dass die Politik nicht willens oder nicht in der Lage ist, eine Wirtschaftskrise zu bekämpfen. Dann wird die Notenbank eines Landes zum letzten Anker – ein fragiler Anker.

Die neue Macht der Geldpolitik

Der Anker sitzt im Frankfurter Ostend. Am Mainufer, zwischen Rosa-Marx-Weg, Horst-Schulmann-Straße und Sonnemannstraße, sitzt die derzeit wohl mächtigste Institution Europas. Ohne sie gäbe es den Euro nicht mehr, wären einige Staaten der Eurozone längst pleite, ebenso wie etliche Banken. Hier, in der Sonnemannstraße 20, steht im übertragenen Sinne die Druckerpresse der Eurozone, die in den vergangenen Jahren heiß gelaufen ist, ohne die die Politiker glauben, nicht mehr auskommen zu können.

Das amerikanische Gegenstück, das amerikanische Notenbanksystem Fed, sitzt im Eccles Building in Washington, D.C.; in Japan ist es die Bank of Japan, in London die Bank of England, und alle diese Banken jonglieren mit den gleichen Sprengsätzen: Sie kleistern die Risse im Weltwirtschaftssystem mit Geld zu. Seit dem Ausbruch der Finanzkrise im Jahr 2007 haben sich die Bilanzsummen der großen Zentralbanken – Vereinigte Staaten, Großbritannien, Schweiz – nahezu verfünffacht. Die Bilanzsumme der Europäischen Zentralbank stieg nach der

Krise zunächst bis 2013 um mehr als 30 Prozent; ist dann zwar wieder etwas gesunken, aber mit den neusten Anleihekäufen hat die EZB ihre Bilanzsumme mittlerweile mehr als verdoppelt, und im Zuge der Corona-Pandemie kam nochmals eine große Schippe Geld dazu.

Diese Banken sind die mächtigsten Spieler an den Weltfinanzmärkten, Politiker haben ihnen die Last auferlegt, das zu reparieren, was sie verbockt haben und nicht reparieren wollen – warum den Wählern unpopuläre Maßnahmen verkaufen, wenn man eine Gelddruckmaschine zur Hand hat?

Das Muster ist in allen vier Staaten das gleiche: Eine Krise – Schuldenkrise, Immobilienkrise, Währungskrise, Pandemie – ruft die Notenbank als Retter auf den Plan, und sie tut das einzige, was eine Notenbank tun kann – sie druckt Geld. „Quantitative Easing“ nennt sich das im Notenbanksprech, de facto ist das der Austausch von Staatsschulden durch Banknoten: Die Notenbanken kaufen die Schulden ihrer Staaten auf.

Man kann – und muss eine Menge Fragezeichen hinter diese Politik setzen: Wie mächtig ist Geldpolitik wirklich und welche Folgen kann das haben?

Ladehemmung

„Das Problem mit der quantitativen Lockerung ist, dass sie in der Praxis funktioniert, nicht aber in der Theorie“, hat der damalige amerikanische Notenbankchef Ben Bernanke die Politik seiner Notenbank verteidigt – während seiner Amtszeit hat er die Geldbasis der amerikanischen Wirtschaft um vier Billionen Dollar aufgebläht. Beunruhigend ist das schon: Wie soll etwas in der Praxis funktionieren, was in der Theorie versagt?[62]

Dabei gibt es schon ein wenig Theorie darüber, wie die Geldflut wirken könnte: Sie könnte zum einen die Zinsen senken und dadurch die Investitionstätigkeit beleben, zum anderen könnten sinkende Zinsen dazu führen, dass heimische Anleger ihr Geld im Ausland investieren wollen, was zu einer Abwertung führen würde, was wiederum die Exportwirtschaft beleben könnte.

So viel zur Theorie, und die Praxis? Bisher fällt die Bilanz gemischt aus: Was die Zinssätze angeht, zeigen Studien, dass die Zinsen in Folge der Geldschwemme zwischen 15 und 100 Basispunkten sinken; eine Studie zeigt sogar einen Anstieg der Zinsen. Übersetzt heißt das: Die Spannbreite der empirischen Schätzungen ist groß, wir wissen nur wenig, und die Wirksamkeit dieser Politik scheint unsicher und zeitlich begrenzt zu sein. Ähnlich verhält es sich mit den Folgen für die Inflation, hier zeigen die meisten Studien, dass die Politik des Gelddruckens eher eine Art Schockabsorber ist: Man setzt sie bei akuten Krisen ein, um Schlimmeres zu verhindern, als langfristiges Heilmittel scheint sie nicht zu taugen.

Ein weiterer Stolperstein …

… der Geldpolitik sind die Geschäftsbanken: Wenn die Notenbank die Geldbasis erhöht, so ist das Geld noch nicht in der Wirtschaft – die Geschäftsbanken müssen dieses zusätzliche Geld in Form von Krediten an die Wirtschaft weiterleiten. Wenn die Banken aber dieses zusätzliche Geld bei der Notenbank parken – was sie in der Tat tun in Form sogenannter Überschussreserven –, passiert erst einmal nichts. Das kann erklären, warum der weltweiten Geldmengenausdehnung bisher keine Inflation folgte. Eine Studie der Federal Reserve Bank St. Louis zeigt, dass die zusätzliche Geldmenge – ob in Japan, den USA, Großbritannien oder in Europa – vor allem bei der jeweiligen Notenbank als Überschussreserven endete, statt zu mehr Krediten zu führen.[63] Deswegen hat die Europäische Notenbank 2014 Negativzinsen auf Einlagen der

Geschäftsbanken eingeführt – will eine Geschäftsbank bei ihr Gelder parken, muss sie dafür bezahlen. Erst Mitte 2022 wurde diese Praxis beendet; einen Teil der Negativzinsen allerdings dürften nicht die Banken, sondern die Bankkunden bezahlt haben.

➢ **Geldfrage:** *Negativzinsen – kann so etwas sein? In der Breite sind die Banken davor zurückgescheut, von ihren Kunden Geld dafür zu verlangen, dass sie deren Geld verwahren. Die Schweizerische Wortschöpfung hierfür heißt „Guthabenkommission". Stattdessen haben deutsche Banken – was im Grunde genommen in die gleiche Richtung geht – die Kontoführungsgebühren hochgeschraubt. Idee Nummer eins: Ein Vergleich der Kontoführungsgebühren lohnt sich immer. Idee Nummer zwei: Man sollte nicht verzweifelt in Gold, Aktien oder andere Investments gehen oder das Geld gar zu Hause unters Kopfkissen stopfen, nur um Gebühren zu sparen. Man investiert nicht, um Gebühren zu sparen, sondern um Rendite zu erwirtschaften.*

Unter dem Strich muss man ein großes Fragezeichen hinter die Idee setzen, dass man eine Wirtschaftskrise weglächelt, indem man einfach – metaphorisch gesprochen – mehr bunte Zettel druckt, auf denen „Geld" steht. Aber vielleicht, so mutmaßen Kritiker, ist das ja auch nicht das eigentliche Ziel dieser Geldpolitik. Vielleicht geht es hier ja um etwas ganz anderes. Um Monster?

Staatsschuldenschrottrecycling

Extended Asset Purchase Programme, EAPP, so nennt sich das Monster. 80 Milliarden Euro pro Monat (ab April 2017 noch 60 Milliarden) soll es fressen, und das mindestens bis Ende 2017. Unter dem Strich werden das Wertpapiere im Wert von mehr als zwei Billionen Euro sein, die das Monster verspeisen soll, bevorzugt Staatsanleihen. Im März 2020 kam dann Pepp in die Sache, nämlich das Pandemie-Notfallankaufprogramm (Pandemic Emergency Purchase Programme, PEPP), ein zeitlich befristetes Ankaufprogramm, für insgesamt 1.850 Milliarden Euro soll die EZB Anleihen öffentlicher und privater Schuldner kaufen.

„Quantitative Easing“ nennt die Europäische Zentralbank EZB diese Politik, offiziell mit dem Ziel, auf diesem Weg die Wirtschaft anzukurbeln beziehungsweise vor dem Absturz zu retten. Zu diesem Zweck kauft sie Staatsanleihen, also Staatsschulden der Euro-Staaten von den Geschäftsbanken an und gibt ihnen im Gegenzug Zentralbankgeld – das soll die Geldmenge erhöhen und so die europäische Wirtschaft befeuern, die das dringend nötig hat.

Aber hier liegt ein großes Langohr im Gewürzregal: Staatsanleihen sind nichts anderes als Staatsschulden – der Staat leiht sich an den Kapitalmärkten Geld und gibt im Gegenzug für dieses Geld ein Wertpapier her, auf dem der Staat notiert, welche Summe er wann zurückzahlen wird und welchen Zins er für dieses Darlehen zahlt. Wenn die Notenbank diese Staatsanleihen massenhaft aufkauft, so finanziert sie auf diesem Weg letztlich die Schuldenaufnahme der Staaten, sie tauscht Staatsschulden gegen Geld. „Monetäre Alimentation der Staatsverschuldung“ nennt das der Fachmann und meint damit, dass letztlich die Staatsschulden aus der Notenpresse bedient werden. Zu den Folgen – siehe die Ausführungen zur großen deutschen Inflation.

Und so läuft das Geschäft: Die Notenbank kauft den Geschäftsbanken, die den Euro-Staaten Geld geliehen und dafür Staatsanleihen bekommen haben, eben diese Staatsanleihen ab. Die Banken haben nun statt riskanter Staatsschulden, welche die Staaten möglicherweise nicht mehr zurückzahlen könnten, Banknoten, und mit diesen Banknoten können sie den Staaten weiter Kredit geben und erhalten im Gegenzug neue Staatsanleihen. Solange die Staaten ihre Schulden brav zurückzahlen, muss das kein Problem sein. Sollten aber einige dieser Staatsanleihen ausfallen, weil die betreffenden Staaten ihre Schulden nicht mehr zurückzahlen können oder wollen, bleibt der Staatsschuldenschrott in den Büchern der Notenbank hängen. Das Ganze kann man Staatsschuldenschrottrecycling nennen.

➤ **Geldfrage:** *Notenbanken machen bei dieser Politik durchaus ein gutes Geschäft – denken Sie an den Notenbankgewinn. Warum nicht an diesen Erfolgen teilhaben? Was viele Anleger nicht wissen: Manche Notenbanken sind börsennotiert, man kann also in ihre Aktien investieren. So kann man in die Aktien der Schweizer Nationalbank, der Belgischen Notenbank, der griechischen und der japanischen Notenbank investieren. Mitspracherechte gibt es allerdings keine, bei der japanischen und der Schweizer Notenbank ist die Dividende gedeckelt; Belgien und Griechenland hingegen zahlen eine Mindestdividende.*[64]

Unter dem Strich können fast alle zufrieden sein: Die Banken haben wieder Geld und saubere Bilanzen, die Staaten können sich weiter verschulden, die Notenbank kann sich als Retterin der Eurozone feiern lassen und die Politiker können weiterhin das machen, was sie machen, anstatt den Wählern schmerzhafte Reformen zuzumuten.

Man muss kein ausgebuffter Kapitalmarktprofi sein, um die Probleme dieser Politik zu sehen: Einmal abgesehen davon, ob sie überhaupt funktioniert, droht mittelfristig die Quantitätstheorie, die entweder direkte Inflation oder Vermögenspreisinflation verspricht – schwer vorstellbar, dass so eine Politik ohne Kollateralschäden bleibt.

Doch das ist nicht alles, weitere Kritikpunkte kommen hinzu: Die Politik der Notenbanken verhindert, dass die Staaten sich den Ursachen ihrer Probleme stellen und das tun, was Politiker nie gerne tun – Schulden zurückzahlen, Ausgaben deckeln oder gar reduzieren, den Bürgern Reformen zumuten. Die Geldpolitik, so die Kritiker der Europäischen Notenbank, ersetzt eine verantwortungsvolle Haushaltspolitik – Geld drucken statt Haushaltskonsolidierung.

Inflationssimulation
Der Negativzins, den die EZB eingeführt hat, hatte noch eine weitere Folge: Er simulierte die Wirkung von Inflation. Ist die Inflationsrate höher als der (negative) Realzins, werden die Schulden entwertet. Wenn aber die Inflation Null ist, so kann man den Abstand zum Realzins nur herstellen, indem man den Nominalzins (also der Zins vor Abzug der Inflation) negativ macht. Die Negativzinsen übernehmen damit die Rolle der Inflation – sie belasten Gläubiger und begünstigen Schuldner. Das könnte man als Indiz werten, worum es der Geldpolitik eigentlich (oder auch) geht: Die stille Sanierung von hochverschuldeten Staaten und Unternehmen.

Doch nicht nur das – schon jetzt, so argumentieren Kritiker, richtet die Politik des leichten Geldes auch unter den Bürgern erhebliche Schäden an. Diese Schäden schauen wir uns später an.

Finanzielle Repression
Kritiker der Notenbanken sagen, dass die Politik, die Zinsen niedrig zu halten, ein klares Ziel hat: Sparer zugunsten der Regierungen zu enteignen. Die Zinsen, die Staaten für ihre Schulden zahlen müssen, werden durch diese Politik künstlich unter das Niveau gedrückt, das sich bei freiem Spiel der Marktkräfte ergeben würde. Der Staat saniert sich also zulasten der Sparer. Solche Maßnahmen, die dazu dienen, die Höhe der Staatsschulden lautlos zulasten der Bürger zu reduzieren, nennt man finanzielle Repression. Diese Politik soll Mittel, die ohne eine Intervention des Staates in andere Investments geflossen wären, in die Taschen des Staates umlenken. Dies kann auf viele Wege geschehen. Schätzungen für verschiedene Staaten und Zeiträume kommen zum Ergebnis, dass der (ungewichtete) Ertrag von finanzieller Repression für den

Zeitraum von 1972 bis 1987 im Schnitt 2 Prozent des BIP beziehungsweise 9 Prozent der Staatseinnahmen ausmachen kann; in der Spitze allerdings kann sich das bis auf 20 bis 30, in Extremfällen sogar auf mehr als 100 Prozent des Steueraufkommens eines Staates summieren.[65]

Ein Jahrzehnt wird besichtigt

Das zweite Jahrzehnt des neuen Jahrtausends ist voller Widersprüche und Rätsel: Die einen fürchten Deflation, also sinkende Preise, die anderen Inflation – paradoxerweise sind beide Befürchtungen begründet. Das Deflationsgespenst droht angesichts einer Weltwirtschaft, die an einem fragilen, krisenanfälligen Banken- und Finanzsystem leidet, an einer Überschuldung vieler Staaten, Regierungen, die sich vor unangenehmen Entscheidungen drücken, und Investoren, die angesichts solcher Aussichten lieber keinen neuen Kredit für eine neue Lagerhalle oder Maschine aufnehmen. Der Inflationsspuk bezieht seine Kraft aus einem Überschuss an Geld, das von den führenden Zentralbanken in die Weltwirtschaft gepumpt wird, aus steigenden Kursen an den Kapitalmärkten und steigenden Preisen von Vermögenswerten – wer mag schon glauben, dass die Notenbanken solche Geldmassen langfristig ohne Nebenwirkungen wieder einfangen können?

Genauso geteilt wie die Diagnosen und Ängste über das, was kommen könnte, sind die Heilmittel, die auf dem politischen Basar angeboten werden: Die Deflationsverängstigten rufen nach noch mehr Geld, nach noch mehr Staatsausgaben – viel hilft viel, so die Hoffnung. Die Erfolge dieser Politik sind bisher, na ja, gemischt: Diese Politik ist eine akute Notfallhilfe, eine Art Schmerzmittel, das man im Krisenfall verabreicht, um die schlimmsten Folgen einer Krise zu lindern und einen Totalabsturz zu vermeiden. Die Idee, sich langfristig am eigenen

Kragen aus dem Sumpf zu ziehen, indem man mehr Geld druckt und mehr Schulden macht, ist ambitioniert.

Wer Inflation befürchtet, ruft nach einem Ende des Geldirrsinns, nach einer Rückkehr zu soliden Staatshaushalten und Reparaturmaßnahmen an den wichtigsten Schaltstellen der Volkswirtschaften – Arbeitsmärkte, Sozial- und Steuersysteme und Staatsapparat. Langfristig stehen hinter diesen Forderungen die Ideen der Quantitätstheorie und die einfachste Idee der Volkswirtschaftslehre: Wohlstand entsteht nur durch Arbeit, nicht durch die Druckerpresse.

Diese Schizophrenie der gegenwärtigen Situation macht das Investieren und Anlegen nicht gerade einfach – Zeit, sich um die Frage zu kümmern, wie man sich in solchen Zeiten verhält. Zuvor aber noch eine Frage: Was hält eigentlich der kleine Mann davon?

8. Immer auf die Kleinen

Die Kernthesen dieses Kapitels

1. Zu den Verlierern der Inflation gehören vor allem Menschen mit geringem Einkommen – sie haben weniger Möglichkeiten, der Inflation auszuweichen.
2. Ob Gläubiger oder Schuldner Gewinner oder Verlierer der Inflation sind, hängt davon ab, welche Inflationsraten sie erwarten und welche Inflation sich tatsächlich einstellt.
3. Der Staat hat Möglichkeiten, auf die Höhe der Inflation Einfluss zu nehmen und hohe Anreize, dies zu tun.

Wolf unter Wölfen

Das hat Johannes Pinneberg nicht kommen sehen. Man habe doch aufgepasst, beschwört er dem Arzt, doch der lässt sich nicht beirren und gratuliert Pinneberg: Seine Freundin ist schwanger. Nun führt kein Weg dran vorbei: Es wird geheiratet. So einfach? Eher nein. „Von Weitem sieht eine Ehe außerordentlich einfach aus: Zwei heiraten, bekommen Kinder. Man lebt zusammen, ist möglichst nett zueinander und sucht möglichst vorwärts zu kommen. Aber in der Nähe löst sich die Geschichte in 1000 Einzelprobleme auf."

Eine kluge Einsicht, sie stammt vom Schriftsteller Rudolf Wilhelm Friedrich Ditzen, besser bekannt als Hans Fallada. Johannes Pinneberg ist seine Schöpfung, der Held seines Romans „Kleiner Mann, was nun?". Als der Roman 1932 erscheint, trifft er bei vielen Deutschen einen Nerv, erzählt er doch vom Leben des kleinen Mannes in den Zeiten der Wirtschaftskrise, zwischen Geldnot, Notverordnungen, Arbeitsrecht, Sozialrecht – eben das Leben des kleinen Mannes.

Fallada gilt wegen seines nüchternen, sachlichen Stils als Vertreter der Neuen Sachlichkeit, und dem bleibt er auch in seinem zweiteiligen Roman „Wolf unter Wölfen“ treu, hier verarbeitet er die Schrecken der Inflation des Jahres 1923, die wir bereits kennengelernt haben. Falladas Werk beleuchtet eine Seite der Wirtschaftskrisen und Inflationszeiten, die bisweilen beim Betrachten des großen Ganzen unter die Räder gerät: Was machen eigentlich Inflation, Hyperinflation und damit verbundene wirtschaftliche und politische Krisen mit dem kleinen Mann?

Geschichte wird von den Siegern geschrieben, ihr eigentlicher Protagonist, das Volk, wird gerne zum Statisten degradiert, die Folgen großer oder vermeintlich großer Taten für das Fußvolk werden unter den Teppich glorifizierender Geschichtsschreibung gekehrt. Und wenn heute die große Politik darüber diskutiert, dass mehr Inflation nötig ist, um die Wirtschaft anzuschieben, wird gerne unterschlagen oder vergessen, dass eine solche Politik Gewinner und Verlierer hat. Zeit, sich ihnen zu widmen, Zeit, sich ihm zu widmen: dem kleinen Mann. Was also macht Inflation mit den Armen?

Der Fluch des Bargelds

Die erste Idee liegt auf der Hand: Arme haben keine Häuser, kein Gold, keine Wertsachen, sondern allenfalls etwas Bargeld in der Tasche. Und da Inflation genau dieses Bargeld entwertet, quasi wie eine Steuer auf die Bargeldhaltung wirkt, zahlen vor allem die Armen diese Steuer, weil sie den größten Teil ihres Einkommens und Vermögens in Form von Bargeld mit sich herumtragen. Nach dieser Lesart macht Inflation die Armen noch ärmer.

Und das ist beileibe nicht alles: Arme haben im Gegensatz zu reicheren Menschen wenig Möglichkeiten, sich vor Inflation zu schützen. Wer Geld hat, kauft Aktien, Immobilien, Wald, Bilder, teuren Schmuck – alles, was (vermeintlich?) vor Inflation schützt, und wer superreich ist, beschäftigt einen eigenen Vermögensverwalter, der das alles übernimmt. Wenn man aber nur 20 Euro im Monat übrig hat – wie und in was soll man bitteschön investieren? Nach Abzug der Verwaltungsgebühren bleibt wenig übrig, womit sich ein Vermögen aufbauen lässt. Das riecht nach einem strukturellen Nachteil armer Menschen beim Wettrennen gegen die Inflation.

➤ **Geldfrage:** *Immerhin versucht der Gesetzgeber, den strukturellen Vermögensnachteil ärmerer Bürger zu kompensieren und zahlt innerhalb bestimmter Einkommensgrenzen eine Arbeitnehmersparzulage zu den sogenannten vermögenswirksamen Leistungen; bei einem Bausparvertrag gibt es eine Wohnungsbauprämie. Vermögenswirksame Leistungen sind zusätzliches Geld vom Arbeitgeber; Schätzungen zufolge haben mehr als 20 Millionen Beschäftigte Anspruch auf diese Leistungen, die sie in einen Banksparplan, einen Bausparvertrag, in die Baukredittilgung oder einen Fondssparplan investieren können. Erkundigen Sie sich bei Ihrem Arbeitgeber, wenn der Staat schon mal Geld verschenkt, sollte man dabei sein.*[66]

Ein Nachteil, der sich noch verschärft, wenn man eine politisch unkorrekte Annahme macht: Menschen mit geringerem Einkommen haben oft eine geringere Ausbildung – daher kommt ja das geringe Einkommen. Was aber, wenn Menschen mit geringerer Ausbildung nicht so vertraut sind mit den versteckten Mechanismen der Inflation? Dann würden sie sich schon alleine deswegen nicht vor Inflation schützen, weil sie nicht verstehen, dass sie sich schützen müssen. Klingt logisch, unterschätzt aber vermutlich die Cleverness der Menschen, wenn sie sich Sorgen um ihre Brieftasche machen. Empirisch zumindest gibt es Hinweise darauf, dass Menschen mit geringerem Einkommen sich größere Sorgen um Inflation machen als ihre Mitbürger mit höherem Einkommen.[67]

Ein Grund, warum dies so ist, könnte nicht das Bargeld der ärmeren Bürger sein, sondern ihr Einkommen: Vermutet man, dass Einkommen, die vom Staat gezahlt werden – Renten und andere Sozialtransfers – wenn überhaupt nur mit einer Verzögerung an steigende Inflationsraten angepasst werden, dann spüren die weniger wohlhabenden Schichten die Inflation rascher als ihre wohlhabenderen Mitbürger.

Verstärkt werden könnte dieser Effekt vor allem dann, wenn von den steigenden Preisen die Güter betroffen sind, die von armen Haushalten relativ mehr konsumiert werden – Nahrungsmittel, Kraftstoffe, Mieten beispielsweise. Natürlich: Wenn die Preise für Juwelen steigen, lässt das den durchschnittlichen Rentner- oder Sozialhilfeempfängerhaushalt eher kalt. Und in der Tat gibt es für die Vereinigten Staaten Hinweise darauf, dass die Inflationsrate für Arme stärker schwankt, vor allem, weil diese einen größeren Anteil ihres Einkommens für Benzin ausgeben, dessen Preis stärker schwankt.[68]

Ø **Geldfrage:** *Bei Versicherungen gibt es oft die Möglichkeit, dynamisierte Leistungen und Beiträge zu vereinbaren – die Leistungen und die Beiträge werden dann in regelmäßigen Abständen automatisch erhöht. Das kann davor schützen, dass man im Zuge der Inflation unterversichert wird, ohne es zu merken. Dabei gibt es verschiedene Möglichkeiten, man kann um einen bestimmten Prozentwert erhöhen oder sich an Indizes orientieren. Informieren Sie sich über die verschiedenen Möglichkeiten der Erhöhung und achten Sie darauf, welche Leistungen sich durch die Dynamisierung der Beiträge tatsächlich erhöhen.*

Einen – wenn auch vermutlich bescheidenen – Vorteil haben Arme gegenüber reicheren Bürgern, nämlich dann, wenn es ans Steuerzahlen geht: Ziehen steigende Preise auch steigende Einkommen nach sich, so landen viele Steuerzahler bei einem höheren Steuersatz. Und da die meisten Steuersysteme progressiv sind, die Steuersätze also mit steigendem Einkommen überproportional steigen, steigt dementsprechend die Steuerlast überproportional. Kalte Progression nennt das der Fachmann. Hier haben die Ärmsten der Armen insofern einen Vorteil, als sie das nicht trifft – in der Bundesrepublik Deutschland beispielsweise zahlt fast die Hälfte der Steuerpflichtigen so gut wie keine Einkommensteuer. Ein schwacher Trost: Wer nichts hat, dem nimmt der Staat auch nichts weg.

Zinsen, Steuern und Inflation
Wer Zinseinnahmen versteuern muss, dem schadet Inflation noch mehr als dem regulären Einkommensbezieher. Inflation ist weder als Aufwandsposition noch als Werbungskosten anerkannt und ist damit steuerlich nicht absetzbar. Erhält man bei einem Prozent Inflation auch 1 Prozent Zinsen, so zahlt man Einkommensteuer, obwohl man real keinen Ertrag hat. Steigt die Inflation auf 2 Prozent, während der Zins bei einem Prozent bleibt, verliert man durch die Steuer richtig Geld. Aber auch wenn der Zins mit der Inflation auf 2 Prozent steigt, steigen die Freibeträge nicht an, was dazu führt, dass man unter dem Strich real betrachtet ärmer wird.

Wir wissen, dass wir wenig wissen

Fasst man diese Argumente zusammen, so deutet einiges darauf hin, dass Inflation vor allem die Armen trifft. Stimmt dies, dann könnten steigende Inflationsraten zu steigender Armut in einem Land führen. Empirisch ist dieser Zusammenhang unsicher: Für die Vereinigten Staaten gibt es einige Studien, die teils eine inflationär bedingte Zunahme, teils eine Abnahme der Armutsraten feststellen – die Jury ist noch in der Beratung, was diesen Zusammenhang angeht.[69]

Wechselt man den Kontinent, so sind die Ergebnisse ähnlich gemischt: So gibt es Studien, die für Südamerika zeigen, dass Inflation die Armen nicht direkt erwischt, aus einem einfachen

Grund: weil sie kaum Bargeld haben.[70] Allerdings finden die gleichen Studien auch, dass Inflation in sieben südamerikanischen Ländern mit niedrigeren Reallöhnen einhergeht. Das könnte ein Hinweis darauf sein, dass dort die Reallohnillusion zuschlägt: Die Menschen erkennen nicht, dass die Inflation die Kaufkraft ihres Einkommens schmälert. Stimmt das, so führt Inflation zu mehr Armut.

Auch für Brasilien gibt es Untersuchungen, die zeigen, dass in den achtziger Jahren mit zunehmender Inflation die Ungleichheitsmaße steigen; erst mit der erfolgreichen Stabilisierung der Inflationsrate Mitte der neunziger Jahre sinken diese wieder.[71] Für Indien gibt es ebenfalls empirische Hinweise, dass Inflation dort zu einer Zunahme der Ungleichheit geführt hat.[72] Und auch in Afrika finden sich empirische Hinweise, dass Inflation zu mehr, nicht weniger Armut führt.[73] Aber wir müssen nicht gleich nach Afrika oder Südamerika: Eine Studie für 13 EU-Staaten von 2000 bis 2009 zeigt ebenfalls, dass mehr Inflation auch mehr Ungleichheit bedeutet.[74]

Vielleicht muss man ja auch länger hinschauen und unterscheiden zwischen den kurz- und langfristigen Folgen der Inflation. Kurzfristig, so hat das vorherige Kapitel ja gezeigt, kann Inflation möglicherweise die Beschäftigung ankurbeln: Bei steigenden Preisen steigen die Umsätze der Unternehmen; bleibt der Anstieg der Löhne hinter dem Anstieg der Preise zurück, können die Unternehmen mehr Beschäftigte einstellen – die Arbeitslosigkeit geht zurück.

Das wäre natürlich ein Schlüssel zu einer Reduktion der Armut: Steigt im Zuge der Inflation die Beschäftigung, so kommen mehr Menschen in Lohn und Arbeit – das könnte die Armut reduzieren. Doch Vorsicht: Wenn dieser Effekt nicht nachhaltig ist, sondern mit der Zeit verpufft, dann sinkt bei entsprechender Anpassung der Lohnforderungen durch die Gewerkschaften die Beschäftigung wieder, und der positive Effekt der Inflation ist vorbei. Langfristig könnte dann eher der negative Zusammenhang zwischen Inflation und langfristigem Wachstum zuschlagen, der wiederum negativ auf die ärmeren Bevölkerungsschichten durchschlägt – niedriges Wachstum führt in der Regel zu mehr, nicht weniger Armut. Empirisch gibt es zumindest Hinweise darauf, dass diese Ideen nicht völlig aus der Luft gegriffen sind.[75] Stimmt diese Idee, dann bringt Inflation den Armen nur kurzfristige Erleichterung, langfristig schadet sie ihnen.

Ein anderer Punkt allerdings liegt auf der Hand: Eine Reduktion der Inflationsraten vom Niveau einer Hyperinflation auf normale Maßstäbe – wie immer man die auch definieren mag – hat vermutlich einen positiven Einfluss auf die Armutsraten eines Landes. Das hängt damit zusammen, dass Zeiten des wirtschaftlichen Chaos – um nichts anderes handelt es sich bei einer Hyperinflation – niemals gute Zeiten für arme Menschen sind. In der Tat gibt es empirische Hinweise darauf, dass eine Reduktion der Inflationsraten von einem sehr hohen Niveau einen deutlich größeren Einfluss auf die Armut eines Landes hat als eine weitere Reduktion der Inflationsrate von einem überschaubaren Niveau aus.[76]

Strich drunter: Mit Sicherheit lässt sich in der wirtschaftswissenschaftlichen Forschung fast nichts sagen, da es immer Ausnahmen gibt, da es immer auf die Zeit, die Umstände, die Rahmendaten, die Politik, das Wetter und den Vornamen der Schwester des Ministerpräsidenten ankommt, wie ökonomische Variablen sich gegenseitig beeinflussen. Aber man kann festhalten, dass die Mehrheit der Argumente und viele Studien darauf hindeuten, dass die Armen zu den Verlierern im Inflationspoker gehören. Und nicht nur die. Zeit, sich dem nächsten großen Gewinner-Verlierer-Pärchen zu widmen. Mögen Sie Fototapeten?

Ein Buchenwald im Frühling

Als Peter 24 ist, bezieht er seine erste Wohnung, und er hat einen Traum: eine Fototapete. „Ein Buchenwald im Frühling", heißt sie, sieben Bahnen, jede kostet 90 Mark. Damals für den 24-Jährigen eine Menge Geld, aber er will diese Fototapete. Also nimmt er einen Kredit auf, die Rate: 118 Mark im Monat. Aber das ist Peter egal, er will die Tapete.[77]

Damals, das war 1974, heute ist Peter 72 Jahre alt. Er wohnt noch in der gleichen Wohnung, aber ohne Fototapete – und er hat Schulden zu seinem Beruf gemacht. Peter, das ist Peter Zwegat, Deutschlands bekanntester Schuldenberater. „Raus aus den Schulden" heißt seine Sendung, in der er wöchentlich versucht, überschuldeten Familien oder Singles auf die finanziellen Beine zu helfen. Der überschuldete KfZ-Mechaniker, die vierköpfige Familie, der gestrauchelte C-Promi – ihnen allen bringt Zwegat das kleine Schulden-Einmaleins bei, räumt bei Ausgaben und Einnahmen auf, spricht mit Banken, Schuldnern, Gutachtern und Ämtern und versucht, seine Schützlinge wieder auf finanziell gesunde Gehwerkzeuge zu stellen.

„Schuldenmachen ist heute leicht und locker. Und genau das ist die Gefahr. Viele Leute können nicht mit Geld umgehen und sie schätzen Risiken falsch ein", sagt Zwegat, und vermutlich hat er recht.

Seit 1974 ist das Schuldenmachen deutlich einfacher geworden – im Jahr 2021 sind etwas mehr als sechs Millionen Menschen in Deutschland überschuldet; und das niedrige Zinsniveau lädt immer mehr Menschen dazu ein, sich auf Pump eine Fototapete zu kaufen – oder vielleicht etwas mehr. Früher allerdings glaubten die Schuldner einen Verbündeten auf ihrer Seite zu wissen: Inflation.

Die Rechnung ist einfach: Man leiht sich 1974 700 Mark – sieben Bahnen „Buchenwald im Frühling" mal 90 Mark plus Geld für Tapetenkleister und Pinsel – mit dem Versprechen, diese sagen wir in zehn Jahren zurückzuzahlen. Nehmen wir an, aufgrund der Inflation kostet die gleiche Fototapete 1984 schon 770 Mark – dann müsste man 1984 satte 70 Mark mehr aufwenden, um die gleiche Fototapete zu erwerben. Kein Problem, wenn das Gehalt in diesen zehn Jahren um ebenfalls 10 Prozent gestiegen ist.

Wenn man aber statt des Gehaltes nach zehn Jahren die 700 Mark zurückerhält, die man dem jungen Peter Zwegat geliehen hat, so kann man sich keine Fototapete nebst Kleister mehr davon leisten – die Inflation hat die Kaufkraft des geliehenen Betrages reduziert; der Gläubiger ist der Verlierer dieses Spiels. Ergebnis dieser einfachen Überlegungen: Schuldner gewinnen, Gläubiger verlieren bei Inflation.

Doch es ist ein wenig komplizierter: Da der Gläubiger, der dem jungen Peter das Geld für die Fototapete leiht, um den vernichtenden Effekt der Inflation weiß, wird er eine Entschädigung dafür fordern, also einen entsprechenden Zinssatz. Verlangt er nach zehn Jahren 700 Euro plus 70 Euro Zinsen zurück, so entgeht er dem inflationsbedingten Kaufkraftverlust. Der Zins ist die Entschädigung für die Inflation.

Allerdings hat diese Rechnung einen Haken: Wissen wir, wie hoch der Kaufkraftverlust in zehn Jahren sein wird? Natürlich nicht, wir müssen es vermuten und einen entsprechenden Zins fordern. Fordert der Gläubiger in unserem Fototapeten-Beispiel 50 Euro Zinsen, weil er die Inflation unterschätzt, macht ihn die unerwartet hohe Inflation zum Verlierer, den jungen Peter Zwegat zum Inflationsgewinner. Fordert er hingegen mehr als 70 Euro, so wird der junge Peter Zwegat zum Inflationsopfer.

Diese einfachen Überlegungen haben eine wichtige Botschaft: Es ist nicht die Inflation per se, die Gläubiger oder Schuldner zu Gewinnern oder Verlierern der Inflation macht, sondern die unerwartete Inflation. Unterschätzen die Gläubiger und Schuldner die Inflation, so gewinnen die Schuldner, überschätzen sie diese, so gewinnen die Gläubiger. Die Umverteilungseffekte der Inflation hängen also davon ab, wie korrekt man die Inflationsrate für die kommenden Jahre prognostiziert.

Das gilt genauso für Sparer, die ja nichts anderes sind als Gläubiger. Sie überlassen ihr Geld gegen ein Ertragsversprechen – Zinsen, Dividenden, Kursgewinne – an Dritte. Liegt das Ertragsversprechen unter ihren Inflationserwartungen, so würden sie bei ihrem Investment Geld verlieren, weswegen sie das nicht tun würden. Stellt sich aber im Nachhinein heraus, dass die Inflation höher ist als ihre Erträge, sind sie gelackmeiert. Also auch Sparer sind Inflationsverlierer, jedenfalls dann, wenn die tatsächliche Inflation höher ausfällt, als sie es erwarten.

Die Gewinner-Verlierer-Rechnung in Sachen Gläubiger und Schuldner ist also nicht so einfach, wie sie aussieht – solange beide Parteien keinen Einfluss auf die Inflationsrate haben, ist derjenige der Gewinner, der besser einschätzen kann, in welche Richtung und in welchem Ausmaß die Inflationsrate steuert.

Also eine einfache Frage: Was, wenn man die Inflationsrate vorhersagen könnte? Geht nicht? Sicher?

➢ **Geldfrage:** *Sie sollten die Ergebnisse unserer Überlegungen nicht dahingehend verstanden wissen, dass Sie sich verschulden sollen, um von der Inflation zu profitieren; das wäre eine Spekulation darauf, ob und wenn ja in welcher Höhe und Dauer Inflation eintreten wird. Für einen seriösen Vermögensaufbau sind solche Spekulationen nicht geeignet.*

Einer spielt falsch

Prognosen sind immer schwierig, vor allem, wenn sie die Zukunft betreffen – das wissen auch die professionellen Kapitalmarktbeobachter, auch wenn sie sich nicht auf einer Stufe mit den Hellsehern sehen, die Weltuntergänge, Promi-Hochzeiten oder die Ankunft von Außerirdischen vorhersagen. Ihre Methoden sind wissenschaftlicher als Kristallkugeln, Tarot-Karten oder ähnlicher Klimbim: Zeitreihenanalysen, Regressionsanalysen und sonstige quantitative Verfahren, die Tonnen von Daten durch den mathematischen Fleischwolf drehen, um am Ende mit „wissenschaftlicher" Exaktheit Prognosen zu machen, die allerdings oft nicht wesentlich besser sind als Kristallkugeln.

Die besten Prognosen macht man aber, wenn man selbst einen Einfluss auf die zukünftigen Ereignisse hat. Wer weiß, dass er nächste Woche nach Mallorca fliegt, tut sich leicht, sich selbst diese Reise vorherzusagen. Womit wir beim Staat und der Inflation wären.

Wie wir gesehen haben, ist ein Schuldner klar im Vorteil, wenn die Inflation höher ist, als es sein Gläubiger erwartet – unter dem Strich führt das dazu, dass seine Schuldenlast durch die Inflation reduziert wird. Nun kann aber niemand exakt die zukünftige Inflation vorhersagen, weder Wissenschaftler oder Hellseher noch Kapitalmarktexperten – was also tun? Skeptiker vermuten einen miesen Trick: Inflation selbst machen. Und das kann nur einer, so die Idee: der Staat.

Die Idee ist einfach: Der Staat, schuldenbeladen bis unter die Halskrause, sucht Wege aus der Schuldenfalle. Anständige Menschen würden das tun, indem sie ihre Ausgaben reduzieren, ihre Einnahmen erhöhen oder schlimmstenfalls einen Offenbarungseid leisten. Ähnliche Möglichkeiten hat der Staat: Er kann seine Ausgaben senken oder die Steuern erhöhen – beides aber kommt beim Wähler nicht gut an, und auch Möglichkeit Nummer drei, der Staatsbankrott, ist nicht gerade die bevorzugte Option der Politik.

Aber dem Staat bleibt ja eine andere Möglichkeit: Inflation. Der Staat verschuldet sich angemessen und treibt anschließend die Inflation nach oben. Solange die Kreditgeber des Staates – die internationalen Kapitalmärkte, die Bürger – von der Höhe der anschließenden Inflation unangenehm überrascht werden, geht die Rechnung auf; das steigende Preisniveau entwertet die Schulden des Staates und senkt seine reale Schuldenlast.

Gewinnt die Regierung also bei Inflation? Für die Vereinigten Staaten liegen Schätzungen vor, und sie sind überraschend moderat: Von 1946 bis 1974 gingen 20 Prozent des Rückgangs der Verschuldung des amerikanischen Staates auf Kosten der Inflation; die restlichen 80 Prozent Schuldenreduktion kamen dadurch zustande, dass die amerikanische Wirtschaft zulegte und die Regierung zumindest ihre Verschuldungsneigung soweit reduzierte, dass sie vor Zinszahlungen Überschüsse erzielte. Nach 1974 hingegen, in der Zeit der großen Moderation (die Sie bereits kennengelernt haben), spielte Inflation als Schuldenkiller keine Rolle mehr für die amerikanische Regierung.[78]

Eine andere Studie für die Vereinigten Staaten, Japan, Deutschland, Großbritannien, Italien und Kanada für den Zeitraum von 1960 bis 2005 zeigt ähnliche Ergebnisse: Budgetdefizite wurden eher durch eine Reduktion der Primärdefizite (das ist das Staatsdefizit ohne die Zinslasten auf die Staatsverschuldung) erreicht, Inflation spielte nur zu maximal 10 Prozent eine Rolle bei der Schuldenreduktion; den Rest besorgte das Wachstum des Sozialproduktes.[79]

Bedeuten diese Ergebnisse, dass Inflation als großer Schuldenproblemlöser keine große Rolle spielt? Ganz so voreilig und optimistisch sollte man nicht sein. Zunächst einmal stammen diese Ergebnisse aus einer Zeit, in der die Staaten ihre Bürger weniger mit Steuern, sondern mit der finanziellen Repression schröpften, die Sie ebenfalls bereits kennengelernt haben. Diese lautlose Methode der Steuerzahlerschröpfung kann sich, wie bereits geschildert, in der Spitze auf bis zu 20 bis 30, in Extremfällen sogar auf mehr als 100 Prozent des Steueraufkommens eines Staates summieren. Wer diese Waffe in der Hand hat, braucht keine Inflation als Nothelfer.

Doch in Zeiten weltweiter Kapitalmärkte und hoher Kapitalmobilität sind die Waffen der finanziellen Repression stumpf geworden, was die Politik wieder zurückbringt zur Inflation. Und die Idee, seine Schulden mit Inflation zu tilgen, ist für Politiker nach wie vor äußerst attraktiv: Erstens geschieht es lautlos – wir haben in den ersten Kapiteln dieses Buches gezeigt, wie schnell und rapide inflationäre Prozesse Werte – also auch Schulden – vernichten, ohne dass man es so richtig merkt. Zweitens ist Inflation eine anonyme Veranstaltung, die von keinem Parlament beschlossen, von keinem Minister verkündet wird. Also kann man als Regierung die Schuld dafür rasch von sich weisen; zudem kann man als Regierung die offiziellen Inflationszahlen manipulieren – fragen Sie Wirtschaftswissenschaftler aus Argentinien zu diesem Thema.

Ein weiterer Punkt spricht für die Inflation als großer Problemlöser: In den Jahren nach dem Zweiten Weltkrieg war Staatsverschuldung eine eher nationale Angelegenheit – die Staaten liehen sich das Geld vor allem bei den eigenen Bürgern. Dieses Problem kann man als Politiker rasch lösen: Hat sich ein Staat bei seinen eigenen Bürgern verschuldet – man spricht dann von interner Verschuldung –, so kann er diese Schulden rasch tilgen, indem er einfach die Steuern erhöht. Will heißen: Man leiht sich Geld von seinen Bürgern, erhöht anschließend die Steuern und nimmt diese Steuereinnahmen, um die Kredite an die gleichen Bürger zurückzuzahlen. Ist nicht nett, funktioniert aber, und erklärt beispielsweise, warum Japan 2021 eine Staatsschuldenquote von rund 263 Prozent hat, ohne pleite zu gehen: Japan ist vor allem bei den eigenen Bürgern verschuldet.

Hat sich ein Staat aber gegenüber dem Ausland verschuldet, so funktioniert das nicht mehr – ein Staat kann seine Schulden an das Ausland nur zurückzahlen, indem er auf Leistungen verzichtet, die von ihm selbst im Inland erbracht worden sind und die er dann ins Ausland schickt. Schulden gegenüber anderen Staaten lassen sich letztlich nur in Gütern und Dienstleistungen bezahlen – Güter und Dienstleistungen, auf welche die inländischen Bürger verzichten müssen. Will man das nicht, so bleibt immer noch die Möglichkeit, nicht zurückzuzahlen, indem man die heimische Währung entwertet – über Inflation. Inflation ist also ein elegantes Mittel, um seine Schulden gegenüber dem Ausland zu entsorgen.

Unter dem Strich zeigt sich, dass Inflation ein attraktives Mittel für Staaten ist, sich ihrer Schulden zu entledigen – und die vorherigen Kapitel zeigen anschaulich, dass dies in der Vergangenheit von den Staaten verstanden und gerne genutzt wurde. Alte Schule, das verlernen Politiker nicht.

Bleibt noch ein Einwand: Kann der Staat denn die Inflationsrate selbst bestimmen? Hier wird vor allem auf die unabhängige Notenbank verwiesen, die durch ihre Unabhängigkeit davor geschützt werden soll, genau diese Politik zu exekutieren – hier grüßen wieder die Erfahrungen der großen Inflation 1923. Grundsätzlich ist die Idee richtig, doch in der Praxis tut sich da ein Loch auf, das bereits in diesem Buch zitiert wurde: 1922 konstatiert die deutsche Reichsbank, dass man der Regierung den Zugang zu Notenpresse nicht verweigern könne, man halte es „… nicht für vertretbar, da in diesem Falle ein finanzieller Zusammenbruch des Reichs mit den unheilvollsten politischen Konsequenzen unvermeidbar gewesen wäre“. Es ist also fraglich, ob sich eine Notenbank auf Dauer gegen die Fakten stellen kann, welche die Politik schafft.

Blickt man auf die Ereignisse der vergangenen Jahre und die rechtlich unabhängige Europäische Zentralbank, so wird klar, dass eine juristisch-formale Unabhängigkeit oft nicht weiterhilft, wenn einem die Realität auf die Füße tritt: Vermutlich hatte die Europäische Zentralbank keine andere Wahl, als eine Politik zu machen, welche die europäischen Schuldenregierungen entlastet – hätte sie sich geweigert, wäre das vermutlich das Ende des Euros gewesen. Und so muss man angesichts steigender Staatsschulden weltweit den Gedanken erwägen, dass die Notenbanken langfristig im Schleppnetz einer kurzatmigen, wählerstimmenmaximierenden Politik hängen, was es ihnen erschwert, wenn nicht unmöglich macht, frei in ihren Entscheidungen zu sein. Die Geldflut der vergangenen Jahre jedenfalls trägt nicht dazu bei, diesen Verdacht zu entkräften. Zeit, sich damit zu beschäftigen.

9. Null Zinsen, null Ertrag

Die Kernthesen dieses Kapitels

1. Der Zins leidet häufig unter einer moralischen Verurteilung – dabei spielt er in einer Marktwirtschaft eine unverzichtbare Rolle.
2. Das Zinsniveau fällt weltweit bereits seit Jahren; verantwortlich dafür sind unter anderem eine Zunahme der Ersparnisse, ein Rückgang der Investitionsneigung und die Geldpolitik der großen Zentralbanken weltweit.
3. Eine längere Niedrigzinsphase birgt beträchtliche Risiken: Es kann zu Privatinsolvenzen kommen, Anleger müssen riskanter investieren und riskieren damit auch ihre Altersvorsorge.
4. Kapitalbasierte Versicherungssysteme wie Lebensversicherungen, Pensionskassen, betriebliche Altersvorsorge und private Krankenkassen leiden ebenfalls unter den niedrigen Zinsen.
5. Das Geschäftsmodell der Banken wird durch die Niedrigzinsen zunehmend in Mitleidenschaft gezogen, schlimmstenfalls drohen neue Bankenzusammenbrüche.

Der moralische Schatten des Zinses

Eigentlich mag ihn niemand. Christen und Juden haben ihn verboten. Marxisten und Sozialisten wollten ihn abschaffen. Karl Marx fand ihn irrational, da man, nachdem man ein Darlehen zurückgezahlt hat, mit ihm nochmals etwas zurückzahlen müsse.[80] Aristoteles lehnte ihn ab, er sei widernatürlich, weil durch ihn „Geld aus Geld" entstehe. Thomas von Aquin übernahm diese Abneigung eines der größten abendländischen Philosophen gegen den Zins und machte aus dem aristotelischen das kanonische Zinsverbot. Für Martin Luther schließlich waren Menschen, die Zinsen nehmen, nichts als Diebe, Räuber und Mörder.

Bei den Nationalsozialisten gehörte die Klage gegen die „Zinsknechtschaft des Geldes" zum festen Repertoire der Propaganda, um aber parteispendenfreundlich zu bleiben und die Wirtschaft nicht zu verprellen, unterschied man zwischen „schaffendem“ Industriekapital und „raffendem“ Finanzkapital, wobei letzteres auf die in ihren Augen jüdische Finanzindustrie abzielte. Heute spricht man von produktivem Realkapital und Finanzkapital, auf das man verzichten könne; bemerkenswerterweise sowohl auf der linken wie auf der rechten Seite des politischen Spektrums. Sonderlich lernfähig scheint die Menschheit nicht zu sein.

Der österreichische Kapitaltheoretiker Eugen von Böhm-Bawerk sprach vom „moralischen Schatten“, der auf dem Zins lastet, und man kann lange darüber streiten, warum der Zins moralisch derart verteufelt wird, genauso, wie viele darüber streiten, ob denn eine Welt ohne Zinsen möglich sei.

Ob das möglich ist? Eine Welt ohne Zinsen? Und welche Folgen könnte das haben? Mittlerweile sind wir Zeugen eines weltgeschichtlich einmaligen Experiments, das versucht zu ergründen, wie denn eine Welt ohne Zinsen sei – auch wenn die Urheber dieses Experiments das nicht unbedingt im Sinn hatten.

Freier Fall

Erst seit dem Jahr 2007 nimmt eine breitere Öffentlichkeit wahr, dass die Zinsen weltweit fallen – Insider allerdings beschäftigen sich zu diesem Zeitpunkt schon länger mit diesem Phänomen. Sowohl die Zinsen für kurz- als auch für langfristige Kredite sind in den vergangenen zwei Jahrzehnten in vielen Industriestaaten von Niveaus um 4 bis 6 Prozent teilweise bis auf null gefallen; teilweise auch in den negativen Bereich. Der Rückgang der Realzinsen in den vergangenen 30 Jahren war weltweit zu beobachten und unerwartet – Prognosen für Realzinsen haben diesen langfristigen Trend nicht erfasst.

Früher, früher waren die realen Zinsen so niedrig, wenn Kriegsschulden, finanzielle Repression und hohe Inflation wüteten, doch seit den neunziger Jahren gilt diese Beobachtung nicht mehr. Lange Zeit lagen in Deutschland die Renditen für langfristige Darlehen an vertrauenswürdige Schuldner, sogenannte erste Adressen (Staatsanleihen, Pfandbriefe, Anleihen von Landesbanken), bei 6 bis 9 Prozent. Der Zins für kurzfristiges Geld – der Geldmarktsatz – lag üblicherweise 1 bis 2 Prozentpunkte darunter.

Doch seit 1996 ist der Zins für zehnjährige Anleihen unter die Schwelle von 6 Prozent gefallen, 2010 unter 3 Prozent.[81] Seit 2014 pendelt die Rendite der deutschen Staatsanleihen um die Nullmarke. 2016 hatte über die Hälfte der Staatspapiere sogar eine negative Rendite. Im Klartext: Wer zu diesen Konditionen dem deutschen Staat 100 Euro leiht, bekommt in ein paar Jahren weniger als 100 Euro zurück.

Am Geldmarkt, wo kurzfristige Darlehen vergeben werden, ist es sogar noch wilder: Seit Jahren gibt es am Geldmarkt weniger als ein Prozent Zins, seit 2012 steht dort die Null und seit 2014 herrschen dort negative Zinsen vor. Wer also am Geldmarkt kurzfristig Geld anlegen will, verliert Geld; es wäre also billiger, die Scheine unters Kopfkissen zu stopfen.

Erst 2022 drehen weltweit die Zinsen – am langen wie am kurzen Ende, das schauen wir uns in Kapitel 10 nochmal an.

Teures Geld
Die Europäische Zentralbank verlangte zeitweise von Geschäftsbanken eine Strafgebühr, wenn diese Banken bei ihr Gelder parkten. Das war der Grund, warum einige private Geschäftsbanken

auch Geld von ihren Kunden forderten, wenn diese bei ihnen größere Summen hinterlegen wollten. Andere Kunden wurden von dieser Zinspolitik durch die Hintertür getroffen, weil die Banken zwar keine Strafzinsen von Kleinkunden nahmen, aber dafür an der Gebührenschraube drehten.

➤ **Geldfrage:** *Der Vergleich von Kontoführungsgebühren ist trickreich, vor allem dann, wenn Banken für verschiedene Dienstleistungen – Abhebungen an Geldautomaten anderer Banken, Kreditkarten, Nacherstellung von Kontoauszügen – verschiedene Gebühren berechnen. Aber diesen Gebühren sind auch Grenzen gesetzt: Die Commerzbank beispielsweise verlangte für nachträgliche Kontoauszüge von ihren Kunden pauschal 15 Euro – das wurde vom Bundesgerichtshof einkassiert.*[82] *Das Landgericht Frankfurt am Main urteilte weiter, dass Banken kein Entgelt verlangen dürfen, wenn sie dem Kunden unaufgefordert einen Kontoauszug zusenden.*[83]

Was sind die Gründe dieses dramatischen Rückgangs der Zinsen in den vergangenen Jahrzehnten? Forscher haben mehrere Hypothesen.

Hypothese Nummer eins nannte der ehemalige amerikanische Notenbankchef Ben Bernanke „global savings glut", also „weltweite Sparschwemme": China werfe viele Ersparnisse auf die Weltkapitalmärkte, und in vielen Industrienationen werde mehr gespart, weil die dortige Bevölkerung immer älter werde und deswegen mehr fürs Alter vorsorge – das Ergebnis ist ein steigendes Angebot an Kapital, das die Zinsen sinken lässt.

Das Schlagwort der zweiten Erklärung der Niedrigzinsen lautet „säkulare Stagnation": Da Produktivität und Innovationskraft der Weltwirtschaft erlahmen, werde weniger investiert, das senke die Nachfrage nach Investitionskapital und damit auch den Zins.

Die Finanzkrisen der Zweitausender Jahre – die New Economy-Krise, die Immobilienkrise 2007 und die Eurokrise – senken ebenfalls die Zinsen, da viele Unternehmen und Banken weniger risikofreudig werden, sich weniger verschulden, weniger investieren und in sichere Anlagen flüchten. Auch das senkt die Nachfrage nach Kapital und damit den Zins.

Für die jüngste Zeit muss man natürlich über die Geldpolitik der Notenbanken weltweit sprechen, die den Planeten mit billigem Geld zum Nulltarif fluten – es müsste schon mit dem Teufel zugehen, wenn diese Politik keine Folgen hätte.

Vermutlich hat jede dieser Erklärungen einen wahren Kern – genauso wie noch viele weitere Erklärungen; doch die entscheidende Frage ist natürlich, welche Folgen eine Welt ohne Zinsen haben könnte. Folge Nummer eins: Vermutlich wird die Welt riskanter. Auch für Prominente.

Weniger Zins, mehr Risiko

Was haben Roberto Blanco, Claudia Kohde-Kilsch, Ingrid Steeger, Gunter Gabriel und Matthias Reim gemeinsam? Na das: Sie alle haben sich finanziell verhoben, sind mit ihren Finanzen unter die Räder gekommen. Die Gründe dafür sind simpel: Arbeitslosigkeit, Scheidung, Krankheit, falsche Berater, schlechte Manager, Überheblichkeit – fast wie im echten Leben.[84]

Im echten Leben manövrieren viele Deutsche am Rande ihrer finanziellen Möglichkeiten, und wer sich nicht weiter zu helfen weiß, nimmt einen Kredit auf. Eine Hürde auf dem Weg zu diesem Kredit waren in früheren Zeiten die Zinsen – ein teurer Kredit lässt auch hartgesottene Schuldenmacher zögern.

In Zeiten niedriger Zinsen hingegen wird die Kreditaufnahme immer attraktiver, die Verlockungen des Gegenwartskonsums immer größer. Warum nicht den teuren Flachbildschirm heute kaufen, statt darauf zu sparen, vor allem dann, wenn der Kredit fast nichts kostet? Schlimmstenfalls führen Niedrigzinsen dazu, dass sich vor allem diejenigen verschulden, die sich besser nicht verschulden sollten. Im Klartext: Die Niedrigzinsen könnten uns in eine Privatschuldenkrise führen, mit zahlreichen Privatinsolvenzen und Banken, die ihre Kredite nicht mehr wiedersehen.

Doch nicht nur das: Was werden die Sparer machen, die weniger Zinsen für ihr Geld bekommen? Hier gibt es nur zwei Möglichkeiten: Entweder sie geben sich mit weniger Einkommen – und damit mit einer schmaleren Altersvorsorge – zufrieden, oder aber sie investieren in riskantere Anlageformen, die mehr Ertrag abwerfen – dann tragen sie ein höheres Risiko, ihre Ersparnisse zu verlieren. Die Nullzinspolitik könnte eine ganze Generation von Sparern so oder so zu Verlierern machen.

Da gibt es kein Entrinnen: Sinkende Zinsen verschieben das Koordinatensystem für Anlageformen und deren Risiken, mit entsprechenden Gewinnern und Verlierern. Die traditionellen Spar- und Vorsorgesysteme geraten in eine Schieflage. Private Haushalte – wir nennen sie Sparer – sind die Dummen dieser Entwicklung und werden langfristig ihr Sparverhalten ändern. Sie werden in andere, riskantere Anlageformen gedrängt oder sparen nicht mehr. Die laufenden Erträge sprudeln schon lange nicht mehr und werden unsicherer. Insgesamt sinkt damit das Wohlstandsniveau der Haushalte. Zeit für eine Bestandsaufnahme, beginnen wir mit den Lebensversicherungen.

Lebensversicherungen leiden zinsinfiziert

Die private Altersvorsorge der Deutschen baut auf Lebensversicherungen. Lange Zeit garantierten Lebensversicherungen ihren Kunden gute Zinsen, meist bezifferte sich der Zins, den die Versicherer ihren Kunden garantierten, in der Vergangenheit auf 3 bis 4 Prozent. Bei einem Zinsniveau von 6 Prozent und mehr ist so ein Versprechen kein Problem.

Bis zur Jahrtausendwende. Seitdem sinken die Zinsen, und die Versicherer können heute kaum noch die Zinsen erwirtschaften, die sie ihren Kunden einmal versprochen haben. Zuletzt haben viele Versicherer einen Trick verwendet, um ihren Kunden die hohen Zinsen zu garantieren: Sie haben Wertpapiere, die sie in ihrem Bestand haben, umgeschichtet oder neu bewertet, und zwar höher – auf dem Papier entsteht so ein Gewinn, den man den Kunden auszahlen kann. Man muss nicht wirklich lange darüber nachdenken, um die Probleme dieses Kniffs zu erkennen.

Für Neukunden haben die Versicherer den Zins, den sie ihren Kunden garantieren, so weit gesenkt, dass eine Lebensversicherung heute bei Weitem nicht mehr so hell glänzt wie noch vor sagen wir 30 Jahren.

Doch das alleine ist noch nicht alles, denn die Versicherer haben immer noch viele Altkunden, denen sie hohe Zinsen garantiert haben, die sie nun nicht erwirtschaften können. Die Aufsicht verlangt, dass die Versicherer für diese alten Zinsgarantien bilanzielle Vorsorge treffen, also Gelder zurückstellen. Diese sogenannte Zinszusatzreserve bringt ein Drittel aller Lebensversicherer in wirtschaftliche Bedrängnis.

Strich drunter: Die Versicherer haben viel versprochen, und können das nur mit Mühe halten. Und Neukunden, die Einnahmen bringen, sind nicht in Sicht. Und je länger die Niedrigzinsphase andauert, desto größer wird dieser Druck, desto mehr Versicherer werden infiziert. Die klassischen Lebensversicherer sind nicht die einzigen Institutionen, die in dieser Klemme stecken, das gleiche Schicksal ereilt Pensions- und Unterstützungskassen, die für betriebliche Altersvorsorge zuständig sind – auch von dieser Ecke her droht dem durchschnittlichen Sparer und zukünftigen Rentner massive Gefahr. Schauen wir uns das einmal näher an.

Betriebsrente am Ende?

In der Nachkriegszeit hat die deutsche Industrie ihren Arbeitnehmern versprochen, für ihr Alter vorzusorgen – die Aussicht auf eine Betriebsrente sollte Mitarbeiter langfristig an das Unternehmen binden und motivieren. Solche Pensionszusagen müssen auch in der Bilanz eines Unternehmens berücksichtigt werden. Die Unternehmen müssen dafür Rückstellungen bilden, also eine Art Rücklage als Garantie für das Versprechen, in 20, 30 Jahren den ehemaligen Beschäftigten eine Rente zu zahlen.

Dabei macht man eine einfache Annahme: Je höher die Zinsen sind, umso weniger muss das Unternehmen für spätere Rentenversprechen zurücklegen, weil man vermutet, dass das Unternehmen bei hohen Zinsen mit weniger Kapitaleinsatz die zukünftigen Rentenversprechen erwirtschaften kann. Die Zinserträge sollen sozusagen die Renten erwirtschaften, welche die Unternehmen ihren Beschäftigten versprochen haben.

Doch genau hier droht die nächste Zinsfalle: Je weiter die Zinsen sinken, umso mehr Geld müssen die Unternehmen zurücklegen, umso teurer werden die einst gemachten Pensionszusagen.

Die Folge: Der Gewinn und damit das Eigenkapital der Unternehmen gehen in die Knie.

So zwingen Niedrigzinsen Unternehmen in die Knie
Ein stark vereinfachtes Beispiel: Nehmen wir einen 45-jährigen Geschäftsführer, dem die Gesellschaft ab Pensionierung eine kleine lebenslange Rente in Höhe von 500 Euro im Monat zusagt. Lebt der Geschäftsführer noch etwa 20 Jahre nach seinem Ausscheiden, brauchen wir ab Rentenbeginn – vereinfacht – ein Kapital von 120.000 Euro (20 Jahre * 500 Euro pro Monat). Am 55. Geburtstag des Geschäftsführers, also zehn Jahre vor Rentenbeginn, muss das Unternehmen bei 6 Prozent Zins für diese 120.000 Euro dann etwa 67.000 Euro zurückstellen – bei diesem Zins würden aus den 67.000 Euro nach zehn Jahren 120.000 Euro werden. Sinkt der Zins von 6 auf 3 Prozent, so muss die Rückstellung um ein Drittel auf mehr als 89.000 Euro aufgestockt werden. Bei null Prozent müsste man die ganzen 120.000 Euro zurückstellen. Die Zinsen wirken bei langen Laufzeiten also wie ein Hebel.

Auch die Private Krankenversicherung leidet unter dem gleichen Problem. Je älter wir werden, umso teurer wird unsere medizinische Versorgung, gerade die Zeit vor dem Tod bindet einen Großteil der Versicherungsleistung einer privaten Krankenversicherung. Die Beiträge der neun Millionen Krankenversicherten mit privater Vollversicherung berücksichtigen diesen Umstand und werden auf Lebenszeit kalkuliert: Ein junger Versicherter muss deswegen viel höhere Beiträge leisten als er aktuell, gemessen an seinem Alter, braucht. Ein großer Teil seiner Beiträge wird für das Risiko in Altersrückstellungen gebunkert – aktuell sind das 220 Milliarden Euro.

Und diese Altersrückstellungen verzinsen sich immer weniger – weswegen die Versicherer immer höhere Rückstellungen bilden müssen, also höhere Einnahmen erwirtschaften, also höhere Beiträge fordern. In der Tat: Anfang 2017 wurden wieder enorme Beitragsanpassungen fällig. Grund hierfür sind neben steigenden Medizinkosten und einer höheren Lebenserwartung vor allem die fallenden Zinsen. Berechnungen zeigen, dass die Hälfte der Beitragserhöhungen auf das niedrige Zinsniveau zurückgeht.

Auch andere Spar- und Vorsorgesysteme basieren auf solchen traditionellen Zinsvorstellungen, beispielsweise das Bausparen. Das Prinzip ist einfach: Man spart über die Jahre 50 oder 60 Prozent einer Zielsumme an, das ist die Bausparsumme, und bekommt diese Sparsumme verzinst, beispielsweise zu einem Guthabenzins von 2 Prozent. Hat man genügend angespart, kann man dann über das angesparte Guthaben (samt den staatlichen Prämien) verfügen und hat zudem das Recht, einen Kredit zu 4 Prozent bis zur Höhe der Bausparsumme zu beanspruchen. Die angesparte Summe plus Kredit stehen dann für ein Bauvorhaben zur Verfügung.

Das hat über Jahrzehnte hinweg gut funktioniert, der Kreditnehmer hatte attraktive Darlehenskonditionen und die Bausparkasse eine garantierte Marge von 2 Prozent plus weitere Gebühren. Die sinkenden Zinsen haben auch dieses Geschäftsmodell nachhaltig beschädigt: Der Bausparkredit war einfach zu teuer, weil man in der Niedrigzinsphase Geldmittel für sein Eigenheim für etwa 1 bis 1,5 Prozent am Markt problemlos besorgen konnte.

Hinzu kommt ein weiteres delikates Problem: Viele Bausparkunden sparten fleißig weiter, um die – verglichen mit den Nullzinsen – hohen Guthabenzinsen einzusammeln. Wenn aber die Bausparkassen selbst keine 2 Prozent mehr erwirtschaften, tun sie sich auch schwer, ihren Kunden 2 Prozent auszuzahlen. Die Folge: Bausparkassen haben begonnen, ihren Kunden zu kündigen, was schon zu etlichen Prozessen geführt hat. Der BGH hat am 21. Februar 2017 eine Kündigung zehn Jahre nach Zuteilung des Bausparvertrages zugelassen.[85]

Sind wir damit fertig mit den Verlierern der Niedrigzinsen? Nicht ganz. Es fehlt noch eine Branche, die früher nach einem einfachen Prinzip lebte.

In der Zinsfalle

Das deutsche Banksystem stützt sich auf drei Säulen – Sparkassen, Volks- und Raiffeisenbanken und private Geschäftsbanken. Das Geschäftsmodell dieser Banken – wie fast aller Banken – funktionierte früher recht einfach: Bürger sparen in der Regel kurzfristig und legen ihr Geld in klassischen Bankprodukten wie Tages-, Fest- oder Spargelder an. Die Deutschen lieben diese Produkte, weil sie sich dabei nicht lange binden müssen und jederzeit auf das Ersparte zugreifen können. Früher bekam man für diese Form der Ersparnisse sagen wir 2 Prozent von der Bank.

Die Bank nimmt also das Geld der Sparer entgegen, gibt ihnen 2 Prozent. Und was macht sie mit diesem Geld? Ganz einfach: Braucht eine Familie Geld, so wählt sie einen Kredit mit langer Zinsbindung. Beim Autokauf sind drei bis fünf Jahre Standard, beim Hausbau werden zehn oder mehr Jahre Laufzeit mit festen Zinsen nachgefragt. Und hier verlangt die Bank sagen wir 4 Prozent.

Das Ergebnis: Die Bank macht aus kurzem Sparergeld langes Kreditgeld und verdient über die Differenz der Zinsen. Die Bank leiht sich zu 2 Prozent Geld, verleiht es zu 4 Prozent weiter, die Zinsdifferenz ist der Gewinn. Dieses nostalgische Geschäftsmodell funktioniert umso weniger, je geringer der

Unterschied ist zwischen dem Zins, zu dem die Bank sich Geld leiht und dem Zins, für den sie das Geld weiterverleiht. Je geringer dieser Unterschied ist, umso schwieriger wird es für die Bank – zu 2 Prozent leihen und zu 4 Prozent weiter verleihen ist deutlich besser als zu null Prozent leihen und zu einem Prozent weiter verleihen.

Damit sitzt die Bank in der Zinsfalle: Je geringer die Zinsdifferenz ist, umso mehr schmelzen die Margen dahin. Kurzfristig hält sie das aus, wenn diese Zinssituation aber lang andauert, muss die Bank handeln: Filialen schließen, Mitarbeiter entlassen und an der Gebührenschraube drehen. Das alles ist schmerzhaft und ungewiss. Steigen die Zinsen, was alle hoffen, kommt sie aus der Falle wieder heraus.

Doch ganz so einfach ist das auch nicht, denn steigende Zinsen haben Haken. Ein Haken: Sie führen zu sinkenden Anleihekursen. Der Grund ist rasch geklärt: Eine Anleihe ist ja nichts anderes als ein Kredit, der weiterverkauft werden kann, ein Stück Papier, das dem Inhaber verspricht, ihm innerhalb einer zuvor vereinbarten Zeit einen festen Betrag plus eine feste Zinszahlung zu zahlen. Und eine Anleihe, die vier Prozent Zinsen bietet, ist sehr attraktiv, wenn alle anderen Investments nur zwei Prozent bieten – dann werden Anleger bereit sein, mehr für diese Anleihe zu bezahlen. Steigt hingegen das allgemeine Zinsniveau auf sagen wir sechs Prozent, wird die gleiche Anleihe nun weniger wert sein – wer will schon ein Investment kaufen, das vier Prozent verspricht, wenn der Rest der Welt sechs Prozent bietet? Da greift man nur bei einem Preisnachlass zu, und dieser Preisnachlass bedeutet, dass der Wert der Vier-Prozent-Anleihe, ihr Kurs, sinkt.

Zinsen und Kurse – ein vereinfachtes Beispiel
Ein – aus fachlicher Perspektive stark vereinfachtes – Beispiel macht den Zusammenhang zwischen Zins und Kurs deutlich: Nehmen wir eine sogenannte ewige Anleihe, die verspricht, ihrem Inhaber auf unbegrenzte Zeit zehn Prozent Zinsen auf einen Nennwert von 100 Euro zu zahlen; macht 10 Euro. Steigt nun das allgemeine Zinsniveau auf 20 Prozent, so wird niemand mehr diese Anleihe haben wollen, es sein denn, sie verspricht auch 20 Prozent. Und wie geht das? Ganz einfach: Kauft man diese Anleihe nun für 50 Euro, dann bekommt man für seine 50 Euro eingesetztes Kapital weiter 10 Euro, das sind effektiv 20 Prozent Zinsen auf den Kapitaleinsatz von 50 Euro. Der Kurs der Anleihe sinkt also von 100 Euro auf 50 Euro, während die effektive Verzinsung von zehn auf 20 Prozent gestiegen ist. In der Realität ist das natürlich wesentlich komplizierter, weil man auch die Laufzeit der Anleihe und die Zinszahlungen berücksichtigen muss, aber vom Prinzip her funktioniert dieser Zusammenhang so.

Steigen die Zinsen also zu schnell, fallen die Kurse von Anleihen, und wenn die Banken viel in solche Anleihen investiert haben, dann sinkt der Wert dieser Anleihen drastisch, also der Wert der Investments, welche die Bank in ihrer Bilanz stehen hat, was zu einer Bankenkrise führen kann.

Haken Nummer zwei für Banken bei steigenden Zinsen: Die Zinsdifferenz. Wie bereits gesehen, leiht sich die Bank kurzfristig Geld für 2 Prozent und verleiht es langfristig weiter für 4 Prozent. Wenn nun die Zinsen schnell steigen, so bedeutet das, dass die Bank sich nun kurzfristig Geld zu sagen wir 4 Prozent leihen muss – aber die langfristigen Kredite, die sie zu 4 Prozent ausgegeben hat, laufen ja noch weiter, weil die Bank diese Kredite langfristig vergeben hat. Das ist schlecht fürs Geschäft: Man muss sich wegen der gestiegenen Zinsen kurzfristig Geld zu 4 Prozent leihen, muss aber weiter langfristig Geld zu 4 Prozent den anderen Kunden zur Verfügung stellen, weil die mit der Bank einen langfristigen Vertrag haben. Gewinn in diesem Szenario: Null.

Im Ergebnis ist die Analyse der Nullzinspolitik für den deutschen Bürger sehr ernüchternd. Die Spar- und Vorsorgesysteme der allermeisten deutschen Bürger sind von den Niedrigzinsen betroffen. Mehr noch, Niedrigzinsen verändern die Risikolage: Haushalte und Investoren werden in riskante Anlageformen gedrängt, deren Erträge unsicherer werden.

Leider ist das noch nicht alles: Es kommt noch mehr Unsicherheit auf uns zu. Willkommen in den Goldenen Zwanzigern.

10. Die Goldenen Zwanziger

Die Kernthesen dieses Kapitels

1. Im Zuge der Corona-Pandemie ist die Nachfrage zeitweise zurückgegangen, diese angestaute Nachfrage zeigt sich in den hohen Ersparnissen, welche die Bürger während der Pandemie angelegt haben. Entlädt sich diese angestaute Nachfrage mit Verzögerung, so wird dies das Preisniveau treiben.
2. Ebenfalls aufgrund der Corona-Pandemie ist das gesamtwirtschaftliche Angebot zurückgegangen, erholt sich dieses nicht komplett, wird es von dieser Seite her zu weiterem Druck auf die Preise kommen.
3. Ebenfalls preistreibend wirkt sich das aus, was man als De-Globalisierung bezeichnet, ein Rückgang der weltwirtschaftlichen Verflechtung. Je mehr Waren und Vorprodukte man nun im Inland produziert, umso teurer wird es für den Endverbraucher. Diese De-Globalisierung wird ebenfalls getrieben durch die Unterbrechung der weltweiten Lieferketten im Zuge der Corona-Pandemie und des Ukraine-Konfliktes.
4. Durch den Ukraine-Krieg werden vor allem Rohstoffe teurer, alleine das wird die Preise weiter nach oben treiben.
5. Die Zukunft unserer Währung liegt in den Händen der Politik, der Gewerkschaften, der Unternehmen und der Notenbank.

Bubiköpfe, Charleston und Kakteen

Max Beckmann, Otto Dix, George Grosz oder Paul Klee. Zigarettenspitzen, Federboas, Bubikopf-Frisuren, Stirnbänder, Knickerbocker und Schiebermützen oder Topfhüte. Radioapparate, Lichtspielhäuser, in denen „Das Kabinett des Dr. Caligari" oder „Metropolis" gezeigt wurden. Es gibt Cafés, Theater und Varietés, es wird Charleston getanzt, im Leipziger Krystallpalast wackelt das Bananenröckchen von Josephine Baker, und man hört den Comedian Harmonists zu, die ihren kleinen grünen Kaktus besingen.

Willkommen in den Goldenen Zwanzigern, der Blütezeit der deutschen Kunst, Kultur und Wissenschaft. Sie beginnen 1924 mit dem Ende der großen Inflation, die wir bereits kennengelernt haben und der Einführung der Rentenmark, doch schon 1929 werden sie durch die Weltwirtschaftskrise beendet.

Als die Zwanziger Jahre des neuen Jahrtausends anbrachen, hoffte so mancher auf eine Wiederholung, auf goldene Zeiten, nur um in den ersten Jahren dieser neuen Dekade bitter enttäuscht zu werden. Den Auftakt machte eine infektiöse Krankheit, die sich – je nach Lesart und Glaubensrichtung – auf einem Tiermarkt im chinesischen Wuhan erstmals ausbreitete oder aber durch einen Laborunfall den Siegeszug durch die Welt antrat. Sie zog um die Welt, tötete, legte ganze Volkswirtschaften lahm, machte uns zu Stubenhockern und entzweite Familien und Nationen.

Noch ist es zu früh, eine Bilanz der Corona-Pandemie zu ziehen, doch die bisherigen Zahlen klingen nicht nach Goldenen Zwanzigern: Alleine für 2020 schätzt man, hat das Virus das weltweite Wachstum um 3,2 Prozent sinken lassen, der weltweite Handel fiel im gleichen Jahr um fast sechs Prozent; 2022 liegen die Schätzungen bei mindestens sechs Millionen Toten und fast 14 Billionen Dollar Produktionsverlusten.[86] Um die wahren ökonomischen Folgen der Pandemie abzuschätzen, ist es vermutlich noch zu früh, aber ein Blick in die Geschichtsbücher hilft weiter:[87]

Die Spanische Grippe (1918 bis 1920), die weltweit je nach Schätzung rund 40 bis 100 Millionen Menschenleben forderte, also rund zwei Prozent der damaligen Weltbevölkerung, hat in einem durchschnittlichen Land das reale BIP pro Kopf um 6,2 Prozent reduziert. Die Aktienmärkte haben tendenziell keine bleibenden Verluste erlitten; Staatsanleihen mit kurzen Laufzeiten haben nur kurzfristig an Rendite eingebüßt; aber die Inflationsrate hat im Zuge der Epidemie zugelegt. Allerdings war von dieser Grippe eher die arbeitende Bevölkerung betroffen, weswegen Studien darauf hindeuten, dass es in Folge der Grippe zu einem Rückgang des Arbeitsangebotes und damit einem Anstieg der Löhne kam. Corona hingegen scheint eher die älteren Jahrgänge zu bedrohen, weswegen man vermuten kann, dass die Folgen für das Arbeitsangebot nicht ganz so ausgeprägt sind wie im Falle der Spanischen Grippe.

Das erste SARS-Virus, das die Welt 2002 heimsuchte, war vornehmlich auf Asien beschränkt, Kosten dieser Epidemie werden auf 54 Milliarden Dollar geschätzt. Allerdings war der Anteil Chinas an der Weltwirtschaft damals bedeutend geringer, weswegen man dieses Virus nur bedingt mit seinem jüngeren Nachfolger vergleichen kann. Eine Untersuchung der Folgen verschiedener Epidemien seit dem 15. Jahrhundert zeigt, dass diese die Kapitalerträge im Zuge einer Epidemie teilweise über mehr als vier Jahrzehnte deutlich senken, die Löhne hingegen steigen in der Folge solcher Epidemien leicht an – was dann entsprechende Folgen für die Inflation haben dürfte.[88]

Die genauen Effekte der Pandemie lassen sich in Zahlen nur schwer abschätzen, aber ein paar einfache Überlegungen zeigen, wohin die Reise vermutlich gehen wird. Beginnen wir mit der Nachfrage.

Die Nachfrage ist als Folge der Pandemie eingebrochen: Menschen sind zu Hause geblieben, nicht in Urlaub gefahren, haben keine Restaurants besucht, keine Kinos und Großveranstaltungen. Das zeigt sich auch in den Ersparnissen der Bürger, die in diesem Zeitraum deutlich gestiegen sind: Im Euro-Raum hüpfte die Sparquote der privaten Haushalte von etwas mehr als 12 Prozent in 2019 auf rund 25 Prozent zur Mitte des Jahres 2020; gegen Ende des Jahres 2021 ist sie wieder auf rund 15 Prozent gesunken, das entspricht auch dem Wert in Deutschland.[89]

Vereinfacht gesagt bedeutet das, dass sich nach dem (vermeintlichen?) Ende der Pandemie aufgestaute Nachfrage in den Markt ergießen wird: Die Bürger werden wieder ins Kino gehen, Restaurants besuchen, Geld ausgeben. Die gesamtwirtschaftliche Nachfrage dürfte also anziehen, was für einen Auftrieb der Preise sorgen dürfte. Zusätzlich dürfte dieser Anstieg der Nachfrage durch die großzügigen Konjunkturpakete befeuert werden, die von den Regierungen weltweit auf die Rampe geschoben wurden. Alleine die Europäische Kommission hat im Rahmen des NextGeneration-EU-Programms ein Hilfspaket in Höhe von 750 Milliarden Euro geschnürt, das durch gemeinsame Schulden der Mitgliedstaaten finanziert wird. Davon werden 390 Milliarden als Zuschüsse gewährt, sind also Finanzgeschenke, die restlichen 360 Milliarden Euro müssen die Staaten innerhalb der nächsten 30 Jahre zurückzahlen. De facto ist damit die gemeinsame Schuldenaufnahme der Mitgliedstaaten der Union, eine Schuldenunion, Realität. Man muss befürchten, dass dies ein Dammbruch ist, der weitere Schuldenprogramme nach sich ziehen wird. Was, so muss man fragen, passiert, wenn ein weiterer Euro-Staat (nach Griechenland) seine Schulden nicht in vollem Umfang zurückzahlen kann oder will?

Eine mögliche Antwort auf diese Frage kennen wir bereits: Man muss vermuten, dass das passiert, was in den vergangenen zwei Jahrzehnten immer passiert ist, die Notenbank wird zur Rettung herbeieilen, auch, weil ihr nichts anderes übrigbleiben wird. So startete die Europäische Zentralbank mit viel Pepp in die Pandemie, nämlich mit dem Anleihenankaufprogramm PEPP (Pandemic emergency purchase programme), das insgesamt 1,8 Billionen Euro umfasste – 1,8 Billionen Euro, die man auf die coronakranke Wirtschaft warf, in der Hoffnung, sie damit am Laufen zu erhalten. Nach all dem, was Sie über die Wirkung einer steigenden Geldmenge bisher gelesen haben (denken Sie an die Quantitätstheorie), benötigen Sie sicher nicht viel Fantasie, um die Gefahren zu ahnen, die in dieser Politik lauern. Und es kommt noch schlimmer. Bisher haben wir nur über die Nachfrageseite gesprochen, aber was ist denn mit dem Angebot?

Wir bleiben zu Hause

Im Zuge der Pandemie wurden wir gebeten, zu Hause zu bleiben, um die Ansteckungsraten zu reduzieren – was viele von uns auch getan haben, nicht nur privat, sondern auch beruflich. Nicht nur Restaurants, Kinos, Theater und andere Kulturbetriebe, die pandemiebedingt schließen mussten, schickten ihre Mitarbeiter nach Hause, auch Betriebe, denen die gesunkene Nachfrage die Geschäfte verhagelte, oder Unternehmen, die aufgrund mangelnden Nachschubs ihre Produktion teilweise stilllegen mussten, weil Zulieferer aus China nicht liefern konnten oder aber ausgedünnte Bahn- und Flugpläne den Nachschub erschwerten, verordneten ihren Mitarbeitern mehr Freizeit. Bezahlt wurde das Ganze zumindest teilweise vom Staat, der mit großzügigen Kurzarbeitsregelungen (und einem entsprechenden Anstieg der Staatsverschuldung) den kompletten Kollaps der deutschen Wirtschaft verhinderte.

In der Sprache der Ökonomen nennt man so etwas „Angebotsschock“: Aufgrund äußerer Einflüsse – Pandemie, sinkende

Nachfrage oder kranke Mitarbeiter – sinkt das Angebot, stellen die Produzenten weniger her. Hinzu kommen noch Unternehmen, die angesichts des pandemiebedingten Shutdowns aufgeben müssen und Insolvenz anmelden, darüber hinaus wird die Produktion teurer, weil strengere Hygieneregeln eingehalten werden müssen. Das Resultat: Das Angebot wird knapper und teurer.

Damit hat die Pandemie Auswirkungen auf beiden Seiten der Wirtschaft: Sie hat das Angebot und die Nachfrage reduziert, womit es schwierig wird, den Gesamteffekt der Pandemie zu bestimmen. Entscheidend ist nämlich, welcher Effekt stärker ist: Der Rückgang der gesamtwirtschaftlichen Nachfrage senkt den Preisdruck, der Rückgang des Angebots hingegen verstärkt den Druck auf die Inflationsraten. Wenn der Effekt aus dem Rückgang des Angebotes größer ist als der Effekt aus dem Rückgang der Nachfrage, führt die Pandemie zu steigenden Inflationsraten.

Und? Welcher Effekt ist stärker? Mit Bestimmtheit lässt sich das nicht sagen, aber ein paar Vermutungen kann man anstellen: Wie wir gesehen haben, scheint der Nachfrageschock abzuklingen, wenn die Pandemie vorbei ist, das spricht dafür, dass der Nachfrageeffekt der Pandemie nur zeitlich begrenzt ist (das soll nicht heißen, dass es nicht zu weiteren Wellen mit abermaligem Rückgang der Nachfrage kommt). Aber wenn der Druck der Pandemie auf die Nachfrage nachlässt, steht zu vermuten, dass zumindest ein Teil der erhöhten Ersparnisse aus der Corona-Zeit ihren Weg auf die Konsumgütermärkte finden wird. Dann würde sozusagen ein Extraschub Nachfrage auf die Märkte kommen, was tendenziell inflationstreibende Wirkungen haben dürfte.

Auf der Angebotsseite ist das Bild weniger klar: Ein Teil des Angebotes, das während der Pandemie verloren gegangen ist, dürfte unwiederbringlich verloren sein, beispielsweise viele Arbeitnehmer aus dem Gastgewerbe haben sich neue Jobs in anderen Branchen gesucht, arbeiten als sogenannte Gig-Worker für Amazon und Lieferando oder haben sich anderweitig selbstständig gemacht. Diesen Teil des Angebots wiederzubeleben, dürfte nur mit höheren Löhnen möglich sein, in den Vereinigten Staaten sehen wir bereits einen stark angespannten Arbeitsmarkt, der mit steigenden Löhnen einhergeht, für Europa und auch für Deutschland steht zu erwarten, dass dies längerfristig auch der Fall sein wird. Für Deutschland kommt ein weiterer Sonderfaktor hinzu, nämlich der Anstieg des gesetzlichen Mindestlohnes, der zumindest einmalig die Inflationsrate anheben dürfte.

Das alles breitet den Boden für eines der Schreckensszenarien der Ökonomen, die legendäre Lohn-Preis-Spirale. Das Drehbuch dazu ist schrecklich einfach: Steigende Inflationsraten führen dazu, dass die Kaufkraft der Einkommen sinkt, die Arbeitnehmer erkennen, dass sie für das gleiche Gehalt immer weniger Waren bekommen und fordern höhere Löhne – „Inflationsausgleich" lautet der Schlachtruf der Gewerkschaften. Geben die Arbeitgeber diesen Forderungen nach, so haben sie zwei Möglichkeiten. Sie können erstens die gestiegenen Lohnkosten kompensieren, indem sie die Produktivität der Produktion erhöhen, also bisher ungenutzte Effizienzpotenziale heben (natürlich kann man sich an dieser Stelle fragen, warum sie das bisher nicht getan haben). Die zweite Möglichkeit besteht darin, die gestiegenen Lohnkosten auf die Preise abzuwälzen, und je mehr ihnen das gelingt, umso stärker steigt die Inflation, was wiederum zu steigenden Inflationsraten führt. Arbeitnehmer werden diese steigenden Inflationsraten zum Anlass nehmen, höhere Löhne zu fordern – und so weiter und so weiter. Das Ende ist dann eine Spirale aus steigenden Löhnen und steigenden Inflationsraten.

Leider ist das nicht alles, das Angebot kommt auch von einer weiteren Seite unter Druck, was langfristig ebenfalls zu steigenden Preisen führen dürfte. Um das zu verstehen, muss man wissen, was am 23. März 2021 passiert ist.

Lieferketten-Havarie

Am 23. März 2021 wird eine der wichtigsten Welthandelsrouten der Welt blockiert: Der 400 Meter lange Containerfrachter „Ever Given" stellt sich im Suezkanal quer und bringt sechs Tage lang den Welthandel fast zum Erliegen. Der Suezkanal verbindet das Rote Meer mit dem Mittelmeer, er erspart es Schiffen, die vom Indischen Ozean in den Atlantik wollen, ganz Afrika zu umrunden – der Kanal ist damit eine der Hauptschlagadern des Welthandels. Sechs Tage lang dümpelt Fracht im Wert von mehreren Milliarden Dollar auf See, stauen sich die Schiffe vor dem blockierten Kanal, kommen Waren nicht an ihrem Bestimmungsort an. Viele Kunden müssen tagelang auf ihre Waren warten.

Die Havarie der „Ever Given" hat der Welt vor Augen geführt, wie verletzlich sie geworden ist: Die Welt ist in den vergangenen Jahren immer kleiner geworden, sinkende Kosten für Transport und Kommunikation, sinkende Handelsbarrieren, ein erstarkendes China, das seine Waren der ganzen Welt andient, haben die Welt zusammengerückt, reicher gemacht, aber auch verwundbarer. Je stärker die Handelsbeziehungen sind, je mehr Güter man aus anderen Ländern bezieht, umso schmerzlicher wird es, wenn die Handelswege und -routen gestört sind oder die Produktion in anderen Ländern ausfällt. Was man noch vor sagen wir 100, 200 Jahren selbst hergestellt hat, importiert man nun aus dem Rest der Welt.

Der gestiegene Welthandel hat allen Beteiligten unter dem Strich massive Wohlfahrtsgewinne beschert: Wir haben unsere Elektronik und noch vieles mehr zu Spottpreisen im Ausland gekauft, was die Kaufkraft unseres Einkommens gestärkt hat. Und den Ländern, aus denen wir importiert haben, hat dieser Handel höhere Einkommen beschert. Wo immer Sie nun gerade sitzen – sehen Sie sich einmal um und schauen Sie, was in Ihrer Umgebung alles aus dem Ausland kommt: Der Großteil Ihrer Kleidung, Ihr Mobiltelefon, Ihr Rechner, Ihre Unterhaltungselektronik und noch vieles mehr. Was, wenn das alles auf einmal nicht mehr den Weg über die Grenzen findet?

Die „Ever Given" ist nur ein Symbol für das, was man mittlerweile als De-Globalisierung bezeichnet, also eine Rückabwicklung der Globalisierung, dessen, was uns in den vergangenen Jahrzehnten wohlhabend gemacht hat. Statt im Ausland einzukaufen, stellen wir potenziell alles wieder selbst her, zu verständlicherweise höheren Preisen, also mit steigenden Inflationsraten. Und ein weiteres Sinnbild dieser Globalisierung, dieser Verletzlichkeit weltweiter Wertschöpfungsketten, ist der Kabelbaum.

Acht Kilometer Globalisierung

In einem neuen Auto werden mittlerweile bis zu acht Kilometer Kabel verlegt, das geschieht mit Hilfe sogenannter Kabelbäume, das sind gebündelte Leitungswege, die man im Auto verlegt. In der Regel werden Kabelbäume in Niedriglohnländern gefertigt und anschließend in entwickelte Länder exportiert, wo sie in das Endprodukt – den VW, den Porsche oder den Mercedes – eingebaut werden. Das hat in der Vergangenheit recht gut funktioniert, bis zu dem Tag, der berechtigterweise als eine Zeitenwende im neuen Jahrtausend bezeichnet wird: den 24. Februar 2022, der Tag, an dem Russland in die Ukraine einmarschiert. Und damit den Inflations-Turbo zündet.

Wir wollen hier nicht über die menschlichen und geopolitischen Folgen des russischen Angriffskrieges sprechen, die schon schlimm genug sind, wenden wir uns den wirtschaftlichen Folgen zu, die nicht weniger schlimm sein werden. Und eine diese Folgen betrifft acht Kilometer Kabelbaum, die bisher in der Ukraine hergestellt wurden. Rund sieben Prozent der Bordnetze für Automobilwerke in der EU, so schätzt man, werden in der Ukraine gefertigt. Die Landesbank Baden-Württemberg beispielsweise schätzt, dass dadurch im schlimmsten Fall in Europa Produktionsausfälle von bis zu 650.000 Fahrzeugen drohen; das wären rund 4 Prozent der Produktion.[90]

Der ukrainische Kabelbaum ist ein Symbol für die weltweite Verflechtung der Weltwirtschaft, „hochintegrierte Wertschöpfungsketten“ nennen Betriebswirte das und meinen damit, dass jedes Unternehmen Leistungen und Vorleistungen anderer Unternehmen aus der ganzen Welt bezieht, und wenn in der Kette ein Glied reißt, stottert der Motor der Weltwirtschaft. Wenn in der Ukraine die Betriebe stillstehen, fehlen in Zuffenhausen und Stuttgart Kabelbäume, was dazu führt, dass auch dort die Bänder, wenn nicht stillstehen, dann doch zumindest langsamer laufen. Verschärft wird dieses Problem dadurch, dass viele Unternehmen ihre Lager längst auf die Autobahnen ausgelagert haben – „just in time“ nennt sich die Strategie, das Lager so klein wie möglich zu halten und den Nachschub, der aus dem Ausland eintrifft, so zu takten, dass die Bänder nicht stillstehen. Wenn aber diese just in time getakteten Lieferketten ins Stottern kommen, weil einzelne Glieder der Kette ausfallen, wird es für viele Unternehmen schwer, in vertretbarer Zeit und zu akzeptablen Preisen entsprechende Ersatzlieferanten zu finden. Gelingt das nicht, stehen die Bänder still.

Je größer dieses Problem der gerissenen Lieferketten wird, umso größer werden die Produktionsprobleme und umso mehr Bänder stehen still – mit entsprechenden Folgen für das Angebot. Auf den Punkt gebracht: Jede Unterbrechung der Lieferketten in der Welt – sei es durch Kriege, politische Konflikte (denken Sie an China und Taiwan), Unglücke oder Verteilungskämpfe – führt zu einem Rückgang des Angebots, dem dann aber eine nach wie vor konstante Nachfrage gegenübersteht. In die Kategorie dieser Störungen fallen auch die verschärften Lockdowns in China, wo man im Namen der Corona-Politik ganze Handelszentren wie beispielsweise das ökonomische Kraftzentrum Shanghai in den Dornröschenschlaf versetzt – mit entsprechenden Folgen für die internationalen Lieferketten und das Angebot.

Die Folgen für das Preisniveau liegen auf der Hand. Das Einzige, was den durch den Einbruch der Lieferketten bedingten Inflationsschub längerfristig verhindern könnte, wäre der Rückgang der Nachfrage, der dadurch ausgelöst werden könnte, dass der Rückgang der Produktion zu einem Rückgang der Beschäftigung und damit zu einem Rückgang der Einkommen führen könnte, was auf gut Deutsch Arbeitslosigkeit bedeutet – keine sonderlich verlockende Aussicht. Und es kommt noch dicker. Zeit, ein ökonomisches Projekt zu besichtigen, das kein politisches Projekt sein sollte – es dann aber wurde.

Der Turbo wird gezündet

Rund 200.000 Stahlrohre auf mehr als 1200 Kilometern, von Russland nach Deutschland, von Ust-Luga über die Ostsee bis zur deutschen Küste nach Mecklenburg-Vorpommern. Bei einem Investitionsvolumen von fast zehn Milliarden Euro sollte sie billiges Erdgas von Russland nach Deutschland bringen, ein rein ökonomisches Projekt. Mit dem russischen Überfall auf die Ukraine am 24. Februar 2022 allerdings wurde aus der umstrittenen Pipeline Northstream II ein politisches Projekt – die deutsche Regierung verweigerte dem Eigentümer, dem russischen Staatskonzern Gazprom, im Zuge der Sanktionen gegen Russland die Betriebserlaubnis, jetzt droht aus dem ökonomischen Projekt ein politisches Milliardengrab zu werden, die Pipeline liegt still.

Der Ukraine-Krieg hat den Staaten Europas eine hässliche Erkenntnis beschert: Über Jahre hinweg hat man sich abhängig gemacht von billiger Energie, und einen Großteil dieser billigen Energie hat das Russland Vladimir Putins geliefert, der nun Europa am Nasenring durch die politische Manege zieht. Gas, Öl, Nickel, Pottasche, Getreide – das alles kommt in Friedenszeiten aus dem Osten, aus Russland und aus der Ukraine, und das alles kommt nun nicht mehr oder kaum noch aus Russland. Die hohe Abhängigkeit des Westens von Rohstoffen aus der Region erweist sich jetzt als dessen Achillesferse und lässt die Rohstoffpreise explodieren. Der fromme Wunsch, unseren Energiehunger durch alternative, nachhaltige Energien oder Rohstoffe zu stillen, wird vermutlich noch auf Jahre hinaus genau das bleiben – ein frommer Wunsch. Im Gegenteil werden wir uns darauf einstellen müssen, dass die Energiewende die Preise für Energie weiter nach oben treiben wird – wie sonst soll man die Menschen dazu bewegen, klimabewusster zu leben, wenn nicht durch höhere Energiepreise? Und da Energie nicht nur der universelle Treibstoff privater Mobilität und Behaglichkeit, sondern auch fast jeglicher industriellen Produktion ist, frisst sich der Anstieg der Energiepreise mehr oder weniger durch die gesamte Wirtschaft und verteuert fast alle Produkte.

Wenn also schon der coronabedingte Rückgang des Angebotes und Anstieg der Nachfrage, zusammen mit den Einbrüchen bei den Lieferketten dazu beitragen, den Preisen Auftrieb zu verleihen, so wird durch den kriegsbedingten Anstieg der Rohstoffpreise nun der Inflationsturbo gezündet. Weitere Schubkraft erfährt dieser Turbo durch die aus dieser Misere resultierende Politik: Hier ein paar Milliarden Euro für die Landesverteidigung, da ein paar Milliarden zur Entlastung der Bürger, was natürlich über entsprechende Staatsverschuldung finanziert wird. Hier lautet die entscheidende Frage, was die Geldpolitik nun tun wird.

Pest oder Cholera?

Nach all dem, was wir jetzt zusammengetragen haben, ist es kein Wunder, dass die Inflationsraten weltweit steigen; im Schnitt auf mittlerweile 7 bis fast 10 Prozent (Stand: August 2022). Die Kommentare vieler Zentralbanker, dass dies nur ein vorübergehender Anstieg sei, könnte sich als Pfeifen im dunklen Wald entpuppen. Eine andere Meinung dazu vertritt die sogenannte Ketchup-Theorie, die besagt, dass Inflation ein wenig ist wie Ketchup: Öffnet man die Flasche, so kommt zuerst nichts raus, und dann kommt mit einem Mal ein ganzer Schwall. Schaut man sich das Jahr 2022 bis zur Jahresmitte an, so schlägt Ketchup das Pfeifen im dunklen Wald.

Mittlerweile hat sich auch in der EZB der Gedanke durchgesetzt, dass angesichts der Inflationswende nun auch die

Zinswende kommen muss. Dabei geht es nicht nur darum, die ausufernde Geldmenge wieder einzufangen, indem man die Wertpapierkäufe zurückfährt, sondern auch, die Erwartungen der Bürger zu stabilisieren: Wenn die EZB die Bürger davon überzeugen kann, dass sie alles tun wird, um die Inflation zu bekämpfen (und auch erfolgreich sein wird), verhindert sie, dass die Bürger aus Angst vor steigenden Preisen genau diese herbeiführen, indem sie höhere Löhne fordern oder Einkäufe vorziehen und damit sogenannte Zweitrundeneffekte erzeugen, die zu steigenden Preisen führen werden.

Zur Bekämpfung der Inflation gehören allerdings auch steigende Zinsen, und das könnte ein Problem werden. Grundsätzlich soll mit steigenden Zinsen die gesamtwirtschaftliche Nachfrage gedämpft werden: Bei steigenden Zinsen sinkt die Nachfrage nach Krediten, viele Investitionsobjekte sind nicht mehr rentabel, das dämpft die Investitionsfreude der Unternehmen, aber auch des Privatsektors (beispielsweise in der Baubranche), was sich dämpfend auf die Preise auswirkt. Klingt einfach, ist es leider nicht, denn hier treten vier Probleme auf.

Problem Nummer eins ist die Wirksamkeit dieser Maßnahme: Steigende Zinsen dämpfen die gesamtwirtschaftliche Nachfrage, so weit, so gut. Allerdings haben wir gesehen, dass ein wichtiger Teil der 2022 aufkommenden Inflation die Probleme auf der Angebotsseite sind – unterbrochene Lieferketten und steigende Energiepreise –, und diese Inflationsfaktoren lassen sich mit steigenden Zinsen nicht bekämpfen, weil steigende Zinsen primär nur die Nachfrage treffen.

Problem Nummer zwei ist die Konjunktur: Steigende Zinsen dämpfen die gesamtwirtschaftliche Nachfrage und damit die Konjunktur, aber genau in dem Moment, in dem die

Konjunktur ohnehin gefährdet ist. Eine Zinserhöhung könnte sich als zusätzlicher Nackenschlag für eine ohnehin durch Kriegssorgen und Pandemie-Nöte angeschlagene Wirtschaft erweisen und den ohnehin drohenden Einbruch verschärfen. Das ist ein echtes Dilemma: Mit Blick auf die Inflation müsste die EZB die Zinsen erhöhen, mit Blick auf die Konjunktur senken. Sie hat also die Wahl zwischen Pest und Cholera.

Problem Nummer drei bei Zinserhöhungen sind die Kapitalmärkte: In den vergangenen Jahren haben Null- und Negativzinsen den Gang an die Kapitalmärkte attraktiver und nötig gemacht – viele Anleger sind vor den Negativzinsen in Aktien oder Immobilien geflüchtet. Was aber wird passieren, wenn die Zinsen nun stark anziehen? Dann steht zu befürchten, dass die Aktien- und Immobilienmärkte nachgeben, mancher will sogar einen fulminanten Crash nicht ausschließen, der wiederum Folgen für Investitionen, Konsum und Konjunktur haben dürfte. Auch hier ein Dilemma: Entweder die EZB bekämpft die Inflation und riskiert dabei einen Kapitalmarktcrash oder aber sie lässt aus Rücksicht auf die Kapitalmärkte die Bürger in die Inflationsfalle laufen.

Problem Nummer vier sind die Staaten der Euro-Zone: Sie haben in den vergangenen Jahren massiv von den Null- und Negativzinsen profitiert, wie die Deutsche Bundesbank ausgerechnet hat: seit 2008 haben die Staaten der Europäischen Union aufgrund der Niedrigzinsen rund eine Billion Euro gespart – das sind knapp 9 Prozent des Euroraum-BIP. Deutschland hat allein 2016 rund 47 Milliarden Euro gespart, das sind 1,5 Prozent des deutschen BIP; die kumulierte Ersparnis des deutschen Staates beläuft sich bis 2016 auf 7,7 Prozent des BIP.[91] Mit dieser Gratis-Staatsverschuldungs-Bonanza wäre es bei steigenden Zinsen vorbei. Ein einfaches Rechenexempel:

Hat ein Land eine Staatsschuldenquote von 100 Prozent – die Verschuldung ist also genau so hoch wie das Inlandsprodukt –, dann bedeutet ein Anstieg der Zinsen um ein Prozent, dass das betreffende Land ein Prozent seines Inlandsproduktes als zusätzliche Zinszahlungen auf den Tisch legen muss. Das ist nicht gerade Kleingeld. Sollten aber aufgrund der steigenden Zinsen die Staaten in Verschuldungsprobleme geraten, werden sicherlich wieder Rufe nach der Notenbank laut, diesen Schlamassel mit billigem Geld zu bekämpfen – was dann wiederum einen neuen potenziellen Inflationsherd schüren würde. Man muss die EZB nicht beneiden.

Ein Blick in die Kristallkugel

Strich drunter – was erwartet uns in den kommenden Monaten und Jahren? Schwer zu sagen, aber es hilft schon, sich die langfristigen Einflüsse auf das Preisniveau zu vergegenwärtigen. Es sind insgesamt vier Akteure, die über die Zukunft unseres Geldes entscheiden.

Der *erste Akteur* ist die Politik: Sie schnürt Fiskalpakete, häuft Schulden an, erhöht die Preise – beispielsweise durch eine teure Klimawende – und hat damit entscheidenden Einfluss auf die Inflation. Die Fiskalpakete und Hilfsprogramme führen zu höherer Staatsverschuldung, die höhere Staatsverschuldung erhöht wiederum den Druck auf die Notenbank, dieses Problem mit Geld zu heilen – Ökonomen sprechen hier von fiskalischer Dominanz, gemeint ist damit, dass die Notenbank mehr oder weniger gezwungen ist, den Erfordernissen der staatlichen Finanzen nachzukommen, indem sie das Schuldenmachen durch billiges Geld ermöglicht. Vereinfacht könnte man sagen, dass die Ausgabenpolitik des Staates die Notenbank dazu zwingt, den Schuldenberg der Regierung mit Geld zu unterfüttern. Die

Zukunft unserer Währung wird also auch davon abhängen, wie verantwortungsbewusst die Politik sein wird.

Mit Blick auf die Tatsache, dass die Europäische Union mit dem Next Generation EU-Programm die Schleusen zu einer Schuldenunion geöffnet hat, bleibt ein ungutes Gefühl zurück. Europäische Politiker sprachen im Zusammenhang mit diesem Programm, das zur Bewältigung der Corona-Krise aufgelegt wurde und für das über den Haushalt der EU alle Mitgliedstaaten (also auch Deutschland) haften, von einem „Hamilton-Moment" – das bezieht sich auf den ehemaligen Finanzminister der Vereinigten Staaten, Alexander Hamilton, der 1790 die Schulden der einzelnen amerikanischen Bundesstaaten zu Schulden des Bundes machte, auch mit dem Argument, dass dies die Bundesstaaten enger zusammenschweißen werde. Man kann darüber streiten, ob das stimmt, denn im Anschluss an diese Schuldenvergemeinschaftung verschuldeten sich die Bundesstaaten nach Herzenslust, da sie und ihre Gläubiger davon ausgingen, dass im Zweifel der Bund für alle Schulden geradestehen wird. Es folgte ein kreditgetriebener Wirtschaftsboom, der in den dreißiger Jahren in einer tiefen Depression endete; zusammengeschweißt hat diese Schuldenvergemeinschaftung die amerikanischen Bundesstaaten auch eher nicht.

Der *zweite Akteur* im großen Inflationsspiel sind die Arbeitnehmer und Gewerkschaften, mit einer einfachen Wirkungsrichtung: Erwarten sie steigende Inflationsraten und sinnen sie bei den Lohnverhandlungen auf Inflationsausgleich, so werden sie über die Lohn-Preis-Spirale die Inflation weiter vorantreiben.

Akteur Nummer drei im Inflationsspiel sind die Unternehmen, sie entscheiden in zwei Wegen über die Zukunft unserer Währung: Erstens, indem sie versuchen, gestiegene Preise (oder die

Erwartungen steigender Preise) auf ihre Kunden abzuwälzen, was wiederum die Inflation treibt. Zweitens, inwieweit sie für eine weitere De-Globalisierung sorgen, Lieferketten zurückbauen, im Inland fertigen und ausländischen Lieferanten und Produkten den Rücken kehren – je mehr sie das tun, umso mehr wird die Globalisierung rückabgewickelt, was zu steigenden Preisen führen wird. Der einzige Hoffnungsschimmer ist hier der technische Fortschritt: Je mehr die Unternehmen dem Preisdruck mit einem Anstieg der Produktivität und technischen Innovationen die Stirn bieten können, umso mehr nehmen sie den Druck von den Preisen.

Bleibt noch *Akteur Nummer vier,* die Notenbank: Von ihrem Verhalten wird viel abhängen. Sie bestimmt über Käufe und Verkäufe von Anleihen die Höhe der (kurzfristigen) Zinsen (und damit indirekt auch die langfristigen Zinsen), die Entwicklung der Geldmenge und damit auch über die Erwartungen der Unternehmen und Arbeitnehmer. Vereinfacht gesagt: Je mehr die Notenbank den Wünschen der Politik nachkommt, umso eher dürfen wir mit weiter steigenden Preisen rechnen. Das nennt sich dann „Primat der Politik". Und wer der Politik wenig zutraut, muss sich überlegen, was nun zu tun ist. Davon handelt das nächste Kapitel.

11. Anlegen im Zeitalter der Finanzkrisen

Die Kernthesen dieses Kapitels

1. Da Inflation und die sie begleitende Vermögenspreisinflation sogenannte systemische Risiken sind, kann man ihnen fast gar nicht entgehen – es gibt beim Investieren nicht die silberne Kugel, die alle Feinde erlegt.
2. Die wichtigsten Beurteilungskriterien für Investments sind Sicherheit, Rendite und Liquidität; diese Kriterien stehen untereinander teilweise in Zielkonflikten.
3. Aktien, Anleihen und Immobilien bilden den Kern jeder Investmentstrategie; die Mischung ist von individuellen Faktoren abhängig.
4. Abrunden kann man ein Portfolio durch Nebeninvestments, sogenannte Exoten, die aber nur einen kleinen Teil des Portfolios ausmachen sollten.

Fünf Millionen Bücher

Gibt man in der Suchmaschine Google das Wort „Inflation" ein, so erhält man etwa 670 Millionen Ergebnisse. Ein wenig viel für einen Ratsuchenden. Gibt man die Wörter „Inflation" und „Schutz" ein, so erhält man 4,2 Millionen Ergebnisse – immer noch zu viel für eine solide Beratung. Man kann die Suche nach dem Wort „Inflation" auch wissenschaftlicher angehen, Google bietet dazu eine spezielle Funktion, den Ngram Viewer. Mit Hilfe dieses Werkzeuges kann man das Vorkommen von Wörtern in einem weltweiten Bestand von mehr als fünf Millionen Büchern zählen, auf die Google Zugriff hat.

Sucht man in englischen Büchern, so existieren die Worte Inflation und Deflation bis 1800 mehr oder weniger nicht; ab 1870 taucht die Inflation in der Literatur auf. Von den dreißiger bis in die siebziger Jahre des 20. Jahrhunderts taucht das I-Wort immer häufiger auf, in den siebziger Jahren steigt die Zahl der Nennungen noch steiler an, der Höhepunkt ist Anfang der achtziger Jahre – seitdem ist das Wort Inflation auf dem Rückzug aus der englischen Literatur. Das Wort Deflation hingegen taucht vermehrt erst in den zwanziger Jahren des 20. Jahrhunderts in der Literatur auf, in diesen Jahren immer häufiger, doch schon Ende der dreißiger Jahre ist dieser Boom vorbei; seitdem sinkt der Gebrauch dieses Wortes rapide.

In der deutschen Literatur sieht das ein wenig anders aus: Das Wort Inflation taucht erst ab 1900 häufiger auf, in den zwanziger Jahren – kein Wunder – explodiert die Zahl der Nennungen, sinkt ab den dreißiger Jahren, steigt nach 1940 wieder kontinuierlich, bis sie Ende der Siebziger ihren Höhepunkt erreicht. Im Vergleich dazu ist der Gebrauch des Wortes Deflation in der deutschen Literatur kaum messbar; es erlebt ein großes Auf und Ab von den Zwanzigern bis in die vierziger Jahre, danach sinkt der Gebrauch des Wortes mehr oder weniger kontinuierlich. Zuletzt, um die Jahrtausendwende, sieht man wieder einen leichten Anstieg.

Zusammengenommen kann man der Literatur entnehmen, dass Inflation in den letzten Jahren des vergangenen Jahrhunderts als Thema immer weniger gespielt wurde, und Deflation war, wenn überhaupt, nur wenig präsent.

In den vergangenen Jahren hat sich das geändert, wer heute nach Rat für Inflation sucht, bekommt eine Menge – teils reißerischer – Titel angeboten: „Wie Sie die Kernschmelze des Finanzsystems sicher überstehen“, „Wie Sie sich vor Inflation, Zentralbanken und finanzieller Repression schützen“ oder „Inflation oder Deflation?: So schützen Sie sich vor allen Szenarien“.

Natürlich muss jeder Ratgeber seinen Lesern Lösung, wenn nicht gar Erlösung versprechen, man will ja schließlich verkaufen. Hier müssen wir Sie leider enttäuschen: Erlösung können wir nicht bieten. Der Grund dafür ist, dass Inflation ein sogenanntes systemisches Risiko ist, will vereinfacht gesagt heißen: Es betrifft alles und jeden. Und wenn etwas jeden betrifft, dann betrifft es eben jeden, entkommen ist fast unmöglich. Wie muss man sich das vorstellen?

Die erste Idee, mit der man sich vor Inflation schützt, ist natürlich die Flucht in Sachwerte: Häuser, Aktien, Schmuck, was auch immer, alles, was man in die Hand nehmen kann, einen Nutzwert, einen Gebrauchswert hat, gewinnt doch im Falle der Inflation – richtig?

Absolut. Aber hier liegt auch das Problem, das wir bereits kennen: Wenn alle wissen, dass man mit Sachwerten der Inflation entgehen kann, dann werden das auch alle versuchen und dadurch die Preise für Sachwerte nach oben treiben – und genau das ist bereits geschehen. Das ist die Vermögenspreisinflation, von der wir bereits gesprochen haben. Das macht die Flucht vor der Inflation schwieriger, da man nun mit zwei Risiken zu kämpfen hat: Inflation und Vermögenspreisinflation. Vereinfacht gesagt: Was nützt es, dass man der Inflation entkommt, indem man in bereits völlig überteuerte Sachwerte investiert, deren Preis man niemals wieder sehen wird?

Zwischen zwei Stühlen

Wir können nun verschiedene Szenarien durchspielen, und Sie werden sehen, dass Sie in drei von vier Szenarien den systemischen Risiken nicht entkommen werden. Szenario Nummer eins: Man flieht vor der Inflation und kauft vor oder während des Anstiegs der Vermögenspreise Sachwerte. Verkauft man diese nun nach dem Platzen einer Vermögenspreisblase, verliert man einen Großteil seines Einsatzes, die Flucht ist gescheitert – die Flucht vor der Inflation zwar gelungen, dafür ist man der Vermögenspreisinflation in die Arme gelaufen.

Wie sieht es mit Szenario Nummer zwei aus? Man kauft vor Anstieg der Vermögenspreise und verkauft, bevor die anschließend inflationierten Vermögenspreise einbrechen; also sozusagen auf dem Höhepunkt der Blase statt an ihrem Ende. Besser?

Nicht notwendigerweise. In diesem Szenario sind Sie nun zwar der Vermögenspreisinflation entkommen, aber noch nicht der Inflation. In neue Sachwerte können Sie nicht investieren, weil diese ja von der Vermögenspreisinflation betroffen sind, der Sie ja gerade entkommen wollen; die Preise der Vermögenswerte sind viel zu hoch, als dass man nun in etwas anderes investieren sollte. Also bleiben nur Konsumgüter.

Doch nun laufen Sie wieder der Inflation in die Arme: Wenn Sie die Gewinne aus dem Verkauf der Vermögenspreise für Konsumgüter ausgeben, und zu diesem Zeitpunkt bereits die Preise der Konsumgüter steigen, haben wir Szenario Nummer drei – dann laufen Sie der Güterpreisinflation in die Arme. Je höher die Inflationsrate im Vergleich zu den Erträgen aus den Sachwertinvestments ist, umso eher werden die Gewinne aus dem Investment nun von der Inflation aufgefressen.

Bleibt noch Szenario Nummer vier: Sie investieren in Vermögenswerte, bevor diese den Boden des gesunden Investmentverstandes verlassen, also zu einer spekulativen Blase aufgepumpt werden, und verkaufen diese auch wieder, bevor die Blase platzt. Dann tauschen Sie Ihren Verkaufserlös in Konsumgüter um, bevor die Inflation diese zu teuer gemacht hat. In diesem Szenario schaffen Sie es tatsächlich, beiden Inflationstypen zu entkommen: Sie haben Kursgewinne gemacht und kaufen nun mit diesen Gewinnen Güter, welche die Inflation noch nicht teurer gemacht hat.

Der weitverbreitete Optimismus, mit Sachwerten der Inflation zu entgehen, begründet sich also auf die Hoffnung, dass man sein Investment in Sachwerte erstens mit einem deutlichen Gewinn beendet – also der Vermögenspreisinflation entkommt (Sie wissen aber schon, dass an der Börse zum Ausstieg nicht geklingelt wird?). Zweitens muss der Gewinn, den Sie beim Investieren in Sachwerte machen, höher sein als die Inflationsraten, sodass Ihre Gewinne aus dem Investment den Kaufkraftverlust auf dem Gütermarkt überkompensieren. In der Vergangenheit hat das für den deutschen und amerikanischen Aktienmarkt für lange Haltedauern oft funktioniert, in Japan allerdings beispielsweise nicht.

Dieses sogenannte Goldilock-Szenario kann Ihnen aber niemand garantieren. Je geringer Ihre Gewinne aus dem Sachwertinvestment sind und je höher die Inflationsraten bereits gestiegen sind, wenn Sie beginnen, Ihre Gewinne in Konsum umzusetzen, umso mehr erwischen Sie die beiden systemischen Risiken Inflation und Vermögenspreisinflation. Sie sehen, der Umgang mit systemischen Risiken ist mehr als einfach nur kopflos Sachwerte kaufen, Sie benötigen eine kluge und umsichtige Anlagestrategie. Wie das funktioniert? Das zeigen wir Ihnen in den beiden nächsten Kapiteln.

Noch schwieriger wird es, wenn Sie langfristig denken, sprich: Wenn es um die Altersvorsorge geht. Selbst wenn Sie Ihre Sachwerte versilbern, bevor die Blase der inflationierten Güterpreise platzt – wohin dann mit dem Verkaufserlös? In Zeiten der Sachwertinflation ist es wenig sinnvoll, Sachwerte zu verkaufen, um die Verkaufserlöse in andere Sachwerte zu stecken – das ist keine Flucht, man wechselt nur das Risiko.

Unter dem Strich ein unschönes Ergebnis: Die Idee, mit einem Investment in Sachwerte der Inflation zu entgehen, ist genau das – zu einfach. Inflation und Sachwertinflation sind systemische Risiken, die alle Anleger und Investoren betreffen. Einige wenige Clevere oder Glückliche mögen diesem Risiko ein Schnippchen schlagen, für die breite Masse ist es nicht möglich, systemischen Risiken zu entgehen. Deswegen nennt man sie systemisch – weil sie das System, und damit uns alle betreffen.

Was für systemische Risiken gilt, gilt auch für Finanzkrisen: Man kann ihnen kaum entkommen. Irgendwo tobt immer eine Finanz- oder Wirtschaftskrise – Staaten gehen pleite, Banken brechen zusammen, Währungen kollabieren oder Kriege brechen aus. Und nicht selten löst eine Krise gleich die nächste aus.

Das muss kein Grund zum Verzweifeln sein, man muss auch nicht immer gleich die Systemfrage stellen: Finanzkrisen sind etwas völlig Normales und gehören zum Kapitalismus wie das Gewitter zum heißen Sommertag. So wie das Sommergewitter die Luft klärt und die Temperaturen wieder auf erträgliche Maße senkt, sind auch Finanzkrisen hilfreiche Ereignisse. „Schöpferische Zerstörung" nennen Ökonomen das: Eine Wirtschafts- und Finanzkrise zerstört zwar Werte, Geschäftsmodelle und -träume, doch sie schafft auch Gelegenheit und Raum für Neues, einen Neustart.

Nochmal: Man kann Finanzkrisen und systemischen Risiken kaum ausweichen, aber das ist kein Beinbruch – wenn man weiß, wie man damit umgehen soll. Dazu muss man das magische Dreieck kennen.

Das magische Dreieck

Will man verschiedene Anlageformen einordnen, über ihre Gewichtung, Vorteilhaftigkeit und ihren Nutzen entscheiden, muss man die drei wichtigsten Kriterien für Investments kennen, die zusammen das magische Dreieck bilden: Rentabilität, Sicherheit und Liquidität.[92] Schauen wir uns diese drei Komponenten einmal an.

Sicherheit – das ist das Ziel, das erarbeitete und ersparte Vermögen zu erhalten (meist vor Inflation betrachtet) oder zumindest nicht unter einen bestimmten Schwellenwert sinken zu lassen; die Idee ist also, zu große Risiken zu vermeiden. Dabei gilt eine der wichtigsten Grundregeln des Investierens: Sicherheit kostet etwas, und zwar Rendite. Je sicherer ein Investment ist, umso weniger Ertrag wirft es ab. Wer mehr Rendite will, muss mehr riskieren.

➢ **Geldfrage:** *Wenn Ihnen jemand ein risikofreies Investment anbietet, das zugleich hohe Renditen verspricht, benachrichtigen Sie die Polizei. Es handelt sich um einen Betrüger. Ja, wirklich, und nein, es gibt keine Geheiminvestments, die Ihnen die Banken vorenthalten.*

Wie misst man Risiko?
Sicherheit bedeutet die Vermeidung von Risiken, aber wie misst man Risiko? Eine Maßzahl ist die sogenannte Standardabweichung, auch Volatilität genannt. Das ist vereinfacht gesagt die durchschnittliche jährliche Schwankung der Erträge eines Investments um den langfristigen Durchschnittsertrag. Je höher diese Abweichungen sind, umso höher ist das Risiko des betreffenden Investments. Zwei andere Maßzahlen sind der maximale zwischenzeitliche Kursverlust (Maximal Drawdown) und die Länge der

Erholungsphase (Recovery Period). Der Maximal Drawdown zeigt an, wie hoch historisch betrachtet die größten Kursverluste waren. Die Recovery Period gibt an, wie lange es in der Vergangenheit gedauert hat, bis die Verluste des Investments wieder aufgeholt waren. Bedenken Sie aber bitte: Vergangenheitsdaten lassen keinen sicheren Rückschluss auf die Zukunft zu. Risiko ist aber auch der Verlust der Kaufkraft, der sich über viele Jahre durch Inflation ergibt – die Wirkung der schleichenden Inflation wird häufig unterschätzt.

Der Haken an der Sicherheit ist also, dass sie im Konflikt mit Kriterium Nummer zwei steht, der Rentabilität. Die Rendite einer Investition ist der Gewinn bezogen auf das eingesetzte Kapital. Wer eine Aktie für 100 Euro kauft und für 150 Euro weiterverkauft, macht 50 Euro Gewinn; bezogen auf 100 Euro Kapitaleinsatz macht das 50 Prozent Rendite.

Woher kommt die Rendite? Zinsen, Dividenden, Mieten, staatliche Zuwendungen, Kurs- oder Verkaufsgewinne sind die Quellen des Gewinns und damit der Rendite. Renditekiller Nummer eins sind vermutlich die Steuern – die müssen Sie (leider) vom Gewinn abziehen, bevor Sie die Rendite errechnen.

Bleibt noch Kriterium Nummer drei, die Liquidität. Hier geht es um die Verfügbarkeit der Anlage. Anders ausgedrückt: Wie schnell hat ein Anleger die Möglichkeit, ein Investment wieder in Bargeld umzuwandeln? Die Aktie eines Dax-Unternehmens können Sie innerhalb einer Stunde verkaufen, weswegen sie recht liquide ist; den Rembrandt im Wohnzimmer (Glückwunsch) können Sie zwar auch verkaufen, das kann aber Monate dauern, bis ein passender Käufer gefunden ist, es sei denn, Sie sind bereit, ihn für 20 Cents zu verkaufen (rufen Sie uns an). Ein Rembrandt ist also ein illiquides Investment.

Und hier lauert der nächste Zielkonflikt: Je liquider ein Investment, desto niedriger das Risiko – weil man ja schnell zum Marktpreis verkaufen kann –, aber desto niedriger auch die Rendite. Für illiquide Investments bekommt man als Anleger meist auch eine Prämie als Entschädigung für die schlechte Veräußerbarkeit, das bringt mehr Rendite. Diese drei wichtigsten Kriterien eines Investments gilt es zu beachten, wenn wir uns nun der Frage zuwenden, was man machen kann. Schauen wir uns zuerst die Alternativen an.

Das kleine Investment-ABC

Es gibt einige wenige Grundregeln beim Investieren, die unabhängig von Zeit und Raum gelten, und die jeder Investor kennen sollte:

1. Diversifikation: Nicht alles auf eine Karte setzen. Man investiert nicht sein gesamtes Geld in ein einziges Investment – geht dieses Investment den Bach herunter, wäre das gesamte Vermögen weg. Also: Investieren bedeutet streuen; man wettet auf mehrere Pferde und hofft, dass mehr Wetten aufgehen als fehlschlagen.
2. Für Einzelinvestments gilt: Mehr Rendite gibt es nur im Tausch gegen mehr Risiko und weniger Liquidität. Das Geheimnis der Rendite liegt aber vor allem in der Zusammenstellung der Einzelinvestments, also in der Zusammenstellung des Portfolios.
3. Ein langfristiger Anlagehorizont ist wichtiger als der „richtige“ Zeitpunkt. „Time“ ist also wichtiger als „Timing“. Wer wenig Zeit mitbringt, sollte nur in liquide Investments mit geringem Schwankungsrisiko investieren.
4. Die Vergangenheit zu kennen ist wichtig, doch sie sagt nichts aus über die Zukunft.
5. Die schlechtesten Investmentberater sind Angst, Gier, Neid, Missgunst, Hektik und die Nachbarn.

Betongold

Wer an Inflationsschutz denkt, denkt sofort an Immobilien, auch Betongold genannt. Besonders, wenn man einen deutschen Pass hat: Auf der Wunschliste der deutschen Anleger steht das ganz weit oben. Mehr als ein Drittel der Anleger würden am liebsten in Immobilien investieren, dicht gefolgt von Festgeld und Sparbuch.[93]

Natürlich leiden Immobilien als Sachwerte nicht unter Inflation, aber wie zu Beginn dieses Kapitels beschrieben, besteht die Gefahr, zur Unzeit in den Immobilienmarkt einzusteigen, was beim Platzen einer Vermögenspreisblase Immobilien zu einem teuren Investment werden lässt. Ein Investment in Steine sollte also gut überlegt sein – was gilt es zu beachten?

Ein alter Witz in der Immobilienbranche besagt, dass es drei Kriterien für ein erfolgreiches Immobilieninvestment gibt: erstens Lage, zweitens Lage und drittens – Lage. Einen wahren Kern hat das, eine Immobilie in Berlin oder München wird immer ihr Geld wert sein, im tiefsten Bayerischen Wald kann das rasch daneben gehen. Das ist das grundsätzliche Problem bei Immobilieninvestments: Jede Immobilie ist ein Unikat, das macht die Bewertung so schwierig.

Man kann drei Klassen von Immobilieninvestoren unterscheiden: Großinvestoren, private Investoren wie Häuslebauer und Eigentumswohnungskäufer und mittellose Immobilieninvestoren respektive Kleingeldjongleure.

Großinvestoren spielen in einer eigenen Liga, in der die meisten normalen Anleger wegen des hohen Kapitalaufwandes nicht mitspielen können – wer kann schon eben mal einen Bürokomplex kaufen? Selbst wenn das Vermögen für den Kauf von ein oder zwei Häusern reichen sollte, ist das wenig ratsam, weil dann das gesamte Vermögen in einer Investmentklasse steckt. Kippt der Wohnungsmarkt, droht rasch der Gang zum Sozialamt.

Dann schon eher für die eigengenutzte Immobilie sparen, das ist zwar unter Renditegesichtspunkten im Regelfall kein Top-Investment, erzwingt aber während der Kreditlaufzeit eine hohe Ausgabendisziplin beim Hausherrn, was die Vermögensbildung begünstigt. Aufgrund der Annahme, dass Immobilien wertbeständig sind, bieten Banken gerne eine Finanzierung an. Wer mit sehr günstigen Bankkrediten arbeitet, kann durch die Kreditaufnahme die Gesamtrendite verbessern – das ist der sogenannte Hebel.

Der Hebel

Die Immobilie soll 100.000 Euro kosten und eine Rendite von fünf Prozent abwerfen. Wenn Sie das alles mit Eigenkapital finanzieren, ist die Rendite auch fünf Prozent, also 5.000 Euro. Wenn Sie aber 50.000 Euro zu zwei Prozent aufnehmen, rechnet sich das wie folgt: Sie zahlen zwar 1.000 Euro Zinsen, bekommen aber auf Ihre 50.000 Euro Eigenkapital nach wie vor 5.000 Euro minus die 1.000 Euro Zinsen. Gesamtrendite sind nun 4.000 Euro bezogen auf 50.000 Euro Kapitaleinsatz, macht nun acht Prozent Rendite statt fünf. Das ist der Hebel, auch Leverage genannt. Aber Vorsicht: So ein Hebel funktioniert auch nach unten.

Finanzierungen mit 90, 100 oder gar mehr als 100 Prozent Kredit sollten Sie jedoch unbedingt sein lassen: In wirtschaftlich schwierigen Zeiten könnte die Hausbank die Verlängerung des Kredits verweigern, ein Zwangsverkauf mit herben Preisabschlägen wäre im schlimmsten Fall die Folge. Kredite nehmen Ihnen die Unabhängigkeit.

➢ **Geldfrage:** *Wenn Sie die Rendite einer Immobilie ermitteln wollen, achten Sie nicht auf die Jahreskaltmiete im Verhältnis zum Kaufpreis, denn sie vernachlässigt einige wichtige Aufwendungen, beispielsweise die Erwerbsnebenkosten oder die Instandhaltungskosten oder Mietausfallrisiken. Achten Sie stattdessen auf die Nettomietrendite, die wesentlich mehr Kostenpositionen berücksichtigt und so ein realistischeres Bild der Mietrendite liefert.*

Wenn Sie in eine Wohnung als Kapitalanlage investieren, müssen Sie auf viele Risiken achten: Gesetzliche Regelungen wie verschärfter Mieterschutz, Mietpreisbremsen oder Vorschriften zur Sanierung senken die Rendite, und wenn Sie sich einen Mietnomaden einfangen, sind Sie eher pleite, als dass Sie diesen unliebsamen Kunden aus der Wohnung haben.

Das ist eines der größten Risiken beim Erwerb einer Immobilie als Kapitalanlage: Der Verkäufer rechnet Ihnen vor, dass sich diese alleine aus den Mieteinnahmen finanziert. Das stimmt aber nur, solange es auch Mieteinnahmen gibt. Sinken die Mieten, zahlt der Mieter nicht oder findet sich kein Nachmieter, müssen Sie die Raten aus eigener Tasche finanzieren – wie lange halten Sie das durch? Und lassen Sie sich nicht von Mietgarantien blenden, man werde dafür sorgen, dass Sie stets einen Mieter haben und stets Mieteinnahmen haben werden – blablabla. Erstens sind die Kosten für diese Garantie im Kaufpreis schon enthalten, zweitens sind diese Garantien oft einfach wertlos.

Sind Sie ein Kleinverdiener, ohne genügend Mittel für ein Haus oder eine Eigentumswohnung, dann bleiben Ihnen noch offene Immobilienfonds. Viele Sparer bündeln ihr Kapital und investieren gemeinsam in Immobilien, die einer alleine nicht kaufen könnte. Hier kann man mit kleinem Geld Anteile an Immobilien weltweit kaufen. Allerdings muss man auch hier auf die

Kosten achten – das schauen wir uns gleich im Zusammenhang mit Wertpapierinvestments an.

Die Bilanz der offenen Immobilienfonds fällt gemischt aus: Mit den besseren Produkten dieser Kategorie konnte man noch vor der Finanzkrise nahezu vier Prozent jährlich verdienen. In den letzten Jahren lag die jährliche Rendite allerdings eher bei zwei Prozent. Hatte man nicht so viel Glück und erwischte einen Fonds, der infolge der Finanzkrise in Liquiditätsprobleme geriet, ist in einigen Fällen mehr als die Hälfte des Kapitals weg. Leider gilt auch hier: Es gibt keine Zauberformel.

Bleiben noch die Schmuddelkinder der Branche, die geschlossenen Immobilienfonds – was ist davon zu halten? Zunächst einmal basieren diese Produkte auf einem Irrtum, nämlich dem Irrtum, dass man damit Steuern sparen kann. Geschlossene Immobilienfonds gelten als unternehmerische Beteiligungen, weswegen man – früher besser als heute – Verluste aus diesen Beteiligungen auf seine anderen Einkünfte anrechnen kann und dadurch seine Steuerlast senken kann.

Klingt plausibel, ist aber so zu einfach: Die Investitionen im Rahmen des Fonds, die man bei der Steuer geltend machen kann, haben ja einen Sinn – nämlich Gewinne zu machen. Und diese Gewinne müssen Sie natürlich später versteuern. Werfen diese Investitionen aber keine Gewinne ab, nützt auch die Steuerersparnis nicht – Verluste werden nicht dadurch sinnvoller, dass man sie von der Steuer absetzen kann, es sind am Ende des Tages immer noch Verluste. Will heißen: Entweder, Sie machen Gewinne mit dem geschlossenen Fonds, dann müssen Sie mehr Steuern zahlen, oder aber Sie machen Verluste – Steuerersparnis hin oder her. Der einzige Steuereffekt kann darin bestehen, dass Sie Gewinne in eine Zeit verlagern können, in der Sie einen niedrigeren Steuersatz haben. Das ist alles. Zudem sind die Steuersparmöglichkeiten bei diesen Produkten mittlerweile dramatisch reduziert worden. Und nein, es gibt keine Zauberformel für den Umgang mit dem Finanzamt. Sorry.

➢ **Geldfrage:** *Geschlossene Fonds bergen eine weitere Gefahr: Die Steuerersparnis wird am Anfang gewährt – auf die Absicht Gewinn zu erzielen. Wenn aber die Sache schiefgeht, also nie ein Gewinn erzielt wird, redet das Finanzamt dann von Liebhaberei und holt sich die Abschreibung wieder zurück. Die Immobilie wird dann wie eine private Schmetterlingssammlung behandelt, da gibt es auch keine steuerwirksamen Abschreibungen.*

Nimmt man noch die bisweilen extrem hohen Kosten geschlossener Fondsprodukte dazu, fällt die Erfolgsbilanz miserabel aus – kaum ein Produkt erfüllt die im Verkaufsprospekt angegebenen Prognosen, viele Zweckgesellschaften wurden sogar insolvent. Da nützt es auch nichts, dass geschlossene Fonds mittlerweile durch das Kapitalanlagegesetzbuch besser reguliert werden als früher.

➢ **Geldfrage:** *Eines der wenigen echten existierenden Steuersparmodelle bei geschlossenen Fonds sind geschlossene Schiffsfonds. Grund dafür ist die sogenannte Tonnagesteuer: Die anfallende Steuerschuld wird nach der Größe des Schiffes berechnet, nicht nach dem tatsächlich entstandenen Ertrag. Trotzdem ein Investment, das mit Vorsicht zu genießen ist, in den vergangenen Jahren sind viele dieser Fonds – Achtung, Kalauer – untergegangen. Kein Wunder, dass derzeit praktisch keine Schiffsfonds angeboten werden – das wird sich aber vermutlich auch mal wieder ändern; sobald die Verluste vergessen und verdaut sind, wird wieder Appetit für Risiko aufkommen.*

Legen wir abschließend die Messlatte unserer drei Investmentkriterien an. Nummer eins, die Sicherheit: Ja, Immobilien sind zumindest historisch betrachtet und im Durchschnitt sicherer als Aktien und andere Wertpapiere, allerdings ist das eben nur ein Durchschnittswert – aufgrund der Tatsache, dass eine Immobilie immer ein Unikat ist, kann das bedeuten, dass auch bei Immobilien bis zum Totalverlust alles drin ist. Also nicht alles in Beton stecken. Diese zumindest statistisch vorhandene Sicherheit zahlt man natürlich, Kriterium Nummer zwei, mit Renditeeinbußen. Gemessen an Aktien ist die Rendite überschaubar.

Bemerkenswert ist noch einmal das Kriterium Nummer drei, die Liquidität: Eine Immobilie verkauft man nicht über Nacht, die Suche nach einem Käufer, der die gewünschte Summe zahlen will, kann sich als schwierig gestalten und teuer werden. Schlimmstenfalls müssen Sie umziehen, weil Sie einen neuen Job haben, aber die Region, in der Ihr Haus steht, leidet unter hoher Arbeitslosigkeit, weswegen die Immobilienpreise fallen. Sie aber müssen rasch verkaufen, da Sie ja umziehen müssen. Viel Vergnügen.

Genauso problematisch wird es mit der Liquidität, wenn Sie im Alter etwas Geld locker machen müssen: Bei einem Aktienportfolio verkaufen Sie einfach ein paar Papiere, bei einer Immobilie können Sie ja nicht einfach sagen wir das Kellergeschoß verkaufen, um die Arztrechnung zu bezahlen, und den Rest behalten.

➢ **Geldfrage:** *Ein Ausweg aus dem Problem, dass man nicht die ganze Immobilie auf einmal verkaufen will, sind Immobilienrenten (reverse mortgage). Vereinfacht gesagt verpfändet man sein Haus an eine Bank gegen einen Einmalbetrag oder eine Rente; bei Auszug (beispielsweise ins Pflegeheim) oder im Todesfall bekommt die Bank die Immobilie oder wird von den Erben ausgezahlt.*

Gold

Elementsymbol: Au, vom lateinischen Wort aurum. Ordnungszahl: 79. Ein Übergangsmetall. Erste Nebengruppe im Periodensystem (Gruppe 11), die auch als Kupfergruppe bezeichnet wird. Zusammen mit Kupfer eines der wenigen farbigen Metalle. Und von jeher die Sachwertalternative schlechthin: Gold. Seit Tausenden von Jahren dient es als Zahlungs- und Wertaufbewahrungsmittel, das viele Währungsreformen und Krisen überlebt hat. Die meisten Deutschen halten Gold für eine sichere Anlage und eine gute Ergänzung bei der Geldanlage, tatsächlich sind aber nur sieben Prozent in Gold oder Goldzertifikate investiert.[94]

Auch Gold bietet keinen unmittelbaren Schutz vor Inflation, in diesem Fall der Vermögenspreisinflation. Es kann auch bei Gold Jahre, wenn nicht Jahrzehnte dauern, bis ein Investment in Gold sich rechnet, auch deswegen, weil Gold keine Zinsen und Dividenden zahlt, mit denen man den Lebensunterhalt bestreiten könnte. Es liegt einfach nur auf der faulen Haut. Auch ist Gold, gemessen an den Kursschwankungen, ein eher riskantes Investment, man braucht also einen langen Atem. Der Wert von Gold schwankt in etwa genauso wie der Wert von Aktien. Je nach Zeitraum (10, 20, 30, 40 Jahre) schwankt die Volatilität zwischen 15 und 18 Prozent, wobei Aktien im Vergleich zu Gold eine jährliche Überrendite zwischen einem und drei Prozent aufweisen.

Zudem wird der Goldpreis von sehr vielen Faktoren beeinflusst – Nachfrage der Industrie, Nachfrage der Schmuckindustrie, Dollarkurs, Krisen und nicht zuletzt Spekulationen über die Goldreserven der Notenbanken. Es ist vor allem der letzte Einflussfaktor, der immer wieder für Unruhe sorgt – immer wieder gibt es Gerüchte darüber, dass Notenbanken Gold kaufen oder verkaufen wollen, da braucht man stabile Nerven.

Und dann natürlich noch die Währungsreform, der Währungsschnitt, der Untergang der Währungsordnung. In der Tat ist Gold – wenn man es sich unter das Kopfkissen legt – die letzte Bastion gegen diese Ereignisse. Allerdings müssen Sie es dann wirklich unters Kopfkissen packen: Das klassische Bankschließfach schützt vor Diebstahl, aber nicht vor dem Zugriff des Staates, mit dem man in solchen Zeiten rechnen muss – eine Vermögensteuer oder eine Ausgleichsabgabe zur Behebung der Krisenfolgen ist durchaus vorstellbar, dem entgehen Sie nur, wenn der Staat keinen Zugriff auf Ihre Goldnotgroschen hat. Allerdings riskieren Sie den Zugriff von anderer, nicht-staatlicher Seite – Gold im Haus lockt Gesindel an. Letztlich müssen Sie sich selbst ein Urteil machen, für wie wahrscheinlich Sie ein solches Untergangsszenario halten und sich dementsprechend mit Gold eindecken. Als letzte Bastion gegen Katastrophen ist Gold unschlagbar, als Investment eher nachrangig – hohes Risiko (Kriterium Nummer eins), gemessen daran keine überdurchschnittliche Rendite (Kriterium Nummer zwei), die möglicherweise durch Transaktions- und Lagerkosten noch gedrückt wird, dafür aber zumindest recht liquide (Kriterium Nummer drei).

Goldbesitzverbote

Regierungen haben – meist infolge von Währungs- und Staatsschuldenkrisen – privaten Goldbesitz häufig verboten. In den Vereinigten Staaten war der Besitz von Gold von 1933 bis 1974 untersagt. Alle Bürger mussten zum festgelegten Goldpreis von 20,67 Dollar pro Unze ihr Gold an den Staat verkaufen. Wer der Aufforderung zur Goldabgabe nicht folgte, musste mit langen Haftstrafen oder empfindlichen Geldbußen von bis zu 10.000 Dollar rechnen. Auf der Suche nach verstecktem Gold beließ es der Staat nicht nur bei Hausdurchsuchungen, er schreckte auch nicht davor zurück, Schließfächer in den Banken zu öffnen. So gefundenes Gold wurde ohne Ausgleichszahlung konfisziert. Auch in Deutschland wurde nach dem Ausbruch der Hyperinflation Anfang der zwanziger Jahre die zwangsweise Erfassung und Einziehung von Edelmetallen beschlossen. Dieses Goldverbot wurde erst am 5. Mai 1955 wieder aufgehoben. Weitere Goldverbote im vergangenen Jahrhundert gab es unter anderem in der Sowjetunion, Frankreich, China, Polen, Indien und Großbritannien.

➤ **Geldfrage:** *Eine Alternative zum Gold unter dem Kopfkissen sind Aktien von Goldminenbetreibern, deren Kurs unmittelbar vom Goldpreis abhängt – im Gegensatz zu einem reinen Gold-Investment gibt es hier aber jährliche Zahlungen in Form von Dividenden. Eine andere Alternative sind Fonds, die in Gold anlegen. All diese Investments können zwar potenziell höhere Erträge abwerfen als ein reines Gold-Investment, sie sind aber im Falle einer massiven Krise des Währungs- und Finanzsystems nicht so sicher wie die Goldmünze unter dem Kopfkissen, nicht zuletzt, weil sie dann in Depots schlummern, auf die der Staat jederzeit zugreifen kann.*

Das meiste von dem, was Sie hier gelesen haben, gilt auch für andere Edelmetalle, beispielsweise Silber. Nun sind Metalle unter dem Kopfkissen wenig komfortabel – was ist denn mit Aktien? Beginnen wir mit ein paar Namen.

Aktien

Larry Ellison. Jeff Bezos. Warren Buffett. Amancio Ortega. Bill Gates. Was haben diese Menschen gemeinsam? Zum einen die Milliarden, die sich auf ihrem Konto drängeln: Bill Gates: 125 Milliarden Dollar. Amancio Ortega: 55 Milliarden Dollar. Warren Buffett: 110 Milliarden Dollar. Jeff Bezos: 133 Milliarden Dollar. Larry Ellison: 93 Milliarden Dollar. Fünf der reichsten Menschen der Welt. Das ist die eine Gemeinsamkeit.[95]

Die andere Gemeinsamkeit: Alle haben ihr Vermögen erworben, indem sie Unternehmen aufgebaut haben: Bill Gates: das Softwareunternehmen Microsoft. Amancio Ortega: den Modehersteller Inditex. Warren Buffett: das Investmentvehikel

Berkshire Hathaway. Jeff Bezos: den Versandhändler Amazon. Larry Ellison: das Softwareunternehmen Oracle.

Keine Frage: Unternehmertum macht reich, aber nicht jeder kann ein Unternehmen gründen. Aber jeder kann davon profitieren – mit Aktien. Aktien sind nichts anderes als handelbar gemachte Beteiligungen an Unternehmen, jeder Aktionär ist Miteigentümer des Unternehmens, dessen Aktien er besitzt. Das macht uns auch langfristig so optimistisch für Aktien: Aktien spiegeln die Erträge aus unternehmerischem Handeln wider, und solange Menschen Produkte kaufen und Dienstleistungen in Anspruch nehmen, wird es auch Aktien geben, mit denen man Geld verdienen kann. Solange die Wirtschaft wächst, werden auch Unternehmen wachsen und Geld verdienen – und mit ihnen auch die Aktionäre.

Aktien schützen zwar vor der Güterpreisinflation, dafür setzt man sich aber der Gefahr der Vermögenspreisinflation aus – wer in einen heiß gelaufenen Aktienmarkt investiert, darf sich nicht wundern, wenn er sich die Finger verbrennt. Dennoch – Aktien weisen langfristig mit die beste Anlagerendite aus. Der größte Fehler gescheiterter Anleger ist meist eine zu kurze Haltedauer. Nur weil Aktien sehr kostengünstig zu handeln sind, sollte man nicht ständig Aktien an- und verkaufen wie geschnitten Brot. Die Kosten solcher Eskapaden verfrühstücken jeden potenziellen Gewinn. Halten Sie es wie bei Immobilien, ein wesentlicher Teil des Erfolgs ist die langfristige Anlagedauer.

➢ **Geldfrage:** *Sie lieben den Nervenkitzel und glauben, dass Sie der Börse ein Schnippchen schlagen können? Statistisch gesehen sind die Chancen schlecht, dass Sie systematisch wirklich besser sind als der Gesamtmarkt, aber gut, wenn Sie darauf bestehen, hier der – investmenttheoretisch unsaubere – Vorschlag: Nehmen Sie eine Geldsumme, die Sie* *verschmerzen können, packen Sie diese in ein Extra-Depot und daddeln Sie nach Herzenslust in diesem Depot. Wenn Sie das alles verlieren, stehen Sie nicht im Unterhemd da und hatten Ihren Spaß. Und vielleicht einen Lerneffekt. Haben Sie Glück und Sie machen Gewinne, ist das ein kleines Extra-Sümmchen für Extra-Ausgaben.*

Wie sieht es mit unseren Kriterien aus? Das Risiko: Aktien weisen im Vergleich zu Immobilien oder Anleihen ein deutlich höheres Kursschwankungsrisiko aus. Der Grund: Aktien leiden in jeder Krise stark und Aktienkrisen treten regelmäßig auf, normalerweise alle drei bis acht Jahre – aber das hatten wir ja schon, das lässt sich nicht verhindern.

Wollen Sie dieses Risiko reduzieren, so hilft es, langfristig zu denken: Erweitert ein Anleger seinen Anlagehorizont von einem auf zehn Jahre, so vermindert er sein Risiko um 80 Prozent, erweitert er seine Anlagedauer auf 20 Jahre, so vermindert sich die Schwankungsbreite der jährlichen Rendite um etwa 90 Prozent. Je länger der Anlagehorizont, desto geringer ist das Risiko.[96]

Das Risiko der Aktien hängt eng mit Kriterium Nummer zwei zusammen, der Rendite. Die kann sich sehen lassen: Aktien haben über die letzten Jahrzehnte durchschnittlich über acht Prozent jährlich eingespielt. Selbst wenn das in den nächsten Jahren, vielleicht auch Jahrzehnten wegen eines schwächeren Wirtschaftswachstums zwei, drei Prozentpunkte geringer ausfallen sollte, wäre das im Vergleich zu den anderen Investments sehr attraktiv.

Kriterium Nummer drei, die Liquidität, hängt von der Aktie ab, in die Sie investieren. Hier unterscheidet man zwischen Standardwerten und Nebenwerten. Standardwerte, das sind große Unternehmen, Schwergewichte, die in den nationalen und internationalen Aktienindizes vertreten sind – BASF, Deutsche Bank, Unilever, General Electric und andere Gorillas. Solche Aktien sind sehr liquide, Sie können sie praktisch im Sekundentakt verkaufen und bekommen einen fairen Marktpreis. Bei Nebenwerten sieht das anders aus, das sind kleinere Unternehmen, die nicht jeder kennt, die in Nischen agieren oder in kleinen Staaten, oft an kleinen Börsen notiert sind. Solche Aktien kann man nicht immer ohne Weiteres verkaufen, man muss schon eher nach Käufern suchen, weswegen es hier passieren kann, dass man nicht immer zum besten Preis verkaufen kann (denken Sie an den Rembrandt in Ihrem Wohnzimmer).

Mit Standard- und Nebenwerten kann man nun einen sogenannten Core-Satellite-Ansatz fahren: Den Kern des Investments (Core) bilden solide Standardwerte, die weniger riskant sind. Um dem Ganzen ein wenig Würze zu verleihen, steckt man einen Teil des Geldes in Nebenwerte, die – weil sie weniger liquide sind – riskanter sind, aber ein wenig Extra-Rendite versprechen. Das sind die Satelliten.

➢ **Geldfrage:** *Wer nur wenig Geld hat, steckt dieses statt direkt in Einzelaktien in Fonds oder kostengünstige passive Indexprodukte (ETF), hier kann man für kleines Geld in ganze Universen investieren. Die wichtigsten Kennziffern bei Fonds sind der Ausgabeaufschlag, eine einmalige Gebühr, die Sie beim Kauf des Fonds zahlen, und die jährliche Verwaltungsgebühr. Wenn Sie die Kosten von Fonds vergleichen wollen, schauen Sie auf die sogenannte Total Expense Ratio (TER), die versucht, alle Kostenbelastungen des Fonds in einer Zahl abzubilden. Billiger wird es, wenn man Fonds über das Internet kauft, hier kann man teilweise dem Ausgabeaufschlag entgehen; bisweilen ist der auch beim Berater der Bank verhandelbar.*

Zinsprodukte

Die nächste große Anlageklasse sind Zinsprodukte – Anleihen, Geldmarktprodukte, Pfandbriefe und ähnliche Investments. Im Gegensatz zu Aktien versprechen Zinsprodukte eine feste Rückzahlung und eine feste Rendite, nämlich den Zins. Im Grunde genommen sind Anleihen handelbar gemachte Kredite; man hat einen festen Betrag, den man zurückgezahlt bekommt plus einer festen Verzinsung. Aus den vorherigen Kapiteln wissen Sie bereits, dass der Zins auch eine Inflationskomponente enthält – insofern liefern auch Anleihen einen gewissen Inflationsschutz, solange diese erwartet wird und sich deswegen im Zins widerspiegelt.

Das feste Rückzahlungs- und Zinsversprechen verleitet viele Anleger zu dem Glauben, dass Zinsprodukte eine absolut sichere Sache sind. Leider ist das nicht so, weil jedes Zinsprodukt auch ein sogenanntes Ausfallrisiko hat: Wenn derjenige, der die Rückzahlung des Anleihebetrages und den Zins versprochen hat, pleite ist, sehen die Anleihebesitzer auch kein Geld – bis hin zum Totalverlust.

Das Ausfallrisiko variiert dabei je nachdem, wem man per Anleihe das Geld geliehen hat: Wer in den vergangenen Jahren beispielsweise dem griechischen Staat gegen Zinsversprechen Geld geliehen hat – also griechische Staatsanleihen gekauft hat –, hat seit dem – offiziell freiwilligen – Schuldenschnitt von seinem Geld nicht mehr viel gesehen. Jede Staatspleite bedeutet, dass Anleihekäufer ihr Geld verlieren. Aber auch Unternehmen leihen sich Geld, geben also sogenannte Unternehmensanleihen aus, und hier gilt: Je solider das Unternehmen, desto geringer das Ausfallrisiko, aber leider auch die Rendite.

Gemessen an Kriterium Nummer eins – dem Risiko – ist also keineswegs immer gesichert, dass Anleihen weniger riskant sind als Aktien. Misst man über einen Zeitraum von mehr als zweihundert Jahren (1800 bis 2015) die Wertentwicklung für rollierende Zeiträume (also für ein, fünf, zehn und 30 Jahre Haltedauer) am amerikanischen Markt, so waren amerikanische Aktien unter Einbezug der Inflation ab einer zehnjährigen Haltedauer sicherer als amerikanische Anleihen und Geldmarkttitel. Amerikanische Staatsanleihen haben real im fünfjährigen Bereich (also bei Laufzeiten von fünf Jahren) auch erhebliche Risiken: So haben Anleihen im Zeitraum von 1976 bis 1981 und von 1914 bis 1919 jährlich etwa 10 Prozent verloren.[97]

Kriterium Nummer zwei – die Rendite – ist in normalen Zeiten geringer als bei Aktien; allerdings muss das nicht immer der Fall sein: Sinken die Zinsen schnell und stark, so machen Investoren in Anleihen deutliche Kursgewinne (das hatten wir schon besprochen).

Bei Kriterium Nummer drei – die Liquidität – gelten die gleichen Ideen wie bei Aktien: Anleihen von großen Schuldnern – große Staaten, große, bekannte Unternehmen – sind einfach und rasch zu verkaufen; bei kleineren Staaten und Unternehmen kann es schwieriger werden. Und noch schwieriger wird es, wenn wir uns den Anlageexoten widmen.

Exoten

Aktien, Immobilien, Anleihen – das ist das Dreigestirn des Investierens, das sind die Investments, ohne die kein ernsthafter Investor auskommt. Aber jeder Investor sucht auch das spezielle, ausgefallene Investment, die Idee, die nur wenige haben, die einen Extra-Renditekick verspricht. Gibt es das Geheimrezept?

Schon wieder müssen wir Sie enttäuschen: Den Geheimtipp gibt es nicht, wenn es irgendwo eine Gelegenheit gibt, einen Extra-Euro zu verdienen, sind sofort zu viele zur Stelle, die diese Gelegenheit beim Schopf ergreifen – und damit die Extra-Rendite wieder auf Normalmaß stutzen. Unseren Exoten-Investments gemeinsam ist zudem, dass sie nur eine begrenzte Menge Geld vertragen, weil es sich um Nischen handelt – werden sie von Geld überflutet, funktioniert das nicht mehr. Mit dieser Vorwarnung bewaffnet können wir nun einen Blick auf ein paar Exoten werfen:

➢ Hedgefonds umgibt die Aura des Geheimnisvollen, dabei handelt es sich lediglich um exklusive Vermögensverwalter, die mit teilweise sehr unterschiedlichen Strategien Geld für ihre Kunden verdienen wollen. Normalsterbliche können nicht direkt in Hedgefonds investieren, sondern nur über Fonds und Zertifikate. Das kann rasch teuer werden, zudem kauft man mit diesen Produkten die Katze im Sack. Sogenannte Alpha-Produkte schwimmen ein wenig auf der Hedgefonds-Welle – wen es interessiert, der mag sich das anschauen, das ist aber in der Regel recht teuer, wenig transparent und nichts für größere Beträge.

➢ Private Equity sind Investoren, die Unternehmen aufkaufen, sanieren, filetieren oder aufspalten, aufhübschen und dann zumeist an der Börse wieder verkaufen. Im Grunde genommen handelt es sich dabei um unternehmerische Beteiligungen mit entsprechenden Chancen und Risiken. Auch hier gilt: Normalsterbliche können nicht direkt in Private-Equity-Fonds investieren, aber in die Aktien einiger Private-Equity-Unternehmen und Beteiligungsgesellschaften. Reizvoll, aber auch das kein Investment für die Rundumversorgung.

➢ Rohstoffe können interessant sein, weil sie oft nicht den gleichen Einflüssen unterliegen wie andere Investments – wenn die Aktienmärkte fallen, dann kann es sein, dass Rohstoffe stabil bleiben, das macht das gesamte Portfolio etwas stabiler. Bis auf Gold oder Silber ist aber der Direkterwerb von Rohstoffen für Privatanleger kaum möglich. Wer kann schon mehrere Tonnen Getreide oder Rohöl in größeren Mengen Zuhause lagern? Investments sind daher nur über Umwege wie börsengehandelte Terminkontrakte oder Zertifikate (Exchange Traded Commodities) möglich. Terminkontrakte müssen regelmäßig verlängert werden (man sagt auch, dass sie gerollt werden), wodurch nicht nur Kosten, sondern auch Rollverluste entstehen – in den vergangenen zehn Jahren waren das im Schnitt acht Prozent pro Jahr.[98] Das schränkt den Nutzen von Rohstoffinvestments erheblich ein.

➢ Ein anderer Exot sind Katastrophen-Bonds. Investoren leihen hier Versicherungen Geld, das zur Deckung vorher genau definierter Naturschäden dient – tritt die Katastrophe ein, verlieren die Anleger ihr Kapital ganz oder teilweise an den Versicherer. Für die Übernahme dieses Risikos werden Anleger mit bis zu zehn Prozent entschädigt; die Ausfallwahrscheinlichkeit bei diesen Anleihen beträgt durchschnittlich etwa ein bis zwei Prozent. Im Grunde genommen ist es also eine Wette darauf, ob eine Katastrophe eintritt – eine Wette aufs Wetter.

➢ Einer unserer Favoriten ist Bildung. Ja genau, Bildung. Investieren Sie Geld in Ihre Ausbildung, bilden Sie sich weiter. Die Renditen von Bildung sind teilweise unschlagbar hoch, und inflationsgeschützt ist das auch noch – steigen die Preise, steigen auch die Löhne, und damit steigt der Ertrag Ihrer Ausbildung. Zudem halten wir die Gefahr einer Vermögenspreisinflation hier noch für gering – wer gut ist in dem, was er tut, hat immer gute Job-Chancen und ein gutes Gehalt. Und nicht jeder kann Ingenieur werden, das begrenzt das Potenzial für eine inflationäre Entwicklung. Und nicht zuletzt hat Bildung auch eine persönliche Rendite, sie erweitert Ihren Horizont, macht Ihr Leben spannender und interessanter.

➢ Eine weitere, recht verwegene Idee: Denken Sie an Bill Gates, Warren Buffett und die anderen Herren, die Sie beim Aktien-Kapitel kennengelernt haben – warum nicht ein Unternehmen gründen? Zugegeben, das ist riskant, kann aber schöne betriebliche und persönliche Renditen abwerfen. Und ein erfolgreiches Unternehmen trotzt auch Wirtschaftskrisen.

➢ Die letzte Idee mag Ihnen besonders schräg vorkommen, denn sie wirft keine Rendite im herkömmlichen Sinn ab, sondern eine emotionale: Die noch recht junge Disziplin der Glücksforschung lehrt uns, dass es uns glücklich macht, wenn wir Geld für andere ausgeben, für gute Zwecke spenden. Lassen Sie ein wenig Geld für Ihre Freunde, das örtliche Tierschutzheim oder einen anderen guten Zweck springen, es ist wissenschaftlich erwiesen, dass es Ihnen dann besser geht – auch eine schöne Rendite, auch wenn Sie zugegebenermaßen damit keine Altersversorgung aufbauen können. Aber warum nicht das schöne Gefühl genießen, etwas Gutes zu tun?[99]

Das sind ein paar Vorschläge, allerdings sind das eben Exoten – man kann damit keine ganze Anlagestrategie bestreiten. Womit wir beim nächsten Punkt wären: Es reicht nicht, einfach ein paar Investmentprodukte zu kaufen, man muss sie mit Kopf kaufen, mit einer Strategie. Erst die Strategie macht aus den Anlageprodukten ein Investment. Zeit, sich der Anlagestrategie zu widmen.

12. Wie baut man ein Portfolio?

Die Kernthesen dieses Kapitels

1. Entscheidend für den Investmenterfolg sind nicht nur die Einzelwerte, sondern deren Zusammenstellung – die Investmentstrategie.
2. Es gibt nicht **das** Portfolio, sondern jeder Investor, jede Lebenslage und Marktsituation erfordert eine eigene Strategie.
3. Ein gutes Portfolio ist wie eine Fußballmannschaft, es besteht aus einer Defensive, einem Mittelfeld und einem Sturm.
4. Zwei Schlüsselbegriffe für die Konstruktion eines Portfolios sind die Diversifikation und die Korrelation.

Kenne Deinen Feind

Das Buch entsteht vor etwa zweieinhalbtausend Jahren, in China. Der erste Satz lautet:

> Die Kunst des Krieges ist für den Staat von entscheidender Bedeutung. Sie ist eine Angelegenheit von Leben und Tod, eine Straße, die zur Sicherheit oder in den Untergang führt. Deshalb darf sie unter keinen Umständen vernachlässigt werden.

In 13 Kapiteln und 68 Thesen enthält das Buch alles über Kriegsvorbereitung und Kriegsführung, und gibt klare Ideen und Anweisungen, beispielsweise „Wenn du den Feind und dich selbst kennst, brauchst du den Ausgang von hundert Schlachten nicht zu fürchten". Das Buch: „Die Kunst des Krieges" des chinesischen Generals, Militärstrategen und Philosophen Sun Tzu oder Sunzi. Mao soll es ebenso genutzt haben wie Napoleon, und auch heute schwören viele Wirtschaftsbosse und Manager darauf.

Sun Tzus Buch ist nicht die einzige Quelle der Inspiration – kein Managementseminar oder BWL-Artikel, in dem nicht das Wort „Strategie" vorkommt, gerne verpackt in wissenschaftliche Vokabeln und Theorien. Politiker, Manager, Fußballtrainer – keiner, der ohne Strategie auskommt, die Kunst, zur rechten

Zeit die richtigen Dinge zu tun. Grundsätzlich ist das auch richtig – bevor man sich in die Schlacht stürzt, sollte man einen Plan haben, auch wenn Spötter sagen, dass ein Plan die geplante Herbeiführung eines zufälligen Ereignisses ist. Und natürlich sollte man auch bei der Geldanlage eine Strategie haben – ähnlich wie bei einer Fußballmannschaft.[100]

Eine erfolgreiche Fußballmannschaft hat nicht nur Stürmer, die Tore schießen, sondern auch ein solides Mittelfeld und eine starke Abwehr, die Gegentore verhindert. Und der Trainer muss die richtigen Spieler auswählen, daraus ein Team formen und es auf den nächsten Gegner einstellen.

Ähnlich ist es beim Investieren – ohne Strategie geht nichts. Diverse Studien belegen, dass die Zusammenstellung des Portfolios in über 90 Prozent aller Fälle über den Anlageerfolg entscheidet, will heißen: Es sind nicht die Einzelwerte, die über Ihren Anlageerfolg entscheiden, sondern vor allem die Zusammenstellung der verschiedenen Anlageklassen, die Mischung von Aktien, Anleihen und Immobilien, die sogenannte Asset Allokation. Die Aufstellung des Teams.

Auf dem Spielfeld wären da zunächst der Torwart und die Abwehr: Ein guter Torwart und eine sichere Abwehr bringen Sicherheit, sorgen für Risikovermeidung. Die Abwehr Ihrer Anlagestrategie sollte aus risikoarmen Investments bestehen, je nach Vermögen Anleihen mit geringem Risiko und kurzer Laufzeit, Geldmarktprodukte, eventuell eine eigene Immobilie. Die Abwehr bringt nicht so viel Rendite, aber Sicherheit, weswegen Sie auch – wie bereits diskutiert – einige Goldmünzen dazustellen können, wenn Sie sehr pessimistisch hinsichtlich der Zukunft unserer Währung sind.

Und was ist mit dem Mittelfeld? Es stabilisiert nach hinten die Abwehr und liefert dem Sturm die Bälle, es arbeitet hart – teils offensiv, teils defensiv – und liefert nachhaltigen Ertrag. In Ihrem Mittelfeld sollten sogenannte defensive Werte stehen – das sind Aktien von Unternehmen mit guter Marktposition, hoher Profitabilität und stabiler Gewinnentwicklung. Die Geschäftsmodelle dieser Werte sind oftmals langweilig, versprechen keine stellaren Renditen, aber eine gesunde Wertentwicklung und ein stabiles Geschäft. Oft sind das große Standardwerte, die in soliden Branchen – Nahrungsmittel, Maschinenbau, Handel oder Konsum – tätig sind. Diese stabilen Qualitätswerte sind in der Regel aber nicht günstig bewertet – Qualität hat eben ihren Preis. Eine gute Ergänzung hierzu sind daher Value-Werte. Die Idee des Value-Investierens ist es, dass es Unternehmen gibt, deren wahrer Wert von der Börse noch nicht erkannt worden ist – der Börsenwert liegt unter dem Buchwert und der Gewinnmultiplikator (das Verhältnis von Aktienkurs zu Gewinnen, kurz KGV), liegt deutlich unter dem Marktdurchschnitt. Diese unterbewerteten Aktien bieten ihren Aktionären meist auch überdurchschnittlich hohe Dividendenrenditen.

Der Begründer des Value-Investing …

… ist der Amerikaner Benjamin Graham, seine Bücher „Security Analysis“ und „The Intelligent Investor“ gelten als die Standardwerke des Value-Investing. Graham plädiert dafür, nicht auf kurzfristige Kursschwankungen zu setzen, sondern ein Investment in Aktien als eine Investition in ein Unternehmen zu verstehen – deswegen ist Investieren die Analyse von Unternehmensbilanzen und Märkten, aber keine Spekulation auf Chart-Bilder oder kurzfristige Wellen. Der wohl berühmteste Value-Investor und Schüler von Graham ist Warren Buffett, der mit seinem Investment-Unternehmen Berkshire Hathaway zu einem der reichsten Männer der Welt geworden ist. Buffett sieht sich als Langzeitinvestor: „Mein bevorzugter Anlagezeitraum: für immer.“

Bleibt in unserer Mannschaft noch der Sturm – er schießt spektakuläre Tore – hier geht man etwas offensiver zu Werke, strebt also etwas mehr Rendite an, natürlich im Austausch gegen mehr Risiko. Für den Sturm kommen beispielsweise in Frage:

- Nebenwerte, also Aktien von kleinen Unternehmen. Diese sind zwar weniger liquide als große Standardwerte, bergen also ein größeres Risiko, aber immer wieder kann man unter ihnen Perlen entdecken, die eine hohe Rendite versprechen. Weil sie eben so klein sind, achten nicht alle Marktteilnehmer auf sie, weswegen es hier bisweilen immer wieder eine von der breiten Masse unentdeckte Chance zu finden gibt.

- Investments in Schwellenländer sind riskanter als Anlagen in Industriestaaten, versprechen aber auch höhere Renditen. Solche Staaten haben ein höheres Wachstumspotenzial als ausgereifte Staaten, aber leider auch ein höheres Rückschlagpotenzial.

Investieren in Schwellenländern

Die Schwellenländer gibt es nicht, die einzelnen Staaten unterscheiden sich sehr stark, man muss also genau hinschauen. In den Schwellenländern leben 80 Prozent der Weltbevölkerung, von den 100 größten Volkswirtschaften der Welt zählen 25 zu den schnellwachsenden Ländern (darunter ist kein Land aus Europa), jedes zweite Auto wird heute in einem Schwellenland verkauft. Und die weltwirtschaftlichen Gewichte verschieben sich weiter: Der Anteil der Schwellenländer am Weltbruttosozialprodukt wird in den nächsten zehn Jahren mit dem Anteil der Industrieländer gleichziehen. Wer die Chancen in den Schwellenländern wahrnehmen will, kann auch in Weltkonzerne investieren, die vom Boom der Schwellenländer besonders profitieren (beispielsweise Coca-Cola, McDonalds, Intel, Microsoft, Bayer, Pfizer, Nestle, Unilever).

- Als Wachstumswerte (Growth-Werte) bezeichnet man Unternehmen, von denen man sich ein hohes Wachstumspotenzial verspricht, auch wenn sie aktuell vergleichsweise geringe Umsätze tätigen oder über geringes Kapital verfügen. Growth-Werte sind sozusagen Hoffnungswerte und eine Wette auf das Wachstumspotenzial dieser Titel. Solche Aktien findet man vor allem in der Technologie- und Biotechnologiebranche.

- Hochzinsanleihen (High Yield oder Junk Bonds) sind Anleihen von Unternehmen, deren Bilanzen alles andere als goldgerändert sind. Wegen ihrer deutlich höheren Ausfallwahrscheinlichkeit versprechen sie hohe Zinsen, daher der Name. Sie gelten als spekulativ und sollten als Beimischung nur über breitgestreute Fonds ins Portfolio genommen werden.

Unsere Mannschaft steht damit, doch das ist noch nicht alles: Man muss die Mannschaft natürlich auf den Gegner einstellen – auswärts ist man defensiver als zu Hause, gegen den Tabellenführer wählt man eine andere Aufstellung als gegen den Tabellenletzten.

Beim Investieren ist der Gegner das Börsenumfeld, also die saisonalen, monetären, psychologischen und technischen Faktoren, die das Kursgeschehen bestimmen. Und wie im Fußball muss man auch bei unterschiedlichen Gegnern unterschiedliche Spieler und Mannschaften auswählen. Es gibt keine einzelne Anlageklasse, die in allen Marktphasen eine zufriedenstellende Rendite abwirft. Ist der Gegner der Tabellenführer, die Börse also am Überschäumen, so wie beispielsweise um die Jahrtausendwende, als die Kurse kein Halten kannten, ist Defensive angesagt. Spielt man gegen den Tabellenletzten, liegt die Börse am Boden, sollte man offensiv spielen, also den Sturm stärken.

Ein allgemeingültiges Portfolio für alle Markt- und Lebenslagen gibt es also nicht – aber ein, zwei Regeln, die es bei jeder Mannschaftsaufstellung zu beachten gilt.

Für Aktien gilt: Je länger der Anlagehorizont ist, desto größer kann der Aktienanteil sein. Bei gemischten Portfolios gilt als Faustregel ein Verhältnis von 50 Prozent Aktien zu 50 Prozent festverzinsliche Produkte bei einem fünfjährigen Anlagehorizont, 75 zu 25 bei einem zehnjährigen Horizont, 90 zu 10 bei einem 15-jährigen Horizont. Als weitere Faustformel dient das Lebensalter: So gibt die Anzahl der Lebensjahre den minimalen prozentualen Anteil von (sicheren) festverzinslichen Anlagen am freien Vermögen wieder. Ein 20-jähriger Student könnte zum Beispiel sein freies Vermögen zu etwa 80 Prozent in Sach- und Substanzwerten binden, ein 75-jähriger Rentner sollte sein freies Vermögen zu drei Vierteln in Zinspapieren haben.

Aktien und Inflation
Aktien werden in Geld bewertet und unterliegen insofern eigentlich dem Inflationsrisiko. Sie haben jedoch einen eingebauten Inflationsschutz, zumal große Teile der Werte eines Unternehmens Sachwerte sind. Wichtiger ist aber folgender Punkt: Inflation treibt die Preise aller Güter, damit auch die Umsätze der Unternehmen, und bei stabilen Gewinnmargen steigen somit auch die Unternehmensgewinne. Erhöhen sich die Preise, steigt die nominelle Bewertung der Unternehmen. Kurzfristig greift dieser Schutz allerdings nicht, im Gegenteil: Inflation treibt die Zinsen, und diese üben Druck auf die Aktienkurse aus. Steigt die Inflation also rasch an, fallen zunächst die Aktienkurse. Steigende Löhne, Rohstoff- und Energiekosten können Industrieunternehmen nur nach und nach an die Kunden weitergeben, das belastet zunächst ihre Gewinne. Anders ist die Situation für Energie- und Rohstoffunternehmen: Diese gewinnen zumeist kurzfristig bei steigender Inflation. In der Vergangenheit haben Aktien immer wieder gezeigt, dass sie auf längere Sicht den Kaufkraftverlust durch Inflation ausgleichen

können – selbst die Hyperinflationsphase in Brasilien in den 1980/90ern oder die große Inflation in England zwischen Ende der 1960er- und Anfang der 1980er-Jahre haben sie gemeistert.

Zwei Zauberworte

Die wohl wichtigste Regel beim Investieren leuchtet auf dem Fußballfeld sofort ein: Kein Trainer würde eine Mannschaft aufstellen, die nur aus Stürmern oder Torwarten besteht – die Mischung macht es. Genau das gilt auch beim Investieren. Niemand würde sein gesamtes Geld nur in eine Aktie investieren, oder? Der Grund dafür leuchtet ebenfalls intuitiv ein: Man setzt nicht alles auf ein Pferd, es sei denn, man ist ein hoffnungsloser Spieler oder verzweifelt. Oder beides. Dieser Grundgedanke nennt sich Diversifikation – die Kunst, seine Mannschaft, seine Investments, ausgewogen aufs Spielfeld zu bringen.

Achterbahnfahren statt diversifizieren
Wenn sie so stimmen, illustrieren die Geschichten um Heiko Thieme, einem deutschen Fondsmanager an der Wall Street, perfekt, warum man diversifizieren sollte: Thieme wurde 1995 von der Zeitschrift „Mutual Funds“ zum schlechtesten Fondsmanager des Jahres gewählt; 1997 wurde er zum besten Fondsmanager des Jahres gekürt. Angeblich hatte Thieme einen Großteil seiner Gelder in die Aktie eines Unternehmens investiert, war also kaum diversifiziert. Stimmt dies, so hat sich vermutlich Folgendes ereignet: 1995 lief diese Aktie schlecht, damit stürzte Thiemes gesamtes Depot ab. 1997 war die Aktie erfolgreich und wuchtete Thiemes gesamtes Depot durch die Decke. Wenn Sie gerne Achterbahn fahren, können Sie auf Diversifikation verzichten.

Wie aber diversifiziert man? Pragmatisch gesagt achtet man darauf, dass man von jedem etwas hat – Aktien und Anleihen aus verschiedenen Ländern, verschiedenen Branchen, die Anleihen mit verschiedenen Laufzeiten, dazu Edelmetalle, Immobilien oder einige Exoten. Das ist jetzt ein sehr hemdsärmeliger

Rat, will man genauer wissen, wie man diversifiziert, benötigt man das zweite Zauberwort: Korrelation.

Die vielen Gesichter der Diversifikation
Man kann ein Aktienportfolio nach vielen verschiedenen Kriterien diversifizieren. So kann man nach Ländern, Regionen oder Kontinenten streuen oder nach Branchen. Im letzten Fall sind Obergrenzen gut, beispielsweise dass keine Branche mehr als 25 Prozent im Portfolio ausmacht. Man kann auch nach Größenmerkmalen der Unternehmen streuen oder nach finanzanalytischen Kriterien wie Dividendenrendite oder Kurs-Gewinn-Verhältnis. Oder man berechnet die Korrelationen und streut somit nach mathematisch berechneten Modellen.

Mathematisch betrachtet ist Korrelation eine messbare Wechselbeziehung zwischen zwei Variablen oder Ereignissen – wenn sich A ereignet, dann ist die Wahrscheinlichkeit hoch, dass auch B passiert. Ihr Schokoladenkonsum und Ihr morgendliches Schockerlebnis auf der Waage beispielsweise sind miteinander korreliert: Je mehr Schokolade Sie essen – Ereignis A – desto größer wird der Schock auf der Waage (Ereignis B).

Und wie sieht eine Korrelation an der Börse aus? Ganz einfach: Wenn Investment A abstürzt und ihm Investment B folgt, dann sind beide miteinander korreliert. Damit ist auch klar, welche Rolle die Korrelation für das Investieren, speziell für die Diversifikation spielt: Investieren Sie in zwei Investments, die stark miteinander korreliert sind, sind Sie nur scheinbar diversifiziert, in Wirklichkeit liegen doch alle Eier in einem Korb.

Nehmen wir an, Sie investieren in die Aktien eines Regenschirmherstellers – immer, wenn die Sonne scheint, sinkt naturgemäß der Wert der Aktie. Um das zu vermeiden, diversifizieren Sie nun, indem Sie in eine zweite Aktie investieren. Welche Branche würden Sie da bevorzugen – einen Gummistiefelhersteller oder einen Hersteller von Sonnencreme? Klarer Fall: Investieren Sie in den Gummistiefelhersteller, sind Sie nicht wirklich diversifiziert, denn wenn die Sonne scheint, fallen nicht nur die Regenschirm-Aktien, sondern auch Ihr Gummistiefel-Investment. Letztlich haben Sie doch alle Eier in einen Korb gelegt, der zerbricht, sobald die Sonne scheint.

Echte Diversifikation wird es erst, wenn Sie in den Sonnencreme-Hersteller investieren: Scheint die Sonne, fallen unsere Regenschirm-Aktien, aber die Sonnencreme-Aktien steigen und machen diesen Verlust wett. Anders herum, wenn es regnet, funktioniert das auch: Regenschirme steigen, Sonnencreme fällt. Der Regenschirmhersteller und die Sonnencreme-Fabrik sind auch miteinander korreliert, aber negativ, und genau das macht den Diversifizierungseffekt aus.

Die Maxime für ein diversifiziertes Portfolio ist also recht einfach: Kaufen Sie Werte, die nicht miteinander oder sogar negativ miteinander korreliert sind, dann sind Sie diversifiziert. Aus diesem Grund empfehlen Profis auch gerne die sogenannte Beimischung von Nischeninvestments – das sind unsere Exoten aus dem vorherigen Kapitel –, wenn diese eine geringe Korrelation zu den Hauptinvestments – Aktien und Anleihen – haben. Exemplarisch dafür sind die Katastrophen-Bonds: Ihre Rendite beziehen Sie aus der Entwicklung des Wetters; eine Variable, die eher keine Korrelation zum Aktienmarkt aufweist. Gut, vielleicht nicht ganz so – lesen Sie dazu den Kasten über die Börse und das Wetter.

Schönes Wetter, schöne Kurse?
Beeinflusst das Wetter die Börsenkurse? Ja, wollen Statistiker herausgefunden haben: Bei schönem Wetter steigen die Kurse, eine Schlechtwetterfront bringt Kursverluste. Für Deutschland hat das

eine Untersuchung für die Nebenwerteindizes M-Dax und S-Dax nachgewiesen; der Dax selbst, der Index der größten deutschen Börsenunternehmen hingegen, scheint wetterfest zu sein. Kritiker sagen, dass dies eine sogenannte Scheinkorrelation sein könnte: Greift man in eine Kiste voller Daten und sucht man lange genug, so findet sich ein statistisch signifikanter Zusammenhang, der nur zufällig existiert. Grundsätzlich gilt: Korrelation ist noch nicht Kausalität – nur weil sich zwei Dinge gleichzeitig ereignen, bedeutet das noch nicht, dass sie etwas miteinander zu tun haben. Ohne Theorie ist eine Korrelation nur ein Befund. Befürworter des Wettereffektes argumentieren, dass gutes Wetter zu besserer Laune führt, und besser gelaunte Menschen, so die Idee, kaufen mehr Aktien. Wie überzeugend man das findet, ist Ansichtssache; zudem ist die Frage nicht geklärt, wie man diesen Zusammenhang – sollte er stabil sein – für eine erfolgreiche Anlagestrategie nutzen könnte.

Der Vorteil vieler solcher Exoten-Investments ist also, dass sie ein Portfolio diversifizieren und damit stabilisieren, also das Risiko senken. Allerdings muss man hier gleich die nächste Warnung nachschieben: Korrelationen werden immer aus Vergangenheitsdaten berechnet, was bedeutet, dass sie sich auch ändern können. So sagt man, dass langfristig Aktien und Anleihen negativ korreliert sind – fallen Aktien (Anleihen), so steigen Anleihen (Aktien). Doch finden sich immer wieder auch Phasen oder Ereignisse, in denen sich diese Korrelation umdreht, Aktien und Anleihen dann in die gleiche Richtung marschieren. Vergangene Korrelationen sind kein Garant für zukünftige Korrelationen. Was einmal war, zählt nicht für morgen.

➢ **Geldfrage:** *Wenn es um Diversifizierung geht, hört man häufig den Anlagetipp, einfach einen ETF auf den MSCI Weltaktienindex zu kaufen – das ist ein Indexfonds, der die Wertentwicklung eines weltweiten Aktienportfolios nachvollzieht. Viele Aktien aus vielen Ländern und vielen Branchen – das klingt nach Diversifizierung, oder? In den vergangenen 40 Jahren war das ein durchaus lukratives Investment mit einer jährlichen Rendite von rund neun Prozent pro Jahr. Allerdings ist der MSCI Welt nur auf den ersten Blick breit diversifiziert: Rund 60 Prozent des*

Indexgewichts entfallen alleine auf amerikanische Aktien und damit auch auf den Dollar – also doch nicht so viel Diversifikation, wie man denkt. Zudem sind insgesamt fast 90 Prozent des Indexes außerhalb des Euro investiert. Dies bedeutet ein erhebliches Währungsrisiko für in Euro denkende Investoren.

Das Kakerlaken-Portfolio

Bleibt immer noch die Frage offen, wie ein solches Portfolio nun aussehen soll – und hier enttäuschen wir Sie ein drittes Mal: Es gibt nicht *das* Portfolio. Die Zusammenstellung und Mischung Ihrer Investments hängt ab von Ihrer Risikofreude, Ihrer Erwartung für die Zukunft, Ihrem Vermögens- und Familienstand und Ihrem Alter. Wie der Fußballtrainer müssen Sie Ihre Mannschaft dem Gegner anpassen, und zur Einschätzung des Gegners gehören alle diese Aspekte hinzu. Es gibt kein Patentrezept – ein Portfolio ist immer eine persönliche Angelegenheit, sodass es keine Massenlösung gibt.

➢ **Geldfrage:** *Für Menschen, die gar keine Lust haben, sich um ihr Erspartes zu kümmern, bietet die Fondsbranche sogenannte Lebenszyklusfonds an. Das sind Fonds, die eine feste Laufzeit haben und im Laufe der Jahre ihre Anlagestrategie ändern. Kaufen Sie den Fonds, investiert er anfänglich eher risikoorientiert, er ändert aber mit der Zeit sein Profil und wird zunehmend sicherheitsorientiert. Das soll der Idee Rechnung tragen, dass man mit zunehmendem Alter immer weniger riskant investieren sollte, da der Anlagehorizont immer kürzer wird.*

Gut, aber eine einfache Idee wollen wir Ihnen mit auf den Weg geben, die sich interessanterweise auch wissenschaftlich ganz gut schlägt: das Kakerlaken-Portfolio. Die Idee stammt vom ehemaligen Anlagestrategen der Société Générale, Dylan Grice. Warum Kakerlaken? Ganz einfach, Kakerlaken gibt es bereits seit 350 Millionen Jahren, sie gelten als extrem zäh. Nicht mal die Eiszeit und Meteoriteneinschläge konnten ihnen etwas anhaben. Sie können sogar eine 15-fach höhere radioaktive Strahlung überleben als Menschen. So widerstandsfähig sollte auch ein Portfolio sein.

Wie soll ein Portfolio aussehen, das Eiszeit und Meteoriteneinschläge überlebt? Das einfache Rezept: Ein Viertel in Aktien, ein Viertel in Gold, ein Viertel in Staatsanleihen und ein Viertel in bar auf dem Bankkonto. Diese vier Anlageklassen sind untereinander kaum korreliert. So profitieren die Anleihen im Portfolio in rezessiven Phasen von Deflation, während Aktien und Gold sehr wahrscheinlich an Wert verlieren dürften. Umgekehrt dürften die Aktien und das Gold den realen Wertverlust des nominalen Bestandteils (Anleihen und Kasse) in inflationären Phasen ausgleichen. An und für sich ein gutes Konzept, nur ist in einer Nullzins-Phase die Ausgangsbasis für den Aufbau eines solchen Portfolios ungünstig – quasi unverzinste Anleihen dürften nur sehr begrenzt als Puffer für mögliche Schwankungen der Aktienkurse dienen können.

In der Wissenschaft nennt man diese Art zu investieren „1/n-Heuristik", also „Eins durch n"-Heuristik. Eine Heuristik ist eine einfache Antwort auf ein komplexes Problem, um sich das Leben einfacher zu machen. Eine 1/n-Heuristik bedeutet, dass man sein Geld gleichmäßig auf die Anzahl n der vorhandenen Anlagemöglichkeiten verteilt. Statt also das extrem komplexe Problem – wie verteile ich mein Geld auf verschiedene Vermögensklassen – mit komplizierten Methoden zu lösen, nimmt man eine einfache Faustregel: Teile Dein Geld zu gleichen Teilen auf alle Vermögensklassen auf.

Solche einfachen heuristischen Portfolio-Modelle gibt es einige, und erste Forschungsergebnisse deuten darauf hin, dass sie nicht wesentlich schlechter abschneiden als komplexe, mathematisch hochgezüchtete Modelle aus den Laboren der Finanzmarkttheoretiker. Das mag auch mit daran liegen, dass solche einfachen Modelle günstig und leicht umzusetzen sind. Das macht die Diversifizierung billiger als bei komplexen Modellen, die häufiger verlangen, dass man Werte kauft und verkauft.[101]

➢ **Geldfrage:** *Ein anderes einfaches heuristisches Kakerlaken-Portfolio könnte so aussehen: Ein Drittel Aktien, ein Drittel Anleihen, ein Drittel Rohstoffe und andere Exoten. Sie können diese Drittel mit Indexprodukten, vorzugsweise Exchange Traded Funds (ETF, für Rohstoffe heißen die – rechtlich unsicherer – ETC), bestücken, das sind börsengehandelte Fonds, die recht billig sind und einfach einen Index nachbilden. Mit diesen Fonds sind Sie innerhalb der drei Anlageklassen recht gut und kostengünstig diversifiziert; den Rest Diversifikation erledigen Sie selbst, indem Sie zwischen den Anlageklassen diversifizieren. Einfach, kostengünstig und transparent.*

Investieren in Zeiten von Stagflation

Das Umfeld im Jahr 2022 gibt durchaus Anlass, an Weltuntergang und Kakerlaken zu denken, vor allem seitdem wieder ein Gespenst umgeht, das man seit den siebziger Jahren als ausgerottet erachtete: eine toxische Verbindung von Inflation und Stagnation, Stagflation genannt. Das Umfeld im Juni 2022 weist in der Tat Parallelen zur Stagflation in den 1970er-Jahren auf, nicht zuletzt wegen dem externen Schock durch explodierende Energiekosten als Folge einer Angebotsverknappung. Damals reagierten die Notenbanken mit massiven Zinserhöhungen (in den USA bis in den zweistelligen Bereich), um die Nachfrage zu bremsen, was schließlich in einer satten Rezession endete. Ein solches Szenario würden die Währungshüter heute gerne vermeiden, allerdings hinken sie mit ihren Handlungen dem Inflationsgeschehen deutlich hinterher, und die Differenz zwischen Inflationsrate und Zinsniveau ist um einiges größer als damals.

Heute liegt jedoch die globale Verschuldung von Staaten, Unternehmen und Privatpersonen bei rund 250 Prozent der Wirtschaftsleistung (gemäß IWF) und damit mehr als doppelt so hoch wie vor 50 Jahren. Zu starke Zinserhöhungen könnten neue Probleme herbeiführen – das wissen auch die Notenbanken und werden nicht so vehement gegen die Teuerung vorgehen. Im Umkehrschluss bedeutet das aber auch, dass die Inflation vermutlich länger über dem angestrebten 2-Prozent-Ziel der Zentralbanker verharren wird. Was also soll man als Anleger tun, wenn man eine Stagflation erwartet?

Beginnen wir mit Anleihen: Über Jahrzehnte dienten sie als Sicherheitsanker für das Depot. Doch bis Juni ist 2022 das bislang schlechteste Jahr am Anleihenmarkt seit dem Ende des Zweiten Weltkriegs – Kursverluste von rund 10 Prozent mit langlaufenden deutschen Bundesanleihen hatte es in der Vergangenheit noch nie gegeben. Da die Notenbanken vermutlich eine höhere Teuerung tolerieren werden, bleiben die Renditen von Anleihen weiter deutlich unterhalb der Inflationsrate. Nominalpapiere wie Anleihen sollten daher eine untergeordnete Rolle im Depot spielen. Also Aktien?

Am Aktienmarkt ist ebenfalls die Verunsicherung zu spüren. Aber ein Blick zurück ist oft hilfreich. Schaut man sich den amerikanischen Markt in den vergangenen 50 Jahren an, so haben sich in einer mit heute vergleichbaren Situation – hohe Inflation gepaart mit Rezessionsgefahr und einer restriktiv werdenden Geldpolitik – Aktien gut geschlagen und nominal im Schnitt 7 Prozent jährlich erwirtschaftet, was nach Abzug von Inflation zumindest den Kapitalerhalt gesichert hat. Gold und Silber haben sogar positive Realrenditen in mittlerer einstelliger Höhe erreicht. Generell schlagen sich auch die Rohstoffe (vor allem Öl und Gas) in solchen Phasen gut, sind sie doch meist der Auslöser der Preissteigerungen.

Wer langfristig denkt, sollte daher auch in Zukunft auf Aktien setzen und sich nicht von den zwischenzeitlichen Schwankungen verrückt machen lassen. Bei so vielen Unsicherheiten gilt es aber breit zu streuen, um die Einzelrisiken soweit wie möglich zu reduzieren. Historisch haben sich in solchen Phasen die günstigeren Value-Titel besser als Growth-Aktien (vor allem Technologie) geschlagen. Ganz auf den wachstumsstarken Technologiesektor sollte man aber nicht verzichten, da viele dieser Unternehmen mittlerweile reifer – und damit ertragsträchtiger – geworden sind.

13. Die Zukunft des Geldes

„Die Menschheit ist erwachsen geworden"

Ralph Offenhouse ist 55, als man ihn wiedererweckt. Jahrhunderte hat er in einer Stasiskammer gelegen, die in einer Sonde untergebracht durchs Weltall segelte, eingefroren für die Ewigkeit. Offenhouse hat Glück: Die Mannschaft des Raumschiffes Enterprise findet die Sonde und holt Offenhouse zurück ins Leben. Als Offenhouse erfährt, wie viel Zeit vergangen ist, jubelt er: Seine Aktien müssten doch nun in astronomische Höhen gestiegen sein, oder? Der Android Data enttäuscht Offenhouse, als er ihm erklärt, dass es schon lange kein Geld mehr gibt, weswegen auch Aktien und das ganze Investmentgedöns nicht mehr nötig sind. Das Portfolio von Offenhouse interessiert niemanden mehr.[102]

„Sie haben noch gar nichts begriffen. In den letzten drei Jahrhunderten hat sich unglaublich viel verändert. Es ist für die Menschen nicht länger wichtig, große Reichtümer zu besitzen. Wir haben den Hunger eliminiert, die Not, die Notwendigkeit, reich zu sein. Die Menschheit ist erwachsen geworden", erläutert der Raumschiff-Kapitän Picard dem wiedererweckten Offenhouse die Abschaffung des Geldes.

Theoretisch betrachtet hat Picard recht: Wenn Knappheit, Not und Elend beseitigt sind, braucht man kein Geld mehr. Im Enterprise-Universum, im Jahr 2364, ist das der Fall, ansonsten findet man diesen Zustand in der Literatur nur noch, wenn vom Paradies die Rede ist. Solange aber das Paradies nicht in Sicht ist, werden wir Geld benötigen, weil es dabei hilft zu tauschen, weil es über Preise Knappheit anzeigt, weil man mit seiner

Hilfe sparen und investieren kann. Geld ist so wichtig, dass es auch ohne staatliches Zutun existiert.

Ein Beispiel für so einen Fall ist das Somalia des Jahres 1996: Seit fünf Jahren gibt es im somalischen Mogadischu keine Regierung mehr, kein Finanzministerium, keine Zentralbank, keine zentrale Instanz. Und dennoch kommen immer wieder druckfrische Banknoten in Umlauf, die von der Bevölkerung anstandslos akzeptiert werden. Die Hersteller der Banknoten: somalische Piraten. Die selbsternannten Zentralbanker tauschen nur so viele falsche Scheine gegen Dollar, dass die Geldmenge M1 in Somalia konstant zu bleiben scheint und – man mag es kaum glauben – es keine Inflation gibt. Somalia hat eine inflationsfreie Währung, obwohl es keinen Staat gibt. Oder muss man sagen: Weil es keinen Staat gibt?

Die Piraten haben begriffen, dass Falschgeld, wenn es akzeptiert wird, nur wertvoll ist, wenn es knapp ist, wie jedes Geld. Piraten haben keine Staatsschulden zu klären, weshalb sie im Gegensatz zu den vielen Fällen staatlich induzierter Inflation kein Interesse daran haben, ihre Bürger durch eine Entwertung des Geldes zu schröpfen.[103] Sie verdienen an der Differenz zwischen den Kosten der Herstellung der Blüten und ihrem Nennwert – wie jede normale Notenbank; das ist die Seigniorage, die wir bereits kennengelernt haben.

So zuverlässig wie offenbar Piraten beim Gelddrucken sind, so zweifelhafte Wackelkandidaten sind Notenbanken, wenn sie im Schlepptau der Politik unterwegs sind – wenn die vorherigen Kapitel eines gezeigt haben, dann die Beständigkeit der Versuchung für die Politik, mit der nationalen Währung Schindluder zu treiben. Fragt sich nur, wo das hinführen soll – wie könnte die Zukunft des Geldes aussehen? Die erste Idee ist aus Plastik.

Plastik. Das klingt ganz schön schäbig, auch wenn der stolze Notenbankgouverneur versichert, dass die neuen Geldscheine hübscher, stabiler und auch nicht so schäbig sein werden wie die alten. Und fälschungssicherer und widerstandsfähiger ohnehin. Dabei sind die Briten nicht die ersten: Australien ist das erste Land, das 1988 die reiß- und wasserfesten Scheine aus Plastik einführt, sogenannte Polymerscheine, sie bestehen aus biaxial gerecktem Polypropylen (BOPP), was auch immer man sich darunter vorstellen mag.[104]

Die Idee des Plastikgeldes ist, es beständiger zu machen, haltbarer, unzerstörbarer. Noch haltbarer, physisch unzerstörbarer könnte das Geld werden, wenn sich die jüngste Idee der Politik durchsetzt: Eine Welt ohne Bargeld. Die Befürworter dieser Idee zählen drei Argumente auf ihrer Seite: Erstens sei digitales Geld schneller und praktischer, zweitens werde Bargeld für kriminelle Zwecke und Schwarzarbeit genutzt, sodass eine Abschaffung des Bargeldes Sand ins Getriebe der Verbrecher streue, und drittens könne man in einer Welt ohne Bargeld endlich auch negative Zinsen durchsetzen, mit deren Hilfe man Währungskrisen besser bekämpfen könne.

Kritiker dieser Idee halten selbige nicht für sonderlich gut. Erstens werde die Kriminalität durch eine Abschaffung des Bargeldes nicht weniger, sondern anders: Statt der klassischen Gangster vor Ort bekommt man bei mehr Cybergeld auch mehr Cyberkriminalität; ausländische Gangster können im Inland vermehrt ihrer Arbeit nachgehen, ohne die Grenze zu überqueren. Zudem dürften findige Kriminelle und Gelegenheitsschwarzarbeiter rasch auf Ideen kommen, wie man das Bargeldverbot aushebelt: Zigaretten, Briefmarken, Sammlermünzen oder andere Wertgegenstände, Wertpapiere oder ausländische

Währungen – die Zahl der potenziellen Alternativen zum Bargeld sind endlos.

Auch das Argument, dass man mit einer Abschaffung des Bargeldes leichter negative Zinsen durchsetzen kann, stößt manchem Beobachter übel auf: Erstens sei dahingestellt, ob das wirklich funktioniert. Schlimmstenfalls führen negative Zinsen dazu, dass nur die Vermögenspreise steigen – das haben wir ja bereits erörtert. Zudem muss man sich fragen, welches Weltbild die Befürworter dieses Arguments haben – negative Zinsen sollten im Instrumentarium der Notenbanken eine Ausnahme sein, nicht ein fester Bestandteil ihres Instrumentenkastens. Wer eine Abschaffung des Bargeldes fordert, weil man negative Zinsen brauche, muss unterstellen, dass man häufiger negative Zinsen braucht. Wieso will man das komplette Währungssystem auf den Einsatz solcher unorthodoxen Instrumente wie negative Zinsen ausrichten, wenn man denkt, dass man negative Zinsen nur ausnahmsweise benötigt?

Bleibt noch der Vorteil, dass eine rein digitale Währung billiger im Gebrauch wäre – zwar deuten Studien in der Tat auf einen leichten Vorteil elektronischer Zahlungssysteme hin, allerdings entstehen auch zusätzliche Kosten einer rein elektronischen Währung durch eine höhere Rechnerkapazität, eine größere und leistungsfähigere Infrastruktur, die aufgebaut und betrieben werden muss, und wegen des erheblichen Aufwands, internetbasierte Kriminalität zu verhindern.[105] Und jetzt haben wir noch nicht über Datenschutz gesprochen.

Nehmen wir für einen Moment an, dass sich die Politik durchsetzt und das Bargeld abschafft – wie könnte das weitergehen? Eine vermutliche Entwicklung wäre, dass Bürger auf Alternativen zur staatlichen digitalen Währung ausweichen würden –

Ökonomen nennen das Währungswettbewerb. Man muss sich das in etwa so vorstellen: Verschiedene Institutionen – Banken, Unternehmen, Kollektive – kreieren eine neue Währung und bringen diese ohne staatliches Zutun in Umlauf. Diese verschiedenen Währungen konkurrieren untereinander und zusammen mit dem staatlichen Geld, und am Ende könnte sich das beste Geld durchsetzen, also das Geld, das am wenigsten inflationär ist.

Das finden Sie utopisch? Wir nicht, denn im Prinzip gibt es diesen Währungswettbewerb bereits, nämlich zwischen den verschiedenen digitalen Währungen wie Bitcoin, Ethereum, Ripple oder Litecoin. Zugegeben, das ist noch in den Kinderschuhen, aber die Rasanz und Innovationskraft der digitalen Gemeinschaft lehrt uns, so etwas nicht als utopisch anzusehen. Möglicherweise zahlen wir in einigen Jahren (Jahrzehnten?) mit einer Fülle unterschiedlicher Währungen – vielleicht heißen die dann Googles, Apple-Coin, ebay-Cent oder Amazons –, und die aktuellen Umrechnungskurse zwischen den verschiedenen Währungen liefert uns eine App auf unserem Smartphone.

Aber woher sollten die Nutzer dieser vielen Währungen wissen, welcher Währung sie vertrauen können? Das lehren uns die ersten Kapitel dieses Buches. Eine Möglichkeit wäre: Die Währung wird von einer großen Institution herausgegeben, die man für solide hält und der man deshalb vertraut. Und solange alle Nutzer dieser Währung darauf vertrauen, dass man mit ihr bezahlen kann, ist es auch eine Währung.

Eine andere Möglichkeit wäre die Rückkehr zu waren- oder metallgedeckten Währungen: Der Währung stehen Edelmetallvorräte in genau der Höhe gegenüber, die ausreichen, um den Wert der ausgegebenen Währungseinheiten zu garantieren.

Solche Währungen wären vor allem interessant für diejenigen, die einen Zusammenbruch des staatlichen Währungssystems erwarten: Eine goldgedeckte Währung sollte auch in solchen Zeiten ihren Wert behalten.

Bei näherem Hinsehen hat so ein Währungswettbewerb also durchaus Charme, vor allem auch den Charme, dass der Staat dazu gezwungen würde, seine eigene Währung nicht zu sehr vor die Hunde gehen zu lassen, weil die Bürger ansonsten auf alternative, stabilere Währungen ausweichen.

Natürlich wäre eine Balkanisierung der Zahlungssysteme unübersichtlich, komplex und mit vielen rechtlichen Fragen und Verbraucherschutzfragen behaftet. Sollte der Staat aber zu sehr und zu lange Schindluder mit seiner Währung treiben, wird sich nicht die Frage stellen, ob das passieren sollte, sondern nur wann und wie.

Die Unzerstörbarkeit des Geldes

Das ist der tröstliche Gedanke inmitten aller Krisen, Währungskatastrophen, Inflationsängste und Deflationsszenarien: Eine einzelne Währung mag untergehen, Geldscheine mögen wertlos werden, doch die Idee des Geldes ist zu mächtig, sein Nutzen so offensichtlich, als dass wir irgendwann das Ende des Geldes ausrufen könnten.

Geld als Idee und Werkzeug ist so brillant, dass kein Staat nötig ist, um es einzuführen oder durchzusetzen, Geld entsteht automatisch, sobald Menschen anfangen zu handeln. Nur welches Geld in welcher Form sich durchsetzt, das ist auch evolutorisch bestimmt, nicht immer ist der Staat hier derjenige, der vorgibt, wo es langgeht – bisweilen reichen somalische Piraten.

Die Börsenlegende André Kostolany sagte einmal über die Börse: „Fluctuat nec mergitur" – Sie mag schwanken, aber sie geht nicht unter. Das ist die Devise der Stadt Paris, die in ihrem Wappen steht. Kostolany fand, dass das auch der Leitspruch für die Börse sein sollte. Doch nicht nur das, diese Devise gilt auch für unser Geld. Egal in welcher Form, mit welchem Aussehen, welchen Bildern oder von wem ausgegeben – die Idee des Geldes ist zu genial, als dass sie vergänglich sein könnte. Unser Geld mag schwanken. Aber es wird nicht untergehen.

Anmerkungen

1 o.V. (2006), Mysteriöse Geldvernichtung. Schon tausend Scheine zerbröselt, Spiegel Online, http://www.spiegel.de/wirtschaft/mysterioese-geldvernichtung-schon-tausend-scheine-zerbroeselt-a-446104.html; o.V. (2006), Euro-Geldscheine lösen sich auf; Tagesspiegel Online, http://www.tagesspiegel.de/weltspiegel/saeure-angriffe-euro-geldscheine-loesen-sich-auf/769970.html, o.V. (2006), EZB spekuliert über Putzpanne von Bankräubern, Spiegel Online, http://www.spiegel.de/wirtschaft/saeure-geldscheine-ezb-spekuliert-ueber-putzpanne-von-bankraeubern-a-446184.html, o.V. (2006), „Crystal Speed" nicht Grund für Bröselgeld, Der Standard Online, http://derstandard.at/2655788/Crystal-Speed-nicht-Grund-fuer-Broeselgeld

2 o.V. (2002), Euro-Geldscheine nicht waschmaschinenfest, FAZ Online, http://www.faz.net/aktuell/gesellschaft/geld-euro-geldscheine-nicht-waschmaschinenfest-159914.html

3 Sims, Calvin (1994), In Recycling of Greenbacks, New Meaning for Old Money, New York Times Online, http://www.nytimes.com/1994/05/22/us/in-recycling-of-greenbacks-new-meaning-for-old-money.html und Leubsdorf, Ban (2014), Fed Scores in Bid to Keep Cash From Trash; Wall Street Journal Online, http://www.wsj.com/articles/fed-scores-in-bid-to-keep-cash-from-trash-1419294909

4 o.V., Trillion Dollar Campaign from Zimbabwe, The Zimbabwean; http://www.thezimbabwean.co.uk/2009062522237/weekday-top-stories/trillion-dollar-campaign-from-zimbabwe.html

5 Hier finden Sie den persönlichen Inflationsrechner: https://www.destatis.de/DE/Service/InteraktiveAnwendungen/InflationsrechnerSVG.svg;jsessionid=ABC5C0A80A2C4F91E768552224DA4F38.cae4?view=svg

6 von Kaenel, Hans-Markus (2012), Wer prägte die ersten Münzen?, Forschung Frankfurt, 2/2012, S. 83–86.

7 Museum der belgischen Nationalbank (o. D.), Papiergeld, eine chinesische Erfindung?, http://www.nbbmuseum.be/de/2007/09/chinese-invention.htm

8 Museum der belgischen Nationalbank (o. D.), a. a. O.

9 Friedrichs, Hauke (2015), Hitlers Terrorist, Zeit online vom 25.12., Nr. 51, http://www.zeit.de/hamburg/stadtleben/2015-12/alfred-naujocks-anklage-nationalsozialismus-agent-ss-verbrechen-hamburg

10 Bönisch, Georg (2015), Betrogene Betrüger, in: Alexander Jung, Dietmar Pieper, Rainer Traub (Hrsg.): Geld macht Geschichte. Kriege, Krisen und die Herrschaft des Kapitals seit dem Mittelalter. Goldmann Verlag, München, S. 211–215.

11 o.V. (2011), Counterf-Hitler: Examples from the £134 million in dodgy bank notes Adolf hoped would ruin the British economy expected to fetch £2,000 at auction, Daily Mail Online, http://www.dailymail.co.uk/news/article-2014016/Adolf-Hitlers-fake-British-bank-notes-expected-fetch-2k-auction.html

12 Österreichische Nationalbank (o. D.), Schein und Sein. Den Fälschern auf der Spur, Wien.

13 Reiter, Teresa (2016), Von Glücksrittern, Künstlern und Verbrechern, Wiener Zeitung vom 27.05, S. 22–25.

14 Bönisch, Georg (2015), betrogene Betrüger, a. a. O. und Österreichische Nationalbank (o. D.), a. a. O.

15 Zitiert nach Stürmer, Michael (2013), Wer die Währung ruiniert, ruiniert das System, Welt online, http://www.welt.de/debatte/kolumnen/Weltlage/article119232656/Wer-die-Waehrung-ruiniert-ruiniert-das-System.html und Boumberger, Thomas (2006), Ökonomen: John M. Keynes, Bilanz Online, http://www.bilanz.ch/unternehmen/serie-oekonomen-john-m-keynes

16 Schmölders, Günter (1968), Gutes und Schlechtes Geld, Fritz Knapp Verlag, Frankfurt.; Vantieghem, Charlotte (o. D), Währungspraktiken im alten Ägypten, Belgische Nationalbank, http://www.nbbmuseum.be/de/2012/05/nederlands-geldgebruik-in-het-oude-egypte.htm

17 Vgl. auch im Folgenden für dieses Kapitel Paarlberg, Don (1993), An Analysis and History of Inflation, Westport, Connecticut, London und Gaettens, Richard (1982), Geschichte der Inflation. Vom Altertum bis zur Gegenwart, Battenberg Verlag, München, Nachdruck der zweiten, 1957 erschienenen Auflage.

18 Historiker verweisen aber auch darauf, dass in manchen Ländern die Zahl der umlaufenden Münzen bereits vor der Pest rückläufig war, was ebenfalls zu Preissenkungen geführt habe, vgl. Mayhew, Byn. J. (1974), Numismatic Evidence and Falling Prices in the Fourteenth Century, The Economic History Review, Second Series, Volume XXVII, No. I, 1974, pp. 1–15.

19 Vgl. Munro, John (2004), Before and After the Black Death: Money, Prices and Wages in Fourteenth-Century England, University of Toronto, Working Paper No. 24, UT-ECIPA-MUNRO-04-04.

20 Vgl. Gaettens, Richard (1982), Geschichte der Inflation. Vom Altertum bis zur Gegenwart, a. a. O., S. 45.

21 Schmölders, Günter (1968), Gutes und Schlechtes Geld, a. a. O., S. 46.
22 vgl. auch im folgenden Velde, Francois R. (2004), Government Equity and Money: John Law's System in 1720 France, Federal Reserve Bank of Chicago, mimeo.
23 o.V. (2004), John Law – Der reichste Mann der Welt, Faz.net, http://www.faz.net/aktuell/finanzen/anlagebetrueger-john-law-der-reichste-mann-der-welt-1143622.html
24 Vgl. Gaettens, Richard (1982), Geschichte der Inflation. Vom Altertum bis zur Gegenwart, a. a. O., S. 112.
25 Paarlberg, Don (1993), An Analysis and History of Inflation, a. a. O., S. 3.
26 Paarlberg, Don (1993), An Analysis and History of Inflation, a. a. O.
27 Hanke, Steve H. (2009), From John Law to John Maynard Keynes, Cato Institute, http://www.cato.org/publications/commentary/john-law-john-maynard-keynes
28 Vgl. auch im Folgenden Bernholz, Peter (2003), Monetary Regimes and Inflation. History, Economic and Political Relationships, Edward Elgar, Cheltenham, Northhampton.
29 De Marén, Laurie (o. D.), Die Assignaten – das Geld der französischen Revolution, Belgische Notenbank, Nationalmuseum. http://www.nbbmuseum.be/de/2012/02/revolution.htm
30 Vgl. Simons, Stefan (2013), Revolution auf Pump, in: Alexander Jung, Dietmar Pieper, Rainer Traub (Hrsg.): Geld macht Geschichte. Kriege, Krisen und die Herrschaft des Kapitals seit dem Mittelalter. Goldmann Verlag, München, S. 101.
31 o.V. (2007), United States Mint Limits Exportation & Melting of Coins, United States Mint Press Release, http://www.usmint.gov/pressroom/index.cfm?flash=yes&action=press_release&ID=771
32 Vgl. Busch, Alexander (2016), Papier ist geduldig, Handelsblatt Nr. 113 vom 15. Juni 2016, S. 30 f. und Ehringfeld, Klaus (2016), Inflation in Venezuela: Geld gibt's nur kiloweise, Spiegel Online, http://www.spiegel.de/wirtschaft/service/inflation-in-venezuela-geld-wie-wackerstein-a-1101154.html
33 Diese Definition stammt von Cagan, P. (1956), The monetary dynamics of hyperinflation, in M. Friedman (ed.): Studies in the Quantity Theory of Money, Chicago: University of Chicago Press.
34 Vgl. dazu auch im Folgenden Siklos, Pierre L. (1995), Hyperinflations: Their Origins, Development and Termination, in: Siklos, Pierre L. (ed): Great Inflations of the 20th century. Theorie, Policies and Evidence, Aldershot, pp. 3–34.
35 Kunzel, Michael (2010), Weimarer Republik. Die Inflation, Lebendiges Museum Online, https://www.dhm.de/lemo/kapitel/weimarer-republik/innenpolitik/inflation-1923.html

36 Hanke, Steve H.; Krus, Nicholas (2012), World Hyperinflations, Cato Institute Working Paper.

37 Vgl. auch im Folgenden Fischer, Stanley; Sahay, Ratna; Végh, Carlos A. (2002), Modern Hyper- and High Inflations, NBER Working Paper No. 8930, May 2002; Hanke, Steve H.; Krus, Nicholas (2012), World Hyperinflations, a. a. O.; Bernholz, Peter (2003), Monetary Regimes and Inflation, a. a. O., S. 64 ff.

38 Bernholz, Peter (1995), Necessary and Sufficient Conditions to End Hyperinflations, in: Siklos, Pierre L. (ed): Great Inflations of the 20th century. Theorie, Policies and Evidence, Aldershot, pp. 257–288.

39 Huber, Peter (2012), Goethes ‚Faust': Grenzenloses Gelddrucken anno 1832, Die Presse.com, http://diepresse.com/home/wirtschaft/hobbyoekonom/1293632/Goethes-Faust_Grenzenloses-Gelddrucken-anno-1832

40 Homburg, Stefan (2011), Erinnerungen an die deutschen Währungsreformen, ifo Schnelldienst 19/2011, 64. Jahrgang, S. 17–22.

41 Végh, Carlos A. (1995), Stopping high Inflation: An analytical Overview, in: Siklos, Pierre L. (ed.): Great Inflations of the 20th century. Theorie, Policies and Evidence, Aldershot, p. 45.

42 Vgl. Bernholz, Peter (2003), Monetary Regimes and Inflation. History, Economic and Political Relationships, p. 193.

43 Vgl. Homburg, Stefan (2011), Erinnerungen an die deutschen Währungsreformen, a. a. O., S. 17.

44 Sprenger, Bernd (2013), Die große Inflation in Deutschland: 14 Nullen sind genug, Die Bank. Zeitschrift für Bankpolitik und Praxis, http://www.die-bank.de/news/14-nullen-sind-genug-2392/

45 Vgl. im Folgenden Stürmer, Michael (2008), Auftakt zum Wirtschaftswunder, Die Welt, 20.06.2008, Nr. 143, S. 12; Bommarius, Christian (2008), 60 Jahre Währungsreform: Operation Bird Dog, Berliner Zeitung, Ausgabe 143 vom 20.06.2008, S. 3 und Jansen, Thomas (2008), Das Startkapital: Sechs Milliarden D-Mark, Faz.net, http://www.faz.net/aktuell/gesellschaft/60-jahre-waehrungsreform-das-startkapital-sechs-milliarden-d-mark-1551079.html

46 Abelshauser, Werner (2008), 40 D-Mark und die Sehnsucht nach dem guten Leben, Frankfurter Allgemeine Sonntagszeitung, 8.6.2008, Nr. 23, S. 42.

47 Abelshauser, Werner (2008), a. a. O.

48 Merx, Stefan (2008), Ein junger US-Leutnant zog die Fäden, Welt am Sonntag, 15.06.2008, Nr. 24, S. 26

49 Brackmann, Michael (2006), Der Tag X, Handelsblatt Nr. 119 vom 23.06.2006, S. 12.

50 Rexhausen, Felix (1967), Plisch und Plum, Spiegel Nr. 6, S. 14, http://www.spiegel.de/spiegel/print/d-45549360.html

51 Rexhausen, Felix (1967), Widerruf, Spiegel Nr. 30, S. 27, http://www.spiegel.de/spiegel/print/d-46409201.html

52 Schlecht, Otto (1996), Das Fünf-Prozent-Mißverständnis, Zeit Online, http://www.zeit.de/1996/06/Das_Fuenf-Prozent-Missverstaendnis

53 o.V. (2010), The „Great Inflation": Lessons For Monetary Policy, ECB Monthly Bulletin, May 2010, pp. 99–110. Zu den Siebzigern: Blinder, A., The Anatomy of Double Digit Inflation in the 1970s, in Hall, R.E. (ed.), Inflation: Causes and Effects, University of Chicago Press for NBER, 1982, pp. 261-282.

54 Deutsches Aktieninstitut (2017), Renditedreieck, https://www.dai.de/de/das-bieten-wir/studien-und-statistiken/renditedreieck.html

55 o.V. (2013), Als das schwarze Gold aufhörte zu fließen, http://www.handelsblatt.com/technik/das-technologie-update/themen-und-termine/oelkrise-1973-als-das-schwarze-gold-aufhoerte-zu-fliessen/8941726.html

56 Bahnsen, Uwe (2015), Ölkrise 1973 – Leere Tanks und leere Straßen, Welt Online, https://www.welt.de/regionales/hamburg/article122171969/Oelkrise-1973-Leere-Tanks-und-leere-Strassen.html

57 Ein Überblick findet sich bei S. Hakkio, Craig S. (2013), The Great Moderation 1982–2007, Federal Reserve Bank of Kansas City, http://www.federalreservehistory.org/Events/DetailView/65

58 o.V. (2016), Eine neue Epoche am deutschen Kapitalmarkt, Frankfurter Allgemeine Zeitung vom 15. Juni, Nr. 137, S. 32.

59 Diese Zahlen und noch weitere Beispiele können Sie auf der Homepage der Fondsgesellschaft Fidelity nachschauen (https://www.fidelity.de/wissen/strategien-f%C3%BCr-schwankende-m%C3%A4rkte/timepoints-chart)

60 Alles über die drei Krisen finden Sie bei Beck, Hanno; Prinz, Aloys (2014), Die große Geldschmelze. Wie Politik und Notenbanken unser Geld ruinieren, Hanser Verlag, München.

61 von Frentz, Clemens (2003), Chronik einer Kapitalvernichtung, Manager Magazin Online, http://www.manager-magazin.de/finanzen/artikel/a-186368.html

62 Vgl. hierzu auch im Folgenden Beck, Hanno; Prinz, Aloys (2015), Großes Geld mit kleiner Wirkung. Kann die Europäische Zentralbank mit ihrer Geldschwemme Europa retten?, Frankfurter Allgemeine Zeitung vom 23. März 2015.

63 Fawley, Brett W.; Neely, Christopher J. (2013), Four Stories of Quantitative Easing, Federal Reserve Bank of St. Louis Review, January/February 2013, 95 (1), pp. 51–88.

64 Stocker, Frank (2016), Lizenz zum Gelddrucken, Welt am Sonntag Nr. 40 vom 2. Oktober 2016, S. 44.

65 Vgl. Beck, Hanno (2012), Finanzielle Repression, in: Wirtschaftswissenschaftliches Studium, WiSt, Heft 9/2012, S. 489–492
66 Hier finden Sie Beratung: o.V. (2016), Vermögenswirksame Leistungen: 30 Angebote im Test, Stiftung Warentest Online, https://www.test.de/Vermoegenswirksame-Leistungen-30-Angebote-im-Test-5056653-0/
67 Easterly, William; Fischer, Stanley (2000), Inflation and the Poor, NBER Working Paper 2335.
68 McGranahan, Leslie; Paulson, Anna (2006), Constructing the Chicago Fed Income Based Economic Index–Consumer Price Index: Inflation Experiences by Demographic Group: 1983–2005, Federal reserve Bank of Chicago, WP 2005-20, November 2006.
69 Cutler, David M.; Katz, Lawrence (1991), Macroeconomic Performance and the Disadvantaged, Brookings Papers on Economic Activity, 2 (1991); Blank, Rebecca; Blinder, Alan (1986), Macroeconomics, Income Distribution, and Poverty, in: Sheldon Danziger and Daniel Weinberg (eds.): Fighting Poverty: What Works and What Doesn't, Cambridge MA: Harvard University Press, 1986, pp. 180–208; Powers, Elizabeth T. (1995), Inflation, Unemployment, and Poverty Revisited, Economic Review, Federal Reserve Bank of Cleveland (Quarter 3: 1995), pp. 2–13.
70 Cardoso, Eliana, Inflation and Poverty, National Bureau of Economic Research Working Paper No. 4006 (March 1992).
71 Rezende, Fernando, Prospects for Brazil's Economy, International Affairs, 74, 3 (July 1998), pp. 563–576.
72 Datt, Gaurav and Martin Ravallion, Why Have Some Indian States Done Better Than Others at Reducing Rural Poverty?, World Bank Policy Research Working Paper 1594 (April 1996).
73 Agenor, Pierre-Richard (1999), Stabilization Policies, Poverty and the labor market. Analytical issues and empirical evidence, World Bank, mimeo.
74 Thalassinos, Eleftherios; Uğurlu, Erginbay; Muratoğlu, Yusuf (2012), Income Inequality and Inflation in the EU, European Research Studies, Volume XV, Issue (1), pp. 127–140.
75 Romer, Christina; Romer, David (1998), Monetary Policy and the Well-Being of the Poor, NBER Working Paper 6793 (November 1998).
76 Bulíř, Aleš (2001), Income equality: Does inflation matter?, IMF Staff Papers Vol. 48, No. 1.
77 Mühlauer, A.; Wilhelm, H. (2010), „Ich habe mich für eine Fototapete verschuldet", Süddeutsche Online, http://www.sueddeutsche.de/geld/reden-wir-ueber-geld-peter-zwegat-ich-habe-mich-fuer-eine-fototapete-verschuldet-1.701512

78 Hall. G. J. and Sargent. T (2010), Interest Rate Risk and Other Determinants of Post-WWII U.S. Government Debt/GDP Dynamics, NBER Working Paper No. 15702

79 Giannitsarou, C. and Scott, A. (2007), Inflation Implications of Rising Government Debt, NBER Working Paper No. 12654

80 Nienhaus, Lisa (2016), Eine Welt ohne Zinsen, FAZ.net, http://www.faz.net/aktuell/finanzen/meine-finanzen/geld-ausgeben/nullzins-eine-welt-ohne-zinsen-14146386.html; Müller, Peter (2003), Ein paar Prozent Streit, Zeit Online, http://www.zeit.de/2003/06/Zinsgeschichte/komplettansicht

81 Bacher, Urban (2022), Bankmanagement, Konstanz 2022, S. 261 ff.; Deutsche Bundesbank (2001), Realzinsen, in: Monatsberichte der Deutschen Bundesbank, Heft 7/2001, S. 33–50; Sprenger, Bernd (2011), Das Auf und Ab der Zinsen – ein historischer Rückblick, in: Die Bank, 3/2011, S. 26 ff.

82 o.V. (2013), BGH kippt überhöhte Gebühren für nachträgliche Kontoauszüge, Spiegel Online, http://www.spiegel.de/wirtschaft/unternehmen/bgh-kippt-ueberhoehte-gebuehren-fuer-nachtraegliche-kontoauszuege-a-939635.html

83 LG Frankfurt Urteil vom 08.04.2011, Corzelius GWR 2010, 433.

84 Seibel, Karsten; Stocker, Frank (2014), Warum Prominente so oft pleite gehen, Welt Online, https://www.welt.de/finanzen/article129845239/Warum-Prominente-so-oft-pleite-gehen.html

85 BGH-Urteil vom 21. Febr. 2017–Az. XI ZR 185/16 und 271/16

86 Congressional Research Service (2021), Global Economic Effects of COVID-19, R46270; Agarwal, Ruchir; Gopinath, Gita (2022), Seven Finance and Trade Lessons from COVID-19 for Future Pandemics, IMF Working Papers May 2022, WP/22/97. Detaillierte Opferzahlen finden sich bei Jordà, Òscar; Singh, Sanjay R.; Taylor, Alan M. (2020) Longer-run economic consequences of pandemics, Covid Economics, Issue 1, 3 April 2020, pp. 1–15.

87 Beck, Hanno; Prinz Aloys (2020), Coronavirus-Pandemie: Eine makroökonomische Analyse, Wirtschaftswissenschaftliches Studium (WiSt), Band 49, Ausgabe 9, S. 33–41 und die dort angegebene Literatur.

88 Jordà, Òscar; Singh, Sanjay R; Taylor, Alan M. (2020), Longer-Run Economic Consequences of Pandemics, NBER Working Paper 2020-09, March 2020.

89 Eurostat (2022), Sparquote der privaten Haushalte sinkt auf 15,0% im Euroraum, Eurostat Euroindikatoren 5/2022 (11. Januar 2022) und Destatis (2022), Wichtige gesamtwirtschaftliche Größen,

URL https://www.destatis.de/DE/Themen/Wirtschaft/Volkswirtschaftliche-Gesamtrechnungen-Inlandsprodukt/Tabellen/inlandsprodukt-gesamtwirtschaft.html;jsessionid=122FF8808611F6CC676875334421 9B1A.live741?nn=214136

90 Biller, Frank (2022), Automobilindustrie leidet unter Ukraine-Krieg, LBBW Research, Corporate Blickpunkt, URL https://www.lbbw.de/konzern/research/2022/studien/20220303-lbbw-blickpunkt-automobil-industrie-leidet-unter-ukraine-krieg_aefewrqhni_m.pdf

91 Rösl, Gerhard; Tödter, Karl-Heinz (2017), The Financial Repression Policy of the European Central Bank: Interest Income and Welfare Losses for German Savers, ifo DICE Report 1 / 2017 March Volume 15 und Deutsche Bundesbank (2017), Zur Entwicklung der staatlichen Zinsausgaben in Deutschland und anderen Ländern des Euroraums, Deutsche Bundesbank, Monatsbericht, Juli 2017, S. 35–64.

92 Bacher, Urban (2022), Bankmanagement, Konstanz 2022, S. 197 ff.

93 Drost, Frank Matthias (2015), Die Deutschen sind mit ihrer Geldanlage zufrieden, Handelsblatt Online, http://www.handelsblatt.com/finanzen/vorsorge/altersvorsorge-sparen/immobilien-tagesgeld-sparbuch-die-deutschen-sind-mit-ihrer-geldanlage-zufrieden/12774072.html

94 Statista (2016), Welche der folgenden Geldanlagen besitzen Sie zur Zeit?, https://de.statista.com/statistik/daten/studie/199639/umfrage/formen-der-geldanlage-der-deutschen/

95 Statista (2022), Die reichsten Menschen weltweit im Jahr 2022, URL https://de.statista.com/statistik/daten/studie/181482/umfrage/liste-der-top-25-milliardaere-weltweit/

96 Bacher, Urban (2022), Bankmanagement, Konstanz 2022, S. 223 m.w.N.; Siegel, Langfristig Investieren, München 2006, Wienert, Helmut (2009), Zur langfristigen Entwicklung von Aktien und Anleihenrenditen, in: WiSt 8/2009, S. 419–421; Nacken, Allianz Global Investors (2016), Aktie – die neue Sicherheit im Depot.

97 Allianz Global Investors (2016), Aktie – die neue Sicherheit im Depot, a. a. O.

98 Mars Asset Management (2016), Mythos: Mit Rohstoff-Indizes in Rohstoffe investieren, Bad Homburg 2016.

99 Mehr zum Glück aus ökonomischer Perspektive in Beck, Hanno; Prinz, Aloys, (2017). Glück! Was im Leben wirklich zählt, um zufrieden zu sein, Bastei Lübbe.

100 Gottfried Heller, Der einfache Weg zum Wohlstand, S. 161 ff., 1. Auflage 2012.

101 Beck, Hanno (2012), Geld denkt nicht. Wie wir in Gelddingen einen klaren Kopf behalten, Hanser Verlag, München.

102 o.V. (o. J.), Die neutrale Zone, Memory Alpha Star Trek Wiki, http://de.memory-alpha.wikia.com/wiki/Die_neutrale_Zone

103 Krabbe, Günter (1996), Somalia hat keine Zentralbank mehr, aber immer noch sein Geld, F.A.Z. vom 4.4.1996, S. 16.

104 o.V. (2013), Briten drucken bald Banknoten aus Kunststoff, FAZ Online, http://www.faz.net/aktuell/finanzen/devisen-rohstoffe/polymer-statt-baumwollpapier-briten-drucken-bald-banknoten-aus-kunststoff-12725687.html; Dornis, Valentin; Timmler, Vivien (2016), So schön kann Geld aus Plastik sein http://www.sueddeutsche.de/wirtschaft/geldscheine-der-grimmige-churchill-ist-jetzt-wasserfest-1.3159542

105 Beck, Hanno; Prinz, Aloys (2015), Abschaffung des Bargelds als Wunderwaffe?, in: Wirtschaftsdienst, August 2015, Volume 95, Issue 8, S. 515–519 und Beck, Hanno; Bacher, Urban (2015) Bargeld lacht: Sollen wir Bargeld abschaffen?, in: Zeitschrift für das gesamte Kreditwesen (21), 68. Jahrgang, 1. November 2015, S. 34–36.

Stichwortverzeichnis

Die Autoren

Hanno Beck, Prof. Dr., war acht Jahre lang Wirtschaftsredakteur der Frankfurter Allgemeinen Zeitung und ist seit 2006 Professor für Volkswirtschaftslehre und Wirtschaftspolitik an der Hochschule Pforzheim.

Urban Bacher, Prof. Dr., ist nach seinem Jura- und BWL-Studium zunächst im bayerischen Genossenschaftswesen tätig gewesen, zuletzt als Mitglied des Vorstands einer Raiffeisenbank in der Oberpfalz. Seit 1999 ist er Professor für Allgemeine BWL und Bankbetriebslehre an der Hochschule Pforzheim.

Marco Herrmann ist Betriebswirt sowie Chartered Financial Analyst (CFA) und seit 1992 tätig als Investmentanalyst, Senior Portfoliomanager bzw. als Geschäftsführer für renommierte Banken und Fondsgesellschaften. Seit 2010 ist er Geschäftsführer der Vermögensverwaltung FIDUKA-Depotverwaltung in München.

Geldanlage kompakt und anschaulich

Aktien, Fonds, Wertpapiere – wem schwirrt da nicht der Kopf? Wer ein Vermögen anstrebt oder bereits eines besitzt, steht einer breiten Palette an Investitionsmöglichkeiten gegenüber. Doch welche ist für mich die richtige? FIDUKA widmet sich seit Jahrzehnten der effizienten Vermögensverwaltung und der Vermehrung der Geldanlage ihrer Kunden. Dabei gilt nach wie vor: „Man macht das Geld an der Börse nicht mit dem Kopf, sondern mit dem Sitzfleisch." Urban Bacher und Marco Herrmann wägen die Vor- und Nachteile vielfältiger Anlageformen für jedermann verständlich ab und erklären die zehn goldenen Regeln der Geldanlage.

Urban Bacher, Marco Herrmann

LEGE NICHT ALLE EIER IN EINEN KORB

Diversifikation als FIDUKA Prinzip

Hardcover, 144 Seiten
D 12,00 € / A 12,30 €
ISBN 978-3-96251-129-6

Jetzt die Weichen stellen

„Alles eine Frage der Zeit" ist der zweite Teil der FIDUKA-Geldanlage-Reihe mit dem Themenschwerpunkt Zeit – denn die ist bekanntlich Geld. Die Autoren zeigen, dass viele Anleger zu einseitig sparen und den zeitlichen Faktor nicht ausreichend in ihre Geldanlagepläne einbeziehen – und das, obwohl mit Sitzfleisch das größte Vermögen gemacht werden kann. In diesem Buch finden Sie Tipps und Tricks in Bezug auf Investitionen, Aktienkauf und Altersvorsorge. Sie erfahren, warum es sich lohnt, sich in Geduld zu üben, und können nachlesen, wie unsere Finanzmärkte eigentlich funktionieren.

Urban Bacher, Marco Herrmann
ALLES EINE FRAGE DER ZEIT
Langfristigkeit als FIDUKA-Prinzip

Hardcover, 208 Seiten
D 12,00 € / A 12,30 €
ISBN 978-3-96251-123-4

Geldanlage:
ALLES EINE FRAGE DER ZEIT
Langfristigkeit als FIDUKA Prinzip
Urban Bacher • Marco Herrmann
Frankfurter Allgemeine Buch

Perfekt vorbereitet für die Finanzberatung

Was in Deutschland Finanzberatung genannt wird, ist zum großen Teil Finanzprodukteverkauf. Statt eine Beratung im Interesse des Kunden zu leisten, vermitteln und vertreiben spezialisierte Bankberater, psychologisch geschulte Versicherungsvermittler oder schamlose Finanzstrukkis alles, was ihnen Provision und Gewinn verspricht. Derweil müssen die Kunden aufpassen, nicht über den Tisch gezogen zu werden. Dieses Buch hilft Ihnen, die Tricks, Fallen und Manipulationen der Finanz- und Versicherungsbranche zu erkennen und abzuwehren. Es zeigt, wie man sich klug auf den Finanzverkauf vorbereiten kann. Denn schlechter Rat wird am Ende immer teuer.

Ulrich Bosetti, Hartmut Walz

BERATEN STATT VERRATEN

So wehren Sie Manipulationen in der Finanzberatung souverän ab

Hardcover, 256 Seiten
D 20,00 € / A 20,50 €
ISBN 978-3-96251-124-1

ULRICH BOSETTI · HARTMUT WALZ
BERATEN
STATT
VERRATEN
So wehren Sie
Manipulationen in der
Finanzberatung
souverän ab
BERATEN STATT VERRATEN
Frankfurter Allgemeine Buch

Drei Schlüssel zum Erfolg

Was führt Unternehmen zum Erfolg? Dazu gibt es viele Theorien, die ihre Berechtigung haben. Doch umgesetzt werden müssen sie alle letztlich von Menschen. Und damit ist und bleibt der Mensch der wichtigste Erfolgsfaktor.

Wie dieser Erfolgsfaktor zum Tragen kommt, beschreibt Carolin de Champeaux in der dreibändigen Reihe „Erfolg ist menschlich". Band eins zeigt, wie Menschen „funktionieren", wie ihre Motivation gesteigert und wie Spannungen vermieden werden können. Band zwei betrachtet Kommunikation als strategisches Mittel und gibt Tipps, wie man zu einem erstklassigen Kommunikator wird. Der dritte Band geht auf den Umgang mit den wichtigsten Führungsfaktoren ein.

978-3-96251-119-7

978-3-96251-120-3

978-3-96251-121-0